非洲部族文化纵览

FRICAN TRIBAL CULTURES

第一辑

孙丽华 穆育枫 等著

知识产权出版社
全国百佳图书出版单位

图书在版编目（CIP）数据

非洲部族文化纵览（第一辑）/孙丽华等著.—北京：知识产权出版社，2015.1
ISBN 978-7-5130-3109-7

Ⅰ.①非… Ⅱ.①孙… Ⅲ.①文化史—非洲 Ⅳ.①K400.3

中国版本图书馆CIP数据核字（2014）第248481号

内容提要

这是国内第一本专门介绍非洲部族文化的书籍，旁征博引，图文并茂，内容丰富，饶有趣味，可读性强。非洲文化丰富多彩，各个部族文化间有着隐隐约约、千丝万缕的神秘关联，同时又各具鲜明的个性特色。这本书专门介绍了一部分具有代表性的部族文化，能够帮助读者了解和理解非洲人的传统习俗和思维方式，进而了解和理解非洲的社会环境乃至政治生态。所以，这本书不仅具有知识性和趣味性，而且在中非友谊和全面合作不断发展的今天，对于前往非洲寻求合作与发展机会的读者来说，更是帮助其入乡随俗的参考书。

责任编辑：国晓健	责任校对：董志英
封面设计：张　冀	责任出版：刘译文

非洲部族文化纵览（第一辑）

孙丽华　穆育枫　韩　红　蒋春生　著

出版发行	知识产权出版社有限责任公司	网　址	http://www.ipph.cn
社　址	北京市海淀区马甸南村1号	邮　编	100088
责编电话	010-82000860转8385	责编邮箱	guoxiaojian@cnipr.com
发行电话	010-82000860转8101/8102	发行传真	010-82000893/82005070/82000270
印　刷	天津市银博印刷集团有限公司	经　销	各大网络书店、新华书店及相关销售网点
开　本	787mm×1092mm　1/16	印　张	16
版　次	2015年1月第1版	印　次	2015年1月第1次印刷
字　数	223千字	定　价	59.00元

ISBN 978-7-5130-3109-7

出版权专有　侵权必究

如有印装质量问题，本社负责调换。

序

读了《非洲部族文化纵览》书稿,十分高兴。从事对非洲外交工作许多年,我早已深深爱上这片土地和那里的人民。所以,我对任何关于非洲的书籍和文章都有一种特殊的兴趣,对热爱非洲的人也有着特殊的亲切感。透过书中的文字和图片,我仿佛回到了自己曾经留下足迹的山川、河流、草原、森林和沙漠。

我和作者孙丽华老师是在非洲认识的。作者自上世纪末到非洲工作,在东非、西非和南部非洲共计生活了十余年。她对非洲的热爱给她带来了丰厚的回报,比如,在厄立特里亚的五年里,上至总统夫人、女议员、女部长,下至街坊邻里的大姐二妹子,都与她以姐妹相称。她临别时用提格雷尼亚部族语言做了一个小时的电视节目,在驻在国百姓中传为佳话。三年前,作者离开非洲,重返高校教学岗位,继续潜心研究非洲文化,在校方支持下,组建了非洲研究中心。长期游走非洲的经历和与非洲人民的广泛交往,如今成了她和她的团队研究非洲得天独厚的资源。她开设的非洲文化课程在大学生中掀起了小小的"非洲热"。她还为学校牵线搭桥,招录了首批十多位非洲留学生。如今这些学生都亲切地称她为"中国妈妈"。

《非洲部族文化纵览》是国内第一本专门介绍非洲部族文化的书籍,旁征博引,图文并茂,内容很丰富,也很有趣味。非洲文化丰富多彩,各个部族文化间有着隐隐约约、千丝万缕的神秘关联,同时又各具鲜明的个性特色。这本书专门介绍了一部分具有代表性的部族文化,帮助读者了解和理解非洲人的传统习俗和思维方式,进而了解和理解非洲的社

会环境乃至政治生态。所以，这本书不仅具有知识性和趣味性，在中非友谊和全面合作不断发展的今天，对于前往非洲寻求合作与发展机会的读者来说，更称得上是帮助其入乡随俗的参考书。

作者和她的团队能够把中非传统友谊带进校园、融入学术，把民间外交做得如此有声有色、深入人心，难能可贵，可喜可敬。相信读者们在阅读本书时，一定读得出作者对非洲的深情厚谊和对读者的殷切期望。

孙丽华老师正在继续挖掘非洲文化这座"富矿"，我期待读到她更多的著述。

2014 年 5 月

前　言

　　20世纪60年代，周恩来总理对非洲历史性的访问播下了中非友谊的种子，自那时起，中国援非医疗队带回许多美好的故事，坦赞铁路让非洲人民永远记住了远方的中国。然而，非洲毕竟是个十分遥远的大陆。

　　随着中国的改革开放，经济迅速发展，中国人的脚步越走越远，中非合作与交往的领域越来越宽广。过去十多年里，前往非洲的人数逐年上升，那里壮美独特的自然风光和人文风情令人叹为观止，巨大的商机更吸引着无数人前往"淘金"。但是，由于对非洲文化缺乏基本的了解，不熟悉所在国的法律法规，中国公民与当地政府和民众间的矛盾冲突和法律纠纷屡有发生，轻则造成个人损失，重则损害国家形象。

　　中国人一贯提倡"入乡随俗"，这既体现了多元文化和谐共存的理念，又反映了各种文明之间的相互包容与尊重。到了非洲，了解当地文化和尊重当地习俗也是理所应当的。

　　非洲是个神秘而独特的大陆，其独特性就在于其数以千计的部族所繁衍出的丰富文化，可以说，部族文化是非洲文化的灵魂与核心。在非洲，部族文化传统、部族归属感和族人的利益甚至高于国家。传统上，非洲部族相当于王国，部族酋长则相当于国王。许多非洲国家的部族酋长制自古延续至今，与现代国家行政机构并存，而国家各级政府对部族首领及其传统习俗都会给予足够的尊重，比如，前坦桑尼亚总理索科伊内、前肯尼亚副总统塞托蒂均为马赛族人，但当他们回到马赛部落，他们只是普通族人，必须绝对服从族规，敬重族长。

　　为了避免因为族群人数的多寡和地位的优劣造成族群间的矛盾和冲突，一些国家刻意淡化本国族群间的界线，采取措施促进各族群间的相互融合。然而，部族的概念依然存在，今天的非洲，部族和国家并存，甚至在一些比较发达的非洲国家，传统部族的"族规"与法律地位相等。

因此，了解非洲文化，需要从部族文化入手。这正是我们撰写此书的初衷。

非洲是部族数量最多、部族文化最丰富的大陆。然而，它究竟有多少个部族？从来没有一个统一的答案。因为人们统计的目的和范围不同，得出的数据也不尽相同。本书选取了撒哈拉以南非洲地区 15 个具有代表性的部族，从历史起源到发展演变，从传统习俗到前景展望，加以介绍和分析，力求知识性与趣味性并重。本书侧重部族历史和传统文化的介绍，有些习俗和做法在今天看来并不十分流行，但是人们的言行举止和思维方式与其独特的部族历史和传统依然是分不开的。

本书编写团队部分成员曾在非洲工作多年，深入非洲不同国家和地区，对众多偏远部族进行田野考察和文化调研，收集了大量的第一手影像和文字资料。回到国内后，一边整理资料，撰写书稿，一边继续走访非洲在华各界人士，考察非洲驻华机构，并通过邮件、微信等形式与非洲多所大学的专家、教授以及一些部族酋长保持沟通与交流，并拜会了埃塞俄比亚、博茨瓦纳、南非、厄立特里亚、加纳和卢旺达等国的驻华大使和文化教育官员。

非洲专家和友人对书中信息的更新与核实给予了细致的帮助，需特别提出的有，开普敦大学 Lungisile Ntsebeza 教授，博茨瓦纳大学 Rosaleen O. B. Nhlekisana 博士，埃塞俄比亚驻华大使塞尤姆·梅斯芬先生阁下（H.E. Mr. Seyoum Mesfin Gebredingle），博茨瓦纳驻华大使萨萨拉·查萨拉·乔治先生阁下（H.E. Sasara Chasala Geaorge），厄立特里亚驻华大使泽盖·特斯法齐翁先生阁下（H.E.Tseggai Tesfazion），卢旺达驻华大使夫人安妮·卡伊特斯女士（Ms.Anne M. Kayitesi），加纳驻华大使馆公使衔参赞艾伯塔·夸媞女士（Mrs.Alberta Quartey）和南非驻华大使馆参赞 Christine Rossi 女士。在此对他们真诚、耐心的帮助和支持表示由衷的感谢！

特别感谢外交部时任非洲司长卢沙野先生为本书作序。

由于非洲部族历史悠久，部族关系错综复杂，可供参考的资料稀少，加上作者水平有限，书中难免存在不足之处，敬请读者指正。

作者

2014 年 4 月 16 日于北京

目　录

一、阿非利卡人（Afrikaner）——"游走在我出生的国度"　/ 1
　　且把他乡作故乡　/ 2
　　他们来自荷兰　/ 5
　　牛车大迁徙：踏上悲壮之旅　/ 8
　　一个国家、三个首都　/ 11
　　游击战、坦克与迷彩服的始祖　/ 15
　　先民纪念馆："我们为你而死，南非"　/ 17
　　彩虹国度中的白人小镇　/ 22
　　中国制造与橙衣军团　/ 25
　　结　语　/ 26

二、阿姆哈拉人（Amhara）——"非洲屋脊"是我家　/ 28
　　最主要的统治部族　/ 29
　　白衣飘飘的阿姆哈拉人　/ 30
　　英吉拉：没有果子的煎饼　/ 31
　　风景如画的阿姆哈拉州　/ 33
　　叹为观止的独石教堂　/ 35
　　"新鲜的花朵"是首都　/ 38
　　结　语　/ 40

三、阿坎人（Akan）——盘根错节的望族　/ 41
　　黄金帝国兴衰记　/ 42

1

大权在握的阿散蒂王和王母　/ 45
传统宗教的核心：祖先崇拜　/ 48
母系传承血统，父系决定品质　/ 49
传统的建筑艺术　/ 50
圣历命名不寻常　/ 51
寓意深刻的阿丁克拉符号　/ 52
热爱学习、崇尚智慧　/ 54
独特的文化象征　/ 56
阿坎部族名人　/ 60

四、富拉尼人（Fulani）——最大的游牧部族　/ 62

觅水而居的游牧者　/ 63
政教合一的富拉尼帝国　/ 64
棒打节上的成人礼　/ 66
别具风情的葫芦碗　/ 68
塔西里岩画：富拉尼文化的最早证据　/ 70
男子选美比赛中的"残忍之美"　/ 71
结　语　/ 73

五、豪萨人（Hausa）——牛背上的人们　/ 74

灿烂的古代文明　/ 75
真主的忠实信徒　/ 77
发达的豪萨城邦　/ 78
残忍的刀痕之美　/ 80
亲上加亲的姻缘　/ 81
久负盛名的卡诺古城　/ 83
三大语言之一的豪萨语　/ 84
结　语　/ 86

六、辛巴人（Himba）——"世界末端"的红泥人　/ 87
独具风情的红泥女子　/ 87
哪里有水，哪里就有他们　/ 89
妇女能顶半边天　/ 91
可乐树与芬达树　/ 92
兄死弟及：奇特的婚姻关系　/ 93
探访辛巴村落　/ 96
最后的历史见证　/ 97

七、基库尤人（Kikuyu）——人才辈出的东非部族　/ 99
原始宗教与基督教共存　/ 100
奋起抗击殖民者　/ 101
亦农亦商勤致富　/ 103
神圣的无花果树　/ 104
经久不衰的成年礼　/ 105
奇特的传统习俗　/ 106
人才辈出的精英部族　/ 109

八、马赛人（Maasai）——最具原始魅力的部族　/ 113
"高贵的野蛮人"　/ 113
来自尼罗河的勇士　/ 115
马赛男子的终身编码　/ 117
茹毛饮血的生活　/ 119
如同酷刑的割礼　/ 121
奇异的装扮之美　/ 122
无伴奏合唱与原地跳高舞（Adumu）　/ 125
"神山"上的主神　/ 125
未来在哪里　/ 127

九、奥罗莫人（Oromo）——他们最早发现咖啡 / 130

埃塞俄比亚第一部族 / 130

雨季结束了！ / 132

以拉丁字母书写的语言 / 134

咖啡故乡的人们 / 134

小女孩的大梦想：阿米娜的故事 / 137

十、桑人（San）——开启人类文明的先驱 / 141

沙漠中的丛林人 / 141

与狮共舞的天才狩猎者 / 143

神圣的生命礼赞 / 146

没有族长的族群 / 148

螳螂也是神 / 149

千年的岩画，万年的历史 / 150

没有故事的故事会 / 152

人兽同体的灵魂之舞 / 154

被合法猎杀的猎人 / 155

从原始的纯真走向现代的失落 / 156

十一、斯瓦希里人（Swahili）——东非海岸的跨界居民 / 159

东非海岸的跨界居民 / 159

海纳百川的文明 / 160

"郑和村"与"瓷器海岸" / 162

拉穆古城与石头城 / 165

Amani：用斯瓦希里语呼唤和平 / 166

讲故事的高手 / 169

结　语 / 170

十二、聪加人（Tsonga）——穿越黑与白的种族藩篱 ／171

　　加沙帝国的昔日辉煌 ／172
　　自给自足的小农经济 ／175
　　多样的部族结构 ／177
　　生命的旅程 ／178
　　祖灵也是至高神 ／180
　　部族精神的传承者 ／181
　　黄金矿工的生命之舞 ／184
　　加赞库鲁的种族隔离 ／186

十三、茨瓦纳人（Tswana）——为自由国度而战 ／189

　　顺势而生的茨瓦纳人 ／189
　　生命的起源 ／191
　　独特的家庭成员构成 ／193
　　缺啥也不能缺牛 ／194
　　以牛为礼的婚俗 ／196
　　奇异美食之树虫 ／197
　　周而复始的生命礼赞 ／198
　　神奇的丁加卡 ／199
　　多神信仰与至高神 ／199
　　绚丽的时尚之美 ／200

十四、约鲁巴人（Yoruba）——西非的能工巧匠 ／201

　　从伊费古城到奥约帝国 ／202
　　家庭是基础 ／204
　　百神之族 ／205
　　伊费和贝宁：黑色的雅典 ／207
　　"圣林"与"河神节" ／210

文学巨匠索因卡　/ 211
音乐舞蹈不分家　/ 211
上帝恩赐双胞胎　/ 213
结　语　/ 214

十五、祖鲁人（Zulu）——彩虹之国的"天民"　/ 216

同龄兵团好处多　/ 218
英祖战争最激烈　/ 221
这个上帝有点冷　/ 224
芦苇节上选王妃　/ 226
手工艺品最诱人　/ 229
嫁人只能嫁祖鲁　/ 230
人人都是艺术家　/ 233
总统也是祖鲁人　/ 235
后　记　/ 237

附录：非洲部分部族信息　/ 238

参考书目　/ 243

一、阿非利卡人（Afrikaner）
——"游走在我出生的国度"[①]

"土著"是看和谁比较，如果和南非最早的黄皮肤或黑皮肤原住民比，祖先是来自欧洲的他们断断算不上"土著"，但是如果和之后来到非洲大陆的英国人相比，他们却又是绝对的"土著"了。更何况这群人与故土隔海相望，又远离那里已久，早已既来之、则安之，且把他乡作故乡了。

如果你前往素有"彩虹之国"之称的南非旅游，不可避免地会遇到肤色与周遭黑人迥然不同的土著族群，它就是本书要介绍的第一个非洲部族——阿非利卡族。英国《金融时报》专栏作家西蒙·库柏[②]（Simon Kuper）的父母是南非人，他们回南非探亲时曾与这样一群非洲白人乘坐同一班车：

"我们一家人乘大巴从约翰内斯堡出发去一个野生动物园。大巴上其他所有乘客都是阿非利卡人：这些人都是大块头的白种人，穿着短裤，看上去很健康。他们中有一些人同姓，都有典型的荷兰人长相，在周遭非洲的环境中十分显眼，看上去应该属于同一个种族。这些人的先辈大多是讲荷兰语的新教徒，几百年前漂洋过海来到南非。我们在荷兰待过，

[①] 一首歌的歌词，来自一支阿非利卡人组成的乐队"Fokofpolisiekar"（滚蛋警车），是南非白人最著名的另类摇滚乐队。

[②] 西蒙·库柏，毕业于英国牛津大学，英国《金融时报》专栏作家，曾供职于《卫报》及《观察家报》。国际足坛第一号足球评论家，善于从人文角度解析体育，他所著的"Football Against the Enemy"（《足球：与敌对抗》）被视为传世之作，此外，还著有《足球经济学：为什么英格兰总是输？》《操纵：足球和有组织犯罪》。

街头的阿非利卡人

所以我们用荷兰语和他们聊天，而他们用自己的部族语言——阿非利堪斯语回答。"（We left Johannesburg on a bus trip to a safari park. All the other people in the bus were Afrikaners: big, healthy white families in shorts. With their handful of surnames, and heavy Dutch faces utterly distinct from their African surroundings, they were a tribe. Their forefathers had been the mostly Dutch-speaking Protestants who had come to South Africa over the centuries. We lived in the Netherlands, so we spoke Dutch to the Afrikaners, and they spoke Afrikaans back.）[1]

且把他乡作故乡

非洲大陆上何以生活着一个白人土著部族呢？现在就让我们一起把视线投向非洲大陆的最南端——南非，这里气候温和、花树茂盛、土壤肥沃、矿藏丰富，让我们走近这个特别的非洲部族。或者这样说，"土著"

---

[1] Simon Kuper，吴蔚译，"Lost Tribe of the Rainbow Nation"（迷失在彩虹国度的人们），英国《金融时报》，2012年7月6日。

实际上是看和谁比,如果和南非最早的那些黄皮肤[1]或黑皮肤的原住民比,祖先来自欧洲的这个白人群体断断算不上"土著",但是如果和之后来到非洲大陆的英国人或其他国家的白人相比,他们却又是绝对的"土著"了。更何况这群人与故土隔海相望,又远离那里已久,早已既来之、则安之,且把他乡作故乡了。从这个意义上,他们和美国人一样,实际上都是移民后裔,都从另一个大陆漂洋过海而来,赶走当地土著的"蛮夷",自己反客为主,安家落户定居下来。

阿非利卡人,有时也被翻译为"阿非利堪人"(Afrikaan),意为"非洲定居者",俗称"南非荷兰人"或"荷裔南非人"。他们的祖先主要是17～19世纪来到南非的荷兰移民,也有后来一些被法国国王路易十四迫害而出逃的法国胡格诺教徒[2](Huguenot)和德国雇佣兵移民。阿非利卡人以前被称为"布尔人"(Boer,在荷兰语中的意思是"农民"),意指他们是具有荷兰血统的白人农民后代,现在这个词已基本不用。他们以农业、畜牧业为主,现在主要居住在南非五个内陆省份——林波波省(Limpopo)、姆普马兰加省(Mpumalanga)、豪登省(Gauteng)、西北省(North West)以及自由省(Fouriesburg)。

阿非利卡人大多信仰基督教新教[3](Protestantism)、加尔文教会[4]

---

[1] 一般人们都以为非洲大陆的土著居民就是黑人,其实不能一概而论,也有例外情况。有人说,在南部非洲一些内陆地区,最早的居民其实是一群黄色皮肤的人种,一些黑人部落的到来甚至晚于由沿海迁徙而去的荷兰人。在"飞翔的荷兰人——南非近代史"一文中,作者沙梨熊特别提到:"这些黄皮肤的原住民人口稀少,处于原始落后的父系社会石器时代,过的是摘野果、猎羚羊、住山洞、穿树皮、平均年龄不超过20岁的日子。而且他们的语言功能还处于初级阶段,只有咿咿呀呀简单的拟声词,因此荷兰人管他们叫'霍屯督人'(荷兰语,意为口吃、小结巴)。现如今南非黑人种群,其实来自于喀麦隆高原,属于班图系部落,处于铁器时代,他们由北部陆路侵入南非,屠杀土著人,占据土地,还在荷兰人由南部沿海登陆的数十年之后"。

[2] 胡格诺教徒,信仰16～17世纪法国新教的胡格诺派。自称"改革者",反对君主专制,曾与法国天主教发生胡格诺战争,后得到合法地位,后来又遭迫害,直到1802年才得到法国正式承认。

[3] 基督教新教,也经常被直接称为基督教,与天主教、东正教并列,是广义上的基督教三大派别之一,是由在16世纪宗教改革运动中脱离罗马天主教的教会和基督徒形成的一系列新宗派的统称。目前全球拥有5亿9千万教徒,大约占全球基督徒总数的27%。

[4] 加尔文教,产生于16世纪的宗教改革运动,基督教新教主要教派之一,因以加尔文的宗教思想为依据而得名。它改革天主教的传统教义,强调圣经的权威至高无上,相信极端的命运预定说,反对繁琐复杂的宗教仪式和礼节。

笔者孙丽华（中）与阿非利卡人（吹长笛、黑管者）同台演出

（Calvinism）和荷兰归正会[①]（Dutch Reformed Church）。它的人口约占南非白人总人口的60%，远远高于人数第二的英裔白人（约占南非白人总人口39%），是南非人口最多的白人族群。

阿非利卡人有自己的语言——阿非利堪斯语（Africaans，俗称"南非荷兰语""南非语"），同时他们也使用英语。阿非利堪斯语是一种混合性语言，源于欧洲日耳曼语系，在历史上也被称为"开普荷兰语"（Cape Dutch）、"非洲荷兰语"（African Dutch）等，与荷兰语的拼写基本相同，也夹杂了一些法语、德语、英语、葡萄牙语、马来语（主要是东印度公司带来的亚洲契约工人和奴隶所讲的语言）和南非本土的科萨语[②]（Xhosa）元素。

[①] 荷兰归正会，1628年在新阿姆斯特丹正式成立，1867年定名为"美国归正会"，在荷兰、美国和加拿大拥有几十万教徒。

[②] 科萨语，非洲南部科萨族使用的语言，南非共和国的官方语言之一。在南非，科萨语是使用人口分布最广的一种语言，约占南非人口的18%。在使用人口数量上，它仅次于祖鲁语，位居第二。科萨语主要集中在南部两个省份，用拉丁字母书写。另外，它还是南非前总统纳尔逊·曼德拉的母语。

1925年，在阿非利卡人组建的南非国民党执政的背景下，阿非利堪斯语成为英属南非联邦11种官方语言之一，且位居第二。1996年，以纳尔逊·曼德拉①（Nelson Mandela）为总统的南非共和国颁布新宪法，阿非利堪斯语仍然是11种官方语言之一，与其他9个南非原住民语言以及英语并驾齐驱。根据2005年"Ethnologue：Languages of the World"（民族语：全世界的语言）的统计资料，包括白人和有色人种在内，南非有600多万人（占南非总人口15%）使用阿非利堪斯语，仅次于祖鲁语（Zulu，占总人口23%）和科萨语（Xhosa，占总人口18%），是南非第三大语言。在今天，阿非利堪斯语的报纸和杂志是南非流通最广的平面媒体。除此之外，南非还有400万人使用阿非利堪斯语作为第二语言。而且在南非以外的邻国，纳米比亚还有13万人在使用阿非利堪斯语，博茨瓦纳有2万人，马拉维和赞比亚也都有人使用这种语言。

他们来自荷兰

　　1648年，西班牙正式承认荷兰（即尼德兰王国）独立，从此荷兰开始高速发展，进入历史上的"黄金年代"。17世纪，荷兰成为全球航海与贸易强国，当时它的商船数目超过欧洲所有国家商船数目的总和，有"海上马车夫"的美誉。同时，荷兰在世界各地建立多处殖民地和贸易据点，继西班牙之后成为世界头号殖民帝国。1602年，14家荷兰商行联合成立荷兰东印度公司②，荷兰议会授予它21年期限的垄断权——在亚洲以

---

　　① 纳尔逊·曼德拉，南非首位黑人总统，终身名誉总统，被认为是"最伟大的南非人"，尊为"南非国父"。在其40年的政治生涯中获得了100多个奖项，1993年获得诺贝尔和平奖。
　　② 荷兰东印度公司，14家荷兰商行联合成立于1602年，18世纪因与英国战争不断，出现经济危机，于1799年解散。这是一家无比强大的商业公司：政府持有股份、具有国家职能（可自组雇佣兵、与外国签订条约、铸造货币、建立海外殖民地等）、向东方进行殖民掠夺和垄断东方贸易。它是世界第一家跨国公司，也是第一家发行股票的公司，在世界贸易中具有重要的影响力。

迁徙途中的片刻停歇

及东起好望角①（Cape of Good Hope）、西至南美洲麦哲伦海峡②（Strait of Magellan）进行殖民活动，这样，这家无比强大的公司迅速垄断了西欧的对外贸易往来。荷兰商船队每次出海都要穿越印度洋和大西洋，往返航程需要八九个月的时间。为了补充淡水、蔬菜、水果和新鲜肉类等给养，他们需要在中途建立若干商船供应站。早在1598年，荷兰人占领了西印度洋一个湿热的火山岛，以当时的执政官——"毛里茨·那扫"（Mauritus van Nassau）的名字，将其命名为"毛里求斯岛"（Mauritus Island），在这里建立了东印度公司第一家最大的商船供应站。但是后来，由于岛上鼠害猖獗，以及偏离当时的主要航线，毛里求斯岛的生产和供给能力已显不足，荷兰人决定另寻他处，建立一个更大规模的中途补给站。

1652年，荷兰船长扬·范里贝克（Jan van Riebeeck）率领第一批153名荷兰移民，一路漂洋过海来到位于开普半岛③（Cape Peninsula）的好望角，这个"美丽新世界"气候宜人、土地肥沃、草木葱郁、鸟语花

---

① 好望角，意为"通往富庶的东方航道"，位于非洲西南端，南非共和国南部，大西洋和印度洋的汇合处。这里多暴风雨，海浪汹涌，海况恶劣，最初被称为"风暴角"，是世界上最危险的航海地段。

② 麦哲伦海峡，位于南美洲大陆南端。因航海家麦哲伦于1520年首先由此通过进入太平洋而得名。它是沟通南大西洋和南太平洋的通道，在巴拿马运河建成前是重要的海上航线。水道曲折迂回，寒冷多雾，风大流急，航行困难。

③ 开普半岛，南非的一个突出半岛。背后是一座巨大的山岩，名为"桌山"，海拔超过1000米，半岛的角点就是著名的好望角。1652年，荷兰东印度公司发现这个半岛，从此开启了荷兰在南非的殖民史。

香，自是令一向缺耕少地的荷兰人眼前一亮、欣喜若狂。他们于是在这里的桌湾①（Table Bay）南部停靠上岸，在素有"上帝之餐桌"美称的桌山（Table Mountain）上建立了南非第一个永久性居民点——后来发展成为今日著名的开普敦②（Cape Town），由此开启荷兰人对南非进行殖民统治的序幕。在这些移民中有士兵也有职员，他们隶属东印度公司，奉命来这里种植农作物、饲养牲畜，产品由东印度公司收购。不久，一些移民为了摆脱公司对他们的控制，开始由沿海向内地迁徙。同时，由于荷兰是一个海拔很低、土地稀缺的国家，国内发展空间并不大，导致越来越多的荷兰人走出国门，大量涌入到南非开普敦这片神奇富饶的土地。另外，一些受当时的法国皇帝路易十四迫害的胡格诺教徒和德国雇佣兵移民也来此定居。于是这里逐渐以开普敦为中心，向四周扩散，成为开普殖民地③（Cape Colony）。开普敦也逐渐取代毛里求斯岛，成为来往于大西洋和印度洋之间的最重要的商船队中途补给站。

为了开辟更多向商船队供应补给的农场和牧场，殖民者们从好望角海岸向南非内陆迁移扩张，圈占土著黑人的大片土地，驱使他们为自己劳动，自己则理所当然地成为奴隶主。这些定居在南非的荷兰移民后裔逐渐形成统一的部族，也就是我们之前提到的"布尔人"，他们从1930年开始被称为"阿非利卡人"。19世纪中叶，布尔人的人口已经达到2.1万人，在撒哈拉以南非洲的欧洲白人定居者中占24%。他们有自己的语言；他们保有自己的荷兰式文化和生活方式；他们是虔诚的基督徒，将自己比为圣经《旧约全书》中的希伯来人④（Hebrews）；他们同时却又是顽固的

---

① 桌湾，大西洋沿岸海湾，在南非开普省西南部，1500年被葡萄牙航海者发现。有南非最大的客运港，是南非与欧洲贸易的主要门户之一。

② 开普敦，位于好望角北端的狭长地带，南非第二大城市，南非立法首都，西开普省省会。名列世界最美丽的城市之一，以美丽的自然景观及码头闻名于世，知名的地标有好望角、桌山等。始建于1652年，是欧洲白人在南非建立的第一座城市，虽地处非洲，但却充满欧洲多元文化色彩。同时这里也是全世界犯罪率最高的城市之一。

③ 开普殖民地，位于南非共和国西南部，1652年荷兰人在此建立殖民地，19世纪初被英国夺占，1910年成为英属南非联邦的一个省，首府开普敦。

④ 希伯来人，犹太人的祖先。历史学家们常使用它来指称圣经中那些族长们的后裔。

种族主义者，自视为上帝的选民，遵从天命来统治南非这片土地。

牛车大迁徙：踏上悲壮之旅

17世纪50～70年代，为了争夺海上优势和殖民地，大英帝国对荷兰发起三次战争，并最终取得胜利，夺取了全球海上霸主地位。18世纪，英国完成工业革命，从此建立海上霸权—贸易—殖民地的模式，取代荷兰成为当时世界最大的帝国主义国家，号称"日不落帝国"[1]。对法国的拿破仑战争（1799～1815）结束后，英国有30多万复员士兵和水手涌入国内劳动力市场，就业机会严重不足，产生了种种社会问题。为了缓解国内就业压力，英国政府决定向地广人稀的澳大利亚、加拿大和南非组织大规模移民。

值得注意的是，这些英国移民的素质远远高于主要从事农牧业的荷兰裔布尔人，"最初报名9万人，政府精挑细选，才挑出3487人前往。其中相当多的人是资本家，其他人不是有文化，就是有技术，还有些是退役军人，而且相当多的是城里人。"[2] 1806年开始，在英国政府的大力号召下，这些英国移民蜂拥而至富饶的开普地区，很快便在人口数量和质量上都压倒了已经在这里生活100多年的"土著"荷兰人。而这时，在这块土地上生活了168年的布尔人已经生息繁衍到第六代。由于几代人扎根南非，又远离故土，他们早与荷兰母国切断了联系，对他们而言，

---

[1] 日不落帝国，指照耀在部分领土上的太阳落下而另一部分领土上的太阳依然高挂的帝国，用来形容繁荣强盛、在全世界均有殖民地并掌握当时霸权的帝国。该词最早用来形容16世纪时的西班牙帝国，来源于西班牙国王卡洛斯一世（即神圣罗马帝国皇帝卡尔五世）的一段论述"在朕的领土上，太阳永不落下"。在19世纪，这一词被普遍作为大英帝国的别称，特别是在维多利亚时代进入鼎盛时期，当时，全世界约四分之一的人口都是它的子民，其领土面积是世界陆地总面积的四分之一。那时英国出版的世界地图把大英帝国用红色标出，生动地表现出这个庞大帝国当时在全球的影响力。英国经济学家杰文斯曾这样骄傲地描述："北美和俄国的平原是我们的玉米地，加拿大和波罗的海是我们的林区，澳大利亚是我们的牧场，秘鲁是我们的银矿，南非和澳大利亚是我们的金矿，印度和中国是我们的茶叶种植园，东印度群岛是我们的甘蔗、咖啡、香料种植园，美国南部是我们的棉花种植园。"

[2] 廖逊，"南非国民党与其落后文化"，人民网海南视窗，2011。

已自然而然地把南非看成自己的家乡，把自己看成是地地道道的"南非人"了！在维也纳会议[①]（1814～1815）上，英国以600万英镑的价格永久买下开普地区，开普正式由荷兰属地变成英国属地，布尔人也忽然由天堂跌到人间——如果还没惨到地狱的话。统治者变成被统治者，当家做主变成寄人篱下，这种心理落差导致的不满和怨恨是自然的，两个白人民族之间的矛盾从此不断加深。

英国人带来了自己的政治制度、经济形态、法律条文和生活方式。当时英国在全世界实行自由贸易政策，要将大英帝国的所有殖民地变成工业品的原料产地和销售市场。而之前开普殖民地的经济基础，却是建立在布尔农牧场主免费强占大片土地，并对当地黑人实行奴隶制的基础之上的，这种落后的封建乡村社会经济显然与英国的资本主义自由贸易格格不入。19世纪30年代，英国人宣布开普殖民地的土地为"皇家土地"，不再允许布尔农牧场主们随意圈占、免费开发，而实行土地拍卖制度；同时限制布尔人向奥兰治河[②]（Orange River，又称橘河）以北移居；并用严格的殖民地官吏任用制度取代布尔人的传统自治议会，这些措施对布尔人来说都是沉重的打击。更雪上加霜的是，英国资产阶级自由主义者在南非宣传"人人平等"思想，1834年宣布废除开普殖民地的奴隶制度，对抱有严重种族主义思想的布尔农牧场主来说，这无疑是失去了最后那根稻草，彻底熄灭了他们的最后一丝希望。布尔人于是召开全体大会，愤怒地表示："如果让奴隶享有与基督徒平等的地位，那么我们宁愿离开！"

不满英国殖民政策而又无力反抗的布尔人决心铤而走险，放弃世代居住的开普殖民地，向当时尚属荒蛮之地的南非内陆进发，这就是南非历史上著名的"布尔人大迁徙"。1835年年初开始，大约15000名布尔农牧场主召开出征大会，陆续离开自己的家园，他们要寻找一片自由乐土安家落户，建立自己当家做主的国家。他们放弃了自己的农场、牧场、

---

① 维也纳会议，在奥地利维也纳召开的一次欧洲列强会议。目的是防止法国东山再起，讨论欧洲在拿破仑战争后的形势，重新划分欧洲领土。

② 奥兰治河，非洲第五大河。横贯南非草原地区，形成南非自由邦省的东部边界，同时也形成纳米比亚和南非共和国的边界线。

房屋，驾着牛拉大篷车，赶着牛羊，带着全部家当和黑人奴隶，开始由南部沿海向东部、北部的南非内陆大草原迁徙，寻找一片"流着牛奶和蜂蜜的地方"。这场颠沛流离之旅被布尔人称为"大迁徙"（Great Trek），陆陆续续进行了四年之久。

  牛车在这场大迁移中发挥着举足轻重的作用，它是重要的运输工具，是跋涉旅途中临时的家，又是全家人的礼拜堂[①]，还是与黑人部落发生战争时的防御屏障——参加大迁徙的家庭们组成若干个自卫民兵团，把牛车围成一个个首尾相接的环形阵，以牛车为掩护，阻挡当地祖鲁、科萨等黑人部落的箭、矛进攻，因此这场迁徙也被形象地称为"牛车大迁徙"。布尔人的后代在1938年修建了一座"先民纪念馆"，以纪念祖先的这次北上运动，其中的外围圆形石墙上雕刻了64部牛车，足以说明牛车在这场大迁徙中的重要作用。在这场艰辛而又充满了悲壮色彩的长途跋涉中，开拓者们一路风餐露宿、披荆斩棘，他们历尽千辛万苦，克服无数艰难险阻，翻越崇山峻岭，穿过茂密的丛林，横渡湍急的河流，趟过低洼的沼泽湿地，很多人因为缺乏食物、感染瘟疫或与黑人部落的战争而不幸死去。至今很多布尔人仍然以自己是这场"北进运动"先驱者们的后代而自豪，但不可否认的却是——如果换一个角度看，对当地的黑人部落而言，布尔人却是不折不扣的外来入侵者。

  迁出开普殖民地的布尔人分为两路，一路向东北方向的纳塔尔[②]（Natal）前进，那里有肥沃的土地和优良的港口，他们战胜了当地的祖鲁人，在1840年成立纳塔利亚共和国（Republic of Natalia），首都是彼得马里茨堡（Pietermaritzburg）。1842年，英国人吞并了纳塔利亚共和国，布尔人自然不愿意再次被英国人统治，于是继续向西边的内陆高原迁移。

---

  ① 据说布尔人历史上有三件宝："牛车、步枪、圣经"。在殖民初期，"圣经几乎是他们唯一的读物，既是精神支柱，也是教育孩子的识字读本"（廖逊，"南非国民党与其落后文化"，人民网海南视窗，2011）。

  ② 纳塔尔，现为夸祖鲁-纳塔尔省（KwaZulu-Natal），曾是英属南非联邦和1994年新南非以前的南非共和国的四省之一。位于南非东部，东临印度洋，亚热带气候。

第二路布尔迁徙大军则向北,一部分越过瓦尔河(Vaal River),与后来从纳塔尔向西迁徙的布尔人会合。经过同当地部落的战斗,在1849年建立南非共和国,又称德兰士瓦共和国[①](Republic of Transvaal,意为"越过瓦尔河")。第一任首相为小比勒陀利乌斯(Pretorius),其首都被命名为比勒陀利亚[②](Pretoria)以纪念他的父亲,也就是这次大迁徙的领袖老比勒陀利乌斯(Marthinus Pretorius)。

除了这两路人马之外,还有另外一部分布尔人留在奥兰治河以北、瓦尔河以南地区。他们建立了自治政府,一开始接受纳塔利亚共和国的领导,在纳塔利亚共和国灭亡后,1854年建立奥兰治自由邦共和国(Orange Free State),首都是布隆方丹[③](Bloemfontein)。小比勒陀利乌斯几次试图吞并奥兰治自由邦,统一布尔人国家,但是由于德兰士瓦共和国内部的权利斗争而未能实现,所以南非得以长时间维持两个布尔人国家并存的局面。

一个国家、三个首都

布尔人政治上比较保守,种族主义思想严重,因此这两个布尔国家都实行种族隔离政策。1867年开始,德兰士瓦共和国和奥兰治自由邦共和国境内相继发现全世界最大的黄金矿(占世界黄金储量的四分之一)及钻石矿,直接导致之后英布战争(1899～1902)的爆发,英国宣称对

---

① 德兰士瓦共和国,现在的克鲁格国家公园(Kruger National Park)就是德兰士瓦共和国的最后一任总督阿非利卡人保罗·克鲁格(Paul Kruger)(1825～1904)一手创立的,以阻止当时日趋严重的偷猎现象,保护野生动物。这座国家公园被称为"动物天堂",是南非最大的野生动物保护区,总面积达2万平方公里,相当于一个英国的威尔士。这里背靠雄伟的山峰,面临一望无际的大草原,区内还零散分布着大片森林和灌木,是世界上自然环境保持最好的、动物品种最多的野生动物保护区,有各类异兽珍禽,以及非洲特有的高大的猴面包树,绝对值得一去。

② 比勒陀利亚,2005年已更名为茨瓦内(Tshwane),位于南非豪登省北部,南非行政首都。南非总统府所在地,各国使馆也集中于此,因此它是南非的政治决策中心。城市风景优美,种满各种花草树木,有"花园城"的美誉;又因街道两旁种植紫薇树,而称"紫薇城"。这是一座欧洲化的城市,黑人、白人各占一半人口。

③ 布隆方丹,意为"花之根源",南非司法首都,重要的交通枢纽。位于南非中部高原,四周有小山丘环绕,市内丘陵起伏,花园众多,是南非旅游胜地。

富有的南非具有宗主权，以及不满于布尔人拒绝承认英国移民的公民权。大英帝国与两个布尔共和国的战争相持两年多，战争末期，由于交战双方实力悬殊，布尔人渐渐不敌英军，英国人则采取和解政策——大家毕竟同是白人兄弟，不是同宗也是同源，有话好说，应该团结起来一起对付那些黑人。

　　1902年2月，双方开始和平谈判，其中有两个关键问题，一个是布尔人的自治权限；另一个是对待黑人的问题，核心是黑人的选举权。关于第二个问题，英国人不惜牺牲黑人的利益，拉拢布尔人。经过几轮激烈的讨价还价，1902年5月31日，双方在弗里尼欣①（Vereening）签订和约，持续了31个月的英布战争宣告结束。在合约中，布尔人答应停止军事抵抗，交出全部武器；承认德兰士瓦共和国和奥兰治自由邦共和国并入英联邦。英国人则保证：撤出英军部队；南非筹备成立自治议会；自治议会成立前不给黑人选举权，即使将来授予他们选举权，也要严格加以限制，以保证白人的绝对优势；同时英国政府给予布尔人经济补偿，支付300万英镑帮助他们重建家园。由此布尔人投降于英军，结束了两个独立的布尔共和国，全部布尔人沦为大英帝国的臣民，双方将共同建立种族主义殖民政权的南非联邦。在南非行政首都比勒陀利亚，位于市中心一座俯瞰全城的小山上，有一座"联合大厦"②（The Union Buildings），即总统府所在地，就是因英国人和布尔人共同修建而得名的。这是一组气势雄伟的多层欧式建筑，国旗左右两个高高的钟楼非常醒目，这栋双钟楼就象征着英国人和布尔人联手治理南非。

　　德兰士瓦和奥兰治在1906年和1907年分别成为英属自由邦，享有充分的自治权。1910年5月31日，由开普、德兰士瓦、奥兰治和纳塔尔共同组成的南非联邦成立，南非成为与澳大利亚、新西兰和加拿大一样的英联邦成员。在决定首都的时候，四方互不相让，竞争非

---

①　弗里尼欣，南非德兰士瓦省南部，南非钢铁和煤炭基地之一。
②　联合大厦，南非政府及总统府所在地，是一座气势宏伟的花岗岩建筑。坐落在一座小山上，大厦前面是整齐优美的花园，园中立有纪念碑和雕像，大厦后面有大片的丛林和灌木区，里面有很多鸟类栖息，风景非常优美，是游客必去之地。

联合大厦之"双钟楼"

常激烈,最后为了平衡各方利益关系,南非联邦按照英国三权分立的原则,慷慨地设立了三个首都——立法首都开普敦、行政首都比勒陀利亚和司法首都布隆方丹,这个妥协之举令各方皆大欢喜。这就是南非"一国三都"的由来,南非也因此成为全世界唯一拥有三个首都的国家。

此时居住在南非四处自由邦的布尔总人口已有60万,远远超过当地英裔白人。他们有共同的语言、文化和宗教,英布战争大大促进了他们民族认同心理的形成,民族凝聚力得到空前加强,南非联邦的成立则使他们终于合并为一个国家——尽管尚未是一个独立的国家。分久必合、合久必分,经历了长期演化、磨合到认同的过程,他们终于成为一个统一的民族。南非联邦成立后,原来四处殖民地中的布尔政党很快在1914年合并成一个统一的"南非国民党"[①]（National Party）。1910年,南非联邦进行第一次普选,结果让英裔白人大跌眼镜——南非国民党得到布尔人一致支持,凭借六成选票的优势,通过民主的程序名正言顺地击败了

[①] 南非国民党,1914年成立,党员绝大多数是荷兰裔布尔人。代表布尔人的利益,主张"白人至上",全面推行种种族歧视和种族隔离政策,遭到国际社会的谴责和制裁。60年代末,党内出现了一些开明派,70年代宣布改革;1989年,党内出现分化,新主席德克勒克上台后采取了一些较为开明的进步措施,如取消对黑人解放组织的禁令、释放曼德拉等人。1990年,采取一系列重要改革措施,并与曼德拉领导的非洲人国民大会直接会谈,同年8月,宣布国民党向所有种族开放党籍。

阿非利卡人（Afrikaner）——"游走在我出生的国度"

英裔白人组成的联邦党。1911年,南非联邦政府正式成立,布尔人终于以政治方式取得了以前用军事手段未能取得的国家政权,非洲大陆上出现了英属领地上战败的布尔人仍能主导南非政局的奇特现象。自1930年,"阿非利卡人"的称呼开始启用,因为这个称呼不会使人联想到历史上那两个各据一方的布尔共和国,有一种"民族统一"的意味。1961年5月31日,南非联邦政府宣布不再效忠英国女王,退出英联邦,建立了独立的南非共和国[①]。

回过头来看,在英属领地的大背景下,布尔人组建的国民党何以战胜英国人的联邦党?下面一段话似乎很能说明问题:

"阿非利卡人的优势不仅来自选票多,还由于两次英布战争激发阿非利卡人意识的觉醒。战败使他们清醒地认识到自己孤立无援的地位:他们虽是荷兰人的后裔,其语言由于几百年的变异,已经无法与母邦相通。且母邦衰落,难以依靠,自然渐行渐远,转而认同非洲,所以自称阿非利卡人。他们不仅资金技术不如英裔白人,而且从事体力劳动,也不如黑人吃苦耐劳。有教养的英裔白人,人数上本来就少,又恃才傲物,崇尚个人主义单打独斗,政治上反不敌齐心抱团的阿非利卡人。阿非利卡人个人素质虽差,却有强烈的危机感,又怕黑人又怕英裔白人,很容易凝聚成集体合力,政治能量倍增。"[②]

另有一点需要补充的是,阿非利卡人内部并不是铁板一块,也有黑白之分。18世纪下半叶,迁徙到南非内地的布尔农民与祖鲁、科萨、纳马等黑人部落的妇女通婚,产生混血有色人种。他们同样起荷兰名字,说阿非利堪斯语,信仰加尔文教。在阿非利堪斯语中,这些有色人种被称为"Bruine Afrikaners"(棕色阿非利卡人)或"Bruinmense"(棕色人种)。他们曾与布尔人一同展开对黑人的战争,作为回报,被允许保留自己的土地。

[①] 南非共和国,地处南半球,位于非洲大陆最南端。素有"黄金之国""钻石之国"之称,是非洲最大的经济体和最有影响力的国家之一,其国内生产总值约占撒哈拉以南非洲国家生产总值的三分之一,对地区经济发展有重要的引领作用。

[②] 廖逊.南非国民党与其落后文化,人民网海南视窗,2011。

众所周知，在阿非利卡人的种族主义思想驱使下，当时的南非联邦实施惊世骇俗的种族隔离[①]制度。这些有色人种在种族隔离时期也被称为"混血人种"，或明显具有贬低意味的"巴斯特人"（Bastera，意为"杂种"）。1994年，南非举行首次由各种族参加的全国大选，由曼德拉领导的"非洲人国民大会"、南非共产党、南非工会大会组成的三方联盟获得胜利，曼德拉成为南非首任黑人总统，着手组建民族团结的政府，宣告南非种族隔离制度正式结束。这时在一部分阿非利卡人当中出现了扩大种族范围的倾向，鼓励这些以阿非利堪斯语为第一语言的有色人种宣布自己为阿非利卡人。考虑到阿非利卡人一向顽固的种族主义思想，白种阿非利卡人的这种态度无疑是一种进步。但是这些说阿非利堪斯语的有色人种并不认为自己与阿非利卡人属于同一种族，因为经过漫长的种族隔离历史，他们已经发展出完全不同的文化。同时，"阿非利卡人"这个词语的种族主义背景容易令人产生不愉快的联想，所以他们更加倾向于用比较"中立"的"阿非利堪斯人"（Afrikaanses）来称呼自己。

游击战、坦克与迷彩服的始祖

19世纪末，两个布尔共和国境内陆续发现金矿和钻石矿，引得英国人垂涎欲滴，争夺采矿权的冲突日益尖锐，加之双方之前就积怨已久，利益之争愈演愈烈。1899年，旷日持久的英布战争爆发，大英帝国对阵两个布尔国家：德兰士瓦共和国以及奥兰治自由邦共和国。

战争初期，英军人数上处于劣势，加之过于轻敌，导致了较为被动的局面，连遭多次失败，而布尔人却倚仗地理优势，神出鬼没、捉摸不定，这时英国人方知难以在短时间内赢得胜利。"大英帝国在整个19世纪一直所向无敌，只有在南非他们第一次遇到了真正的抵抗。……布尔人退

[①] 种族隔离，指按照不同种族，将人群分割开来，使得各种族不能同时使用公共空间或服务。它实质上是一种种族歧视，联合国认为它是"对人类的犯罪"，历史上最著名的种族隔离发生在南非和美国。种族隔离的法律将人由高到低分为4种：白人、有色人种、印度人、黑人，其中白人的地位最优越。

出城市后，分成小股部队开始了现代战争史上最早的游击战，他们也因此被称为'现代游击战争之父'。他们切断铁路交通、掠取英军给养、歼灭小股英军、骚扰市郊，甚至袭击城市中心。英军为了应付四处袭击的布尔游击队，疲于奔命，伤亡重大。"①

战争后期，随着后方援军的陆续抵达，英军逐渐掌握主动权。而此时布尔人的作战能力也在迅速下降，士兵从最高时期的8.8万人减少到2.2万人，由于补给跟不上，只能依赖战利品为生，士兵们衣衫褴褛、营养不良、士气低落。根据统计，交战双方均死伤惨重：布尔人全部农场被毁，6000名士兵战死；英方经济支出高达2亿英镑，死亡21942人。1902年，这场"白人绅士之间的战争"以英国人的胜利而告终。

抛去两个民族的胜负之争，英布战争还有种种特别意义。它是英国复兴史上时间最长的战争，也是真正意义上的现代战争起点。另外还有一些细节意味深长：

⟡ 从这场战争开始，铁丝网被广泛使用。

⟡ "出现了最早的游击战和阵地防御战，为了突破敌人阵地，英军跳出呆头呆脑、不知灵活变化的德国人只知道重炮的发展思路，开始试验可以移动的钢铁堡垒，就是后来闻名天下的坦克。"②

⟡ 另外，英布战争和迷彩服的产生也有关系。布尔人发现英军都穿红色的野战制服，这在非洲树林和草原的绿色背景下，显得分外醒目，因而行动非常容易暴露。布尔人于是得到启发，把自己的军服和武器都涂成草绿色，以利用密草丛林的绿色背景作掩护，这样一来，一方在明、一方在暗，布尔人很容易发现英军，英军却不容易发现布尔人。布尔人常常借此神不知、鬼不觉地接近英军，然后突然发起攻击，打得英军措手不及，想还击却又找不到目标。"吃一堑，长一智"，英国人从此吸取教训，这也警醒了其他国家

---

① http：//mengmichael.blog.sohu.com/98290092.html.另外，当时让英国人在南非焦头烂额的除了布尔人之外，还有黑人部族祖鲁人。英祖战争同样是旷日持久、激烈无比，英国人同样付出了很大代价才取得最后胜利。

② http：//mengmichael.blog.sohu.com/98290092.html.

的军队。为了在野战条件下较好地隐蔽,世界各国不断改进野战制服的颜色,尽量使之与自然的背景色接近。这样,世界各国军队的野战制服虽然样式上千差万别,但颜色上却逐渐在绿色基调上统一起来。

"失之东隅,收之桑榆",需要说明的是,虽然战败,布尔人却有其他方面的收获,他们的民族凝聚力因这场一致对外的战争而得到了空前加强。尽管后来英国人成立了南非联邦,还给予布尔人平等的政治地位,但英布战争在两个白人民族之间烙下了深深的痕迹,产生了很深的民族隔阂。"历史上英国人欺负过布尔人,并以恃强凌弱的英布战争灭掉两个布尔共和国,使其成为英国殖民地,因此布尔人有'反抗英国殖民统治'的民族主义情绪。英布战争中很多布尔人遭到屠杀,在集中营里大批死亡,给布尔人留下深刻的创伤。南非各地有关英布战争的纪念碑、博物馆和历史遗迹星罗棋布,时刻提醒布尔人——现在的阿非利卡人勿忘过去。"[1]

先民纪念馆:"我们为你而死,南非"

南非的行政首都比勒陀利亚是全国的政治中心和文化中心,这座面积不大的城市还是南非的交通枢纽,更是南半球空中航线的必经之路。这里风光秀丽,花木繁茂,有"花园之城"的美誉,又因街道两旁种满鲜花盛开的紫薇树而被称为"紫薇之都"。紫薇花是比勒陀利亚市的市花,每年到了11月份,满街都是盛开的紫薇花。中国的花主要是草本植物,而南非的花很多是木本植物,它们盛开在马路两旁一排排高高的树上,看上去非常美丽。加之这里一年四季气候宜人,人们喜欢坐在开满鲜花的树下纳凉、闲谈,成为这座城市一道靓丽的风景线。

阿非利卡人为祖先修建的"先民纪念馆"(Voortrekker Monument),又被称为"开拓者纪念堂"或"大迁徙纪念堂",就坐落在这座城市南郊

---

[1] 秦晖,"南非'经济奇迹'的背后",经济观察报,2010年6月11日。

蓝天白云下的先民纪念馆

的一座小山上，站在山坡上，可以俯瞰城市郁郁葱葱的风景。纪念馆"矗立在一个平缓起伏的山坡上。相对于周围的空旷，纪念馆显得高大、雄伟、醒目"①，它的周围栽种了很多花草树木，比如芦荟、紫薇树，还有像小树一样高的仙人掌。

纪念馆坐落在陡峭的 260 级台阶之上，从台阶下面仰望，它显得尤其庄严肃穆。纪念馆主体是一栋巨大宏伟、方方正正的花岗岩建筑，长、宽、高都是 40 米，外观是石褐色，在湛蓝天空的映衬下显得格外古朴厚重。在一位中国游客的眼中，它"远远望去，像是一个正方形的堡垒，更像是中国封建王朝的传国玉玺，被放大后，扣在南非大地上。"②这座纪念馆在 1937 年开始设计，1938 年 12 月 16 日（即阿非利卡人的"血河之役"纪念日，下文会有详细介绍）开始奠基修建，造价 34 万英镑，用了整整

---

① 曹振，"此先民非彼先民——参观南非布尔人先民纪念馆"，新华 http://blog.tianya.cn/blogger/post_read.asp?BlogID=322915&PostID=39230378。

② 京东山人，"走进比勒陀利亚——龙年南非行之三"，http://blog.tianya.cn/blogger/post_read.asp?BlogID=322915&PostID=39230378，2012 年 2 月。

11年才完成！1949年12月16日落成之时，来自南非各地的25万阿非利卡人参加了盛大的揭幕典礼。

"'先民'，顾名思义，即最早或早先的居民。"根据纪念馆门口上的碑文，它是为了纪念阿非利卡人的祖先，他们不甘接受异族统治，赶着牛车北上，在迁徙途中历经了种种苦难和战争，"阿非利卡人要以此铭记他们的祖先北上迁徙的胜利，让他们的子孙后代牢记先驱们那段光荣的拓荒历史。"然而细想一下，这个名字非常具有讽刺意义，"谁是南非这片土地上的先民？当然主要是那些世世代代生活在这里的原住黑人，以至于来这里参观的很多游客都以为这座纪念馆是当地黑人修建的，但事实却是这座纪念馆是个白人纪念馆。"[1]

纪念馆被一圈黑色的铁栅栏围起来，院子里面环绕着一圈圆形的围墙，围墙上面刻着精美的64部牛车浮雕，显示出牛车在布尔人大迁徙中的重要作用。

进入纪念馆里面，是一个开阔的大殿——英雄厅。纪念馆主要以20多幅巨大精美的石雕壁画形式，按照时间顺序生动记述了阿非利卡人的早期历史。首先展示的是17世纪殖民初期，布尔人在好望角劳动和生活的场景，"我们仿佛看到了先民们早期在南非面临的那些艰难困苦，看到了他们垦荒创业的坚韧和顽强，看到了他们创建的一座座农场和农产品加工厂，也看到了他们对南非黑人的野蛮隔离和掠夺"[2]。随后是阿非利卡历史上最重要的事件：北上大迁徙，1806年开始，英国移民大批涌入，严重削弱了布尔人的特权，先民们奋起反抗英国的殖民统治，有几幅壁画就反映了他们北上迁徙前的隆重集会场面和大迁徙途中的几次险恶遭遇。

在所有壁画中，最为醒目的是一幅最大的"血河之役"壁画。"一位阿非利卡解说员说，布尔先民从沿海向内陆进发，必然遭到在人数上

---

[1] 此段引文部分来自：曹振，"此先民非彼先民——参观南非布尔人先民纪念馆"，新华网，http：//blog.tianya.cn/blogger/post_read.asp?BlogID=322915&PostID=39230378。

[2] 同上。

远远超过他们且组织严密的黑色班图人和祖鲁人的顽强抵抗。在其先驱者遭受重创和损失后，1836年10月16日的一次战斗中，布尔先民发明了一种叫做'环形牛车阵'的特殊战术，以40人战胜了4000名班图人。另一场决定性的战役发生在1838年12月16日，对手是黑人部落祖鲁和科萨组成的联军，共有12000多人，与530多人组成的布尔军队展开了激战。布尔领袖比勒陀利乌斯率领民兵团在恩康姆河谷摆下牛车阵，结果布尔人以伤亡7人的代价取得了胜利，用大炮和步枪杀死对方士兵3000多名。祖鲁和科萨士兵殒命沙场，鲜血染红了恩康姆河，从此，这条河被称作'血河'，这次战役也被称为'血河之役'。这一天，标志着布尔人北上迁徙的胜利，也标志着他们建立自己国家的开端。"[1]比勒陀利乌斯因此被奉为布尔人的民族英雄，并将德兰士瓦城以他的名字命名，即现在的这座比勒陀利亚市，至今，他和儿子小比勒陀利乌斯的纪念碑仍然耸立在市中心。

这场"血河之役"被黑白两大种族以各自不同的意义纪念：黑人把12月16日这一天命名为"丁冈日"（"丁冈"是当时祖鲁王的名字），以纪念为保卫领土而流血牺牲的将士，同时警醒后人不忘历史；布尔人则将其命名为"誓言日"（因为战前他们曾向上帝发誓，如果能战胜黑人，将在这里树碑以永世纪念），他们把这一天称为"最神圣的日子"，并在布尔国民党当政时期定为全国公共假日，每年的这一天都要举行各种纪念活动庆祝。这样在南非大地上，每年的12月16日都成为双方井水不犯河水的一天，黑人和白人以各自的方式和心情分别进行着纪念活动。直到1994年，曼德拉在南非首次多种族参加的全国大选中获胜，组建新南非政府，标志着黑白分明的种族隔离制度正式终结。他宽容地保留了这个节日，但将其改名为寓意深长的"种族和解日"，希望黑白两大种族化干戈为玉帛，消除偏见与歧视，和平共处，携手共建新南非。

纪念馆里面中间是圆形的天井，二楼顶端是一个圆形的屋顶，正中

---

[1] 此段引文部分来自：曹振，"此先民非彼先民——参观南非布尔人先民纪念馆"，新华网，http://blog.tianya.cn/blogger/post_read.asp?BlogID=322915&PostID=39230378。

间有一个小小的圆形光孔,而地下一楼正中央则平卧着一块长方形石碑,在几级台阶之上,周围有护栏,这块英雄纪念石碑正对着上面的圆形光孔。这个小小的光孔其实大有玄机,它是根据天文学的原理,经过精确计算设计而成。每年的12月16日,即"血河之战"纪念日这一天,太阳光线都会透过这个精心设计的孔道,正好照射在石碑上的一排刻字:"我们为你而死,南非"!

　　一段历史,两种意义——对于阿非利卡人是一段引以为荣的先民拓荒史,而对于黑人来说,却是一部血泪斑斑的被侵略史。"当局者迷,旁观者清",局外人怎样看待这座阿非利卡人的圣地呢?让我们看一下几位中国游客的感想:

◇ "对'血河之役',祖鲁人与布尔人有着截然不同的看法。在南非黑人眼里,自己的祖先才是这块土地名副其实的先民。因而,他们不会进入纪念馆,更不会去顶礼膜拜。……先民纪念馆,这座被布尔人看作光荣、黑人视为耻辱的建筑,也是南非一段历史的铁证。人们看到它,就会想到英布白人之间、白人与黑人之间那段残酷而又黑暗的岁月。……在浏览的过程中,我们的心情复杂,似乎透过这些展品看到了事物的另外一面。布尔人在纪念其先民的同时,也赤裸裸的暴露了他们如何征服南非原住民的狰狞面目,也从客观上揭示了英布两个入侵民族为争夺霸权尔虞我诈的殖民本质。南非的近代史,实际上就是一部英布两个殖民者相互残杀并镇压原住民的血腥史。"[①]

◇ "这一日对黑人来说,意味着耻辱;而对白人,则是炫耀祖先的纪念日。我想每年这天,黑人的心情是相当复杂的。……大体看来,这个先民纪念馆,是白人所建,也为白人而建。黑人应该很少来,即便来,看到也是伤痛史。我在大堂的接待台上翻看了厚厚的一本留言簿,上面全是白人的留言,无不壮怀激烈、赞颂有加。这

---

① 此段引文部分来自:曹振,"此先民非彼先民——参观南非布尔人先民纪念馆",新华网,http://blog.tianya.cn/blogger/post_read.asp?BlogID=322915&PostID=39230378。

些留言，若在黑人看来，无疑是伤口上撒盐。"[1]

⋄ "拥挤的人流中清一色是白人，不少人全家出动。一位从开普敦来的阿非利卡人对笔者说，今天他专门带着儿子坐飞机赶来，为的就是让他不要忘却先辈的历史。让笔者吃惊的是，在种族隔离已经取消了11年的新南非，在今天这个'种族和解日'的特殊时刻，种族隔离政权时期的旧南非国旗竟然与新国旗并列摆放在大厅中央，神情肃穆的人们用阿非利卡语唱着赞美诗。中午十二时，当一束阳光从经过精心设计的纪念馆顶部直射大厅正中央'我们为你而死——南非"几个字的时候，整个大厅回荡起《南非之声》这首种族隔离时期的旧国歌，场内场外的阿非利卡人都在齐声高唱，不少人竟然激动得热泪盈眶。笔者问身边的一名少年，白人和黑人什么时候才能一起共同庆祝这个纪念日，他不假思索地说：几乎没有可能。

⋄ 共同的历史，别样的纪念；同样的祖国，陌路的人民。作为一个外国人，在为南非种族融合之艰难感慨之余，笔者只能默默祝愿这个'彩虹国度'能够早日变得更加丰富多彩。"[2]

彩虹国度中的白人小镇

过去的布尔人，如今的阿非利卡人，他们现在的生活状态如何呢？

1994年，南非举行首次多种族大选，阿非利卡人组建的国民党落败，曼德拉成为南非首任黑人总统，宣告阿非利卡人一意奉行的南非种族隔离制度土崩瓦解。"The once so united Afrikaner people are like a box of night moths after the lid is lifted. They blink their eyes against the bright sun, and flit confusedly in different directions."（这些一度如此团结的阿非利卡人好像一群关在盒子里的夜蛾，当盒盖被揭开，这些夜蛾被强烈的阳光晃了眼，晕

---

[1] "非洲之行散记——（六）先民纪念馆"，途牛旅游网。
[2] 李锋，"种族和解——南非何日不再黑白分明？"，人民日报，2005年12月18日。

乎乎地四处飞散。)① 失去了种族主义政策庇护的他们该何去何从呢?

一些受教育程度较高、工作能力较强的阿非利卡人选择再次"迁徙",移民到非洲其他国家,甚至有些还远至世界各地的其他大陆,他们在新的环境中努力适应,开始新的生活。

更多人则继续留在南非,许多人陷入了贫困之中,"如今,留在南非的阿非利卡人中,有五分之一的家庭月收入不到300欧元。在南非,德弗里斯见到了乞讨的、无家可归的、住在棚户区的阿非利卡人。这些人是白人里的穷人,他们的问题正是种族隔离制度最初想要解决的。1948年阿非利卡人接管政府时,定下的目标就是要让较为贫穷的阿非利卡人过得比他们的黑人邻居好。政府为生活困难的阿非利卡人提供了邮差、接待员等公务员职位。而如今这些阿非利卡人中,生活水平从第一世界一下子跌至第三世界的不在少数。"② 然而,生活状况的好坏归根结底还是要看个人的生存能力,选择留在南非的阿非利卡人其实大多数仍然过得不错,"种族隔离时期白人所享受到的一流教育为他们今后的生活奠定了良好基础。许多阿非利卡人经商,与政府关系很好。他们大多放弃了乡村的住所,搬到市郊,还在住所周围建起了高高的栅栏,但除此之外,种族隔离制的终结并没有给他们带来太多的不便。德弗里斯写道:'大多数阿非利卡人的经济状况都比1994年之前更好了。'"③

实际上,留在南非的阿非利卡人还有一个更好的去处:一个叫"奥拉尼亚"的小镇,这里是一个只有阿非利卡人居住的地方,当地人称为"白人镇"。"1991年,在南非从种族隔离制度向民主制度过渡的时期,11名为族裔前途担忧的阿非利卡人在如今北开普省的奥兰治河畔买下土地,在一片被遗弃六七年的工地上开始建设新家。如今,奥拉尼亚的总面积

---

① 转引自西蒙·库柏,吴蔚译,"Lost Tribe of the Rainbow Nation"(迷失在彩虹国度的人们),英国《金融时报》,2012年7月6日。这段文字来自旅居约翰内斯堡的荷兰作家弗雷德·德弗里斯(Fred de Vries),他对阿非利卡人的经历产生好奇,写成一本优秀的纪实类图书:荷兰语版的书名为《阿非利卡人》(Afrikaners)/阿非利卡语版的书名为《迷失》。

② 同上。

③ 同上。

已有70平方千米，人口近千，民房成排，绿树成荫，农田整齐。孩子们骑着童车在柏油路上欢快奔跑，人们见面都会热情地彼此打招呼……奥拉尼亚小镇的标志是一名正在挽起袖子的阿非利卡男子。这象征着当地白人在时刻准备着独立完成工作，从刷马桶到修理花园，从种地到修路、建房，所有的体力劳动都由白人干。"①

在南非这个"彩虹国度"，过去有着颇不光彩的种族隔离历史，如今又在大力提倡种族融合，那么，阿非利卡人自己对这个"白人镇"如何解释呢？这所小镇的镇长对记者说，"他们反对种族主义，建立奥拉尼亚并不是为了隔离，只是不希望由别人来决定自己的命运。南非第一任黑人总统曼德拉、现任总统雅各布·祖马②（Jacob Zuma）等都访问过奥拉尼亚，奥拉尼亚没有妨碍南非种族和解，而是和解的一部分。'建立奥拉尼亚是出于一个政治理念，让这里成为阿非利卡人生存并能独立做决定的地方，成为能保存我们文化的地方。'小镇居民认为，只有这样才能在这里保存和发展阿非利卡人的语言、文化、传统和信仰。'而从约翰内斯堡来的阿非利卡人亨尼在树下宿营，他说自己很喜欢这里，这里没有犯罪，人们也很友好，办事效率高，这些都是阿非利卡人的传统。"③

也许这就是症结所在，阿非利卡人有着很深的群体认同感，以自己部族的语言、文化、传统为荣，他们的政治态度趋于保守，提倡过简朴的生活，崇尚坚忍不拔和吃苦耐劳。正如德弗里斯评论的那样，许多阿非利卡人尚未融入南非这个"彩虹国度"——"年轻一代的阿非利卡人中，很少有人与其他肤色的人住在一起。阿非利卡人仍然与其他族群保持着距离。大多数阿非利卡人认为，并没有'彩虹国度'这回事。"④现实世界

---

① 裴广江，"探访南非'白人镇'"，人民日报，2012年2月8日。
② 雅各布·祖马，南非现任总统，祖鲁人。1958加入南非非洲人国民大会，曾担任非国大副主席及主席，2009年5月9日当选南非总统。他在南非政坛是一位有争议的人物，他和他的部族所赞成的一夫多妻制，一直是媒体猎奇的目标。
③ 裴广江，"探访南非'白人镇'"，人民日报，2012年2月8日。
④ 转引自西蒙·库柏，吴蔚译，"Lost Tribe of the Rainbow Nation"（迷失在彩虹国度的人们），英国《金融时报》，2012年7月6日。这段文字来自旅居约翰内斯堡的荷兰作家弗雷德·德弗里斯（Fred de Vries）。

中的种族隔离之墙容易拆除，隐藏在人们心灵深处的那道墙却依旧高高耸立。

中国制造与橙衣军团

阿非利卡人的日常生活也是多姿多彩的。

众所周知，"中国制造"的商品在国外市场俯首皆是，恐怕很多中国游客都有这样的经历，出国旅游之余，想给亲朋好友带些纪念品，结果回来发现很多商品都带有"Made in China"的标签。其实中国商品在非洲市场，尤其在阿非利卡人的家乡，也是大受欢迎的。例如，根据英国《金融时报》的一则报道，现在中国企业生产的商品不再仅仅是"物美价廉"的代名词，而是更注重提升商品质量和档次，使其性价比更高。"南非女孩珍妮说，她家乡的阿非利卡人吃穿用几乎全是中国制造，中国商品的多元化能满足非洲各阶层的需求。"①

四年一度的巴西世界杯今年夏天火热开战，而四年前的2010年南非世界杯也曾经吸引过阿非利卡人的特别关注，他们支持的球队自然是来自"老家"的荷兰队。浏览一下四年前的新闻报道，会发现类似这样的标题："南非'橙'主场，历史使然"（众所周知，荷兰足球队的队服颜色是活力四射的橙色），以及"开普敦满城尽带黄金甲，绿点球场②（Green Point Stadium）将成荷兰队主场"。

根据当时中国新闻网的报道，"一干布尔人操着阿非利加语在德班球场加油助威，橙衣军团仿佛来到了主场。彩虹之国，拥有众多橙衣军团

---

① 苑基荣，"丰富非洲消费文化，市场份额大涨"，《人民日报》，2012年11月15日。
② 绿点球场，开普敦球场重建之前的名称，2009年12月竣工。这是一座因2010年世界杯足球赛而重建的多功能球场，可承办各种赛事和音乐会，因位于开普敦市沿海郊区的"绿点"区而得名。可容纳7万观众，它坐落于黄金地段，风景优美，交通便利，球场外设有大型医院和停车场，现已成为开普敦市的新地标。它是南非最具艺术性的球场之一，面临大海，右倚桌山，夜晚灯光点亮时，这座多用途球场犹如一个在基座上浮动的玫瑰色碗，被称为"开普敦女神"。它也是世界最先进的体育场，有世界独一无二的可伸缩玻璃屋顶，屋顶中间可以打开；拥有噪声消除系统，同时是无污染的"绿色"球场。

拥趸。听着布尔人用家乡话助威，伤愈复出首发的荷兰球星罗本浑身燥热，有股使不完的力气。就目前的进程而言，在南非这片'橙'主场，罗本们不会让老乡布尔人失望。"①而《钱江晚报》则详细叙述了开普敦与荷兰的渊源，"开普敦本身就有很多居民是荷兰人的后裔，在绿点球场荷兰队肯定会享受主场一般的待遇。葡萄牙人发现了开普敦，但是第一个进入好望角并建立永久性据点的是荷兰人。荷兰人建立永久性据点后，前来定居的荷兰人越来越多，不少荷兰人在开普敦落地生根，形成了荷兰人集中的聚居地，开普敦这座港口城市带有浓郁的荷兰特色，和这段历史是分不开的。车行开普敦，你会感觉宛如漫步在中世纪的荷兰。所谓'开普菜'，其实就是荷兰菜。"②

结　语

在全球经济一体化、世界趋向大同的今天，即使是一向注重保护民族传统的阿非利卡人也隐隐感到些许忧虑。追赶世界潮流的同时，如何传承民族传统，恐怕是所有民族面临的共同困惑——尤其那些远离话语权中心的非强势族群。荷兰作家弗雷德·德弗里斯对阿非利卡这个特殊民族颇有研究兴趣，在他的《迷失》一书中就曾经有过这样的忧虑：

"荷兰归正会正在被美式的福音会所取代。就连那些过得不错的阿非利卡人也深切地感受到了一种失落感。'阿非利卡人的田园生活，村广场和小教堂'，全都一去不复返了。阿非利卡人的固有生活方式正在土崩瓦解。南非国民党已不复存在……阿非利卡语或许正在消亡。作为一门官方很少使用的语言，阿非利卡语事实上已经用处不大了。甚至在斯坦陵布什大学（Stellenbosch University，阿非利卡人的牛津大学），如今也只有大约10%的课程使用阿非利卡语授课。阿非利卡语作家开始越来越多

---

① 中国新闻网，中新社记者沈晨，2010年06月29日，约翰内斯堡6月28日。
② 高华生、史一方，钱江晚报，2010年7月6日。

地用英语发表作品。作为个体，阿非利卡人或许能在南非生活得不错，但整个民族的情况不那么妙，他们或许最终会消融在说英语的南非白人族群中。……有一半阿非利卡血统的作家里安·马兰（Rian Malan）预言，有朝一日，阿非利卡人将成为人们记忆中那个'曾经生活在这里的神秘民族'。"①

南非谚语

If you are looking for a fly in your food, it means that you are full.
如果你吃饭时开始在食物里找飞虫，说明你已经吃饱了。

---

① 转引自西蒙·库柏，吴蔚译，"Lost Tribe of the Rainbow Nation"（迷失在彩虹国度的人们），英国《金融时报》，2012年7月6日。这段文字来自旅居约翰内斯堡的荷兰作家弗雷德·德弗里斯（Fred de Vries）。

阿非利卡人（Afrikaner）——"游走在我出生的国度"

二、阿姆哈拉人（Amhara）

——"非洲屋脊"是我家

这片地下建筑群是11座分别由整块岩石雕凿而成的基督教堂，教堂顶端与地面持平，这就是举世无双的"独石教堂"！笔者在走访埃塞俄比亚驻华大使馆的时候，就在一进大门正对着的陈列墙上看到了它们的图片，使馆工作人员骄傲地向我们介绍说：它们是"全世界最伟大的建筑奇观之一"。

埃塞俄比亚是非洲东部的内陆大国，部族达八十多个（准确数字难以统计），全国基于部族划分为九个州。在众多部族中奥罗莫（Oromo）是第一大族，占全国人口45%，主要居住在奥罗米亚州（Oromiya）；而屈居第二的就是阿姆哈拉，占全国人口30%，他们的故乡阿姆哈拉州位于埃塞俄比亚西北部。这里风景优美，湖光山色，有全国最大的内陆湖塔纳湖（Lake Tana）和最高峰达尚峰（Ras Dashen）。

埃塞俄比亚高原，素有"非洲屋脊"之称。郁郁葱葱的山脉，茂密幽深的树林，覆有茅草屋顶的房子，在草原狭窄的土径上，三三两两地行走着头包布巾、手拿木棍放牧牛羊的阿姆哈拉人。

阿姆哈拉人也被翻译成"阿马拉人"或"安哈拉人"，主要分布在埃塞俄比亚高原的中部和北部。他们的身材特征属于埃塞俄比亚人种[①]和欧

[①] 埃塞俄比亚人种，为尼格罗人种的一部分。分布于东北非，是闪米特人与黑人的混合。体质上他们中高身材、长头型，与地中海人种相似。

罗巴人种[1]。阿姆哈拉人是全国毋庸置疑的"超级"大族，不仅人口众多（约1900万），占全国人口三分之一强，而且无论在政治上还是文化上都占据主导地位。

宗教在阿姆哈拉人的生活中起着至关重要的作用。据统计，81%的阿姆哈拉人信仰古老的埃塞正教[2]（Ethiopian Orthodox Church），18%信仰伊斯兰教，另有0.1%信仰基督教，其余极少数信奉其他原始宗教。许多节日也都和宗教有关，其中最重要的有每年1月7日的圣诞节，1月19日的"主显节"[3]或称"显现节"（Epiphany），以及4月20日的复活节。全世界的节日都是一样的，欢乐而热闹，人们参加各种庆典仪式，宴请亲朋，表演歌舞，乐此不疲。

最主要的统治部族

阿姆哈拉人其实是阿拉伯人的后代。具体来说，他们是古代南下入侵的闪米特人[4]（Semites）中的一支——沙巴人与当地库施特人（Cushitic）的混血后裔。公元前7世纪，一部分闪米特人从阿拉伯半岛南端的也门跨过红海迁徙到"非洲之角"（即非洲东北部），占

美丽圣洁的阿姆哈拉女子

---

[1] 欧罗巴人种，又称高加索人种，其实就是白人。是世界上人口最多的人种，占世界总人口40%。特征是肤色浅淡；柔软波状的头发，发色为金、红、白发（多在北欧）、棕、黑；眼窝较深、眼睛蓝、绿或棕色；毛发浓密；颧骨不高突；颚骨较平；鼻子窄而高；唇薄或适中。起源于欧、亚、非相连接地区，在全世界分布较广泛，主要集中在欧洲、西亚、中亚、北非、北美洲、大洋洲也有。

[2] 埃塞正教，又称埃塞东正教。它属于基督教这个大体系，但严格来说，它不属于天主教、东正教、新教其中的任何一个分支，在教义和仪式上都有自己的独特特征。

[3] 主显节，庆祝耶稣诞生的节日。"主显"在希腊文中的原意是：一位神出现，使人肉眼可以看见。

[4] 闪米特人，又称"闪族人"。是来自阿拉伯半岛南部和叙利亚沙漠的游牧民族。

据了埃塞俄比亚高原北部。阿姆哈拉人一直主宰着埃塞俄比亚历史，是历朝历代最主要的统治者，他们的语言也是埃塞俄比亚的国语。并且他们通过联姻和文化同化吸收、合并了很多其他部族，不断壮大自己的力量。

公元2～9世纪，阿姆哈拉人是古代阿克苏姆王国（Axumite Kingdom）的居民，公元7世纪后由于内部矛盾和阿拉伯帝国的兴起，阿克苏姆王国逐渐走向衰落。13～16世纪，建立了封建王国——阿比西尼亚帝国（Empire of Abyssinia，即埃塞俄比亚的前身），经济繁荣，文化昌盛。16世纪起，遭受奥斯曼帝国（Ottoman Empire）以及葡萄牙、英国、意大利等殖民主义国家的入侵和奴役。1935～1941年，阿姆哈拉人同国内各族人民一起，举行了反抗意大利法西斯势力的武装斗争，并取得了最终胜利。

作为最主要的统治部族，阿姆哈拉人与其他部族一直是争执不休、冲突不断的，尤其是提格雷人（Tigre，约占全国人口8%，提格雷州位于阿姆哈拉州北部）和奥罗莫人，这也导致了埃塞俄比亚现在复杂的民族问题。在最早的时候，同住埃塞北部的阿姆哈拉人和提格雷人都是统治者，而那里也正是埃塞文明的发源地。后来他们的统治不断向南推进，征服了不少南方部族，埃塞文明也随之不断向南发展。这个过程产生两方面影响："一，南方民族被征服之后，处于被统治地位，成为次等民族。被剥夺了土地所有权，成为佃农或奴隶，最典型的例子是奥罗莫人。二，提格雷人在向南扩张的过程中被疏远，特权逐渐丧失。他们对阿姆哈拉人的不满情绪也因此产生。"[①]

白衣飘飘的阿姆哈拉人

阿姆哈拉人的传统社会实行父系继承制度，等级制度严明。在从前的时候，国王把土地分给下面的贵族，再由佃农耕作。在一个部落中，族长具有最高的绝对权威。他们以农业为主，种植玉米、小麦、大麦和

---

① "埃塞俄比亚的民族问题及民族政策"，钟伟云，《西亚非洲》，1998年第3期。

笔者穆育枫（右）拜会埃塞俄比亚驻华使馆文化官员特姆瑞特先生

高粱等农作物。

　　阿姆哈拉人的生活是很艰难的。因为很多人都居住在荒凉、险峻的山区，自然条件相当恶劣，不适合种植作物。在这样不利的自然条件下，人们对一草一木都很珍惜，尽量发挥它们的最大用处，比如把牲畜的粪便晒干，可用作生火做饭的燃料。男主外，女主内：男人们在田间劳作，妇女操持家务。穷人的孩子早当家，孩子们从很小的时候就开始帮助父母做事了——男孩从五六岁起就要开始学着看护牛群、羊群，女孩则帮母亲分担家务以及照顾弟弟妹妹。

　　阿姆哈拉人的民族服饰以白色为主——无论是男人戴的披肩还是女人的衣服以及头巾。女人们平时可以不围头巾，但每周日去教堂做礼拜的时候，为了表示郑重，女人则需要全副武装，全身上下穿得密密实实的，头上要裹着头巾。依照当地的习俗，生产时如果生的是男孩，则母子在生产后40天内不得出门；如果生的是女孩，则80天内不得出门。阿姆哈拉人是虔诚的教徒，孩子出生一段时间之后要去教堂洗礼，村子里的牧师也会主动登门拜访为孩子赐福、祷告。另外，如果是男孩出生，需要在两周后施行割礼。

英吉拉：没有果子的煎饼

　　阿姆哈拉人的主食是英吉拉（injera），一种埃塞俄比亚人必不可少的家常面食。毫不夸张地说，他们离不开英吉拉，就像中国南方人离不开

米饭、北方人离不开面食一样！甚至可以说他们爱吃英吉拉到了痴迷的地步，不仅一日三餐离不了它，招待亲朋好友也少不了它。笔者也曾经在非洲朋友家中品尝过这种风味十足的食物，至今记忆犹新呢。

英吉拉是用一种当地特产的、颗粒很小的谷物做成，叫作"苔麸"[①]（teff）。它的做法一般是这样的：把"苔麸"磨成粉末，加水和成面糊状，置于带盖子的容器中发酵。大约三天后，面糊表层泛起小泡，就可以开始"摊饼"了。其做法有点类似我们中国人熟悉的摊"煎饼果子"——人们用木制的勺子舀满面糊，浇到已经加热、抹好了一层油的平底锅里，从外向里一圈一圈地慢慢浇匀面糊，逐渐收缩到圆心。然后盖上锅盖，稍过一会儿翻个个儿，再过三四分钟后一张热气腾腾的英吉拉薄饼就做好了！它的样子也很像"煎饼果子"：圆圆的、薄薄的、软软的，一面光滑、另一面呈蜂窝状。具体来说，配英吉拉的菜肴十分丰富，最常见的一道菜叫"沃特"（wot），通常用牛羊肉或鸡肉加洋葱、西红柿、比巴拉（bebere，以辣椒粉为主的调味料）用小火煨制而成。薄饼松软而有弹性，酱汁美味可口，肉类加蔬菜口感丰富，难怪包括阿姆哈拉人在内的全体埃塞俄比亚人对它情有独钟。这种薄饼味道微酸，有些外国人一开始吃可能不太习惯，而一旦习惯了，则会无它不欢。

英吉拉的美妙之处还在于它的吃法。松软的薄饼放在专门的搪瓷浅盆内，置于传统的圆形草编墩子上，主人将沃特（wot），阿里扎（alitcha），提布司（tibs）等丰富的菜肴有序地盛放在薄饼上，无论是家人还是客人，大家围坐在一起，从盆中取食。不需要筷子、刀叉，人们用手撕下一小片英吉拉，蘸上肉汁，和着菜肴送入口中。如果主人将攒好的第一块英吉拉送入你的口中，你可别觉得奇怪，那是主人对客人最盛情的款待，作为客人的你一定要欣然接受，不然的话，会被视为严重失礼，是对主人的

[①] 苔麸，生长在埃塞俄比亚高原上的一种作物。类似于小麦，个头儿比芝麻还小。这种作物产量很低，是埃塞俄比亚人最喜爱的食物"英吉拉"的原材料，并且埃塞俄比亚是全球唯一食用苔麸的国家。

共享英吉拉

不尊重。笔者在与他们的交往中发现，阿姆哈拉人堪称世界上最爱干净的民族，他们的服装洁白如雪，他们的家中一尘不染，他们的锅灶永远擦拭得闪亮如新。当然，饭前洗手不仅是必不可少，甚至可以说是饮食礼仪中不可或缺的一道程序。需要特别注意的是，整个用餐过程只能用右手，除非右手有特殊问题。

英吉拉不仅松软可口，易于消化，而且营养价值很高，它的钙含量比牛奶还高，铁的含量是小麦的两倍，并且还富含氨基酸、蛋白质、植物纤维和各种微量元素。

风景如画的阿姆哈拉州

阿姆哈拉州是阿姆哈拉人的故乡，位于埃塞俄比亚的西北部和中北部，是全国九个民族州中的第二大州，首府是巴赫达尔（Bahir Dar）。我国的江西省在2009年与它建立了友好关系，寻求各方面的交流与合作，共同发展、共同繁荣。这里的主要部族就是阿姆哈拉人，占总人口的

二 阿姆哈拉人（Amhara）——"非洲屋脊"是我家

91.2%，其他部族包括奥罗莫人（3%）和阿皋人（2.7%）等。其中农村人口占88.5%，城市居民只占11.5%。阿姆哈拉州的土地肥沃，主要经济作物有棉花、芝麻、向日葵和甘蔗。

　　作为埃塞俄比亚这个"千年古国"的文明发源地，阿姆哈拉州的旅游资源十分丰富，自然风光优美、壮观，文物古迹更充满浓厚的人文色彩。这里有埃塞俄比亚最大的内陆湖——塔纳湖。有全国最高、非洲第四的山峰——达尚峰，海拔4620米，是一座死火山。山坡上面是高山草地，下面基本是森林。因为山势险峻崎岖，这里是登山爱好者们的向往之地，尤其每年的9～12月更是登山的最佳季节。这里还有位于历史古城贡德尔（Gondar）的"贡德尔城堡"，这座雄伟古朴的宫殿建筑群已经被联合国教科文组织批准列入世界文化遗产名录。

　　塔纳湖是埃塞俄比亚面积最大、地势最高的高原湖泊，也是非洲第三大湖，阿姆哈拉州的首府巴赫达尔就坐落在湖的旁边。它形成于2500万年以前，火山熔岩的流动把这片地区圈了起来，之后逐渐积满了水。

古朴的贡德尔城堡

这里海拔1830米，周围崇山峻岭，千百条溪涧潺潺流动，在这里汇合成湖，景色非常壮美。"塔纳"二字在埃塞俄比亚语中的意思是"蓄水不干"，塔纳湖对于埃塞俄比亚而言就像一座巨大的天然蓄水池，一年四季流动着永不枯竭的生命之水，难怪它被认为是非洲的"母亲河"、非洲古代文明的摇篮。

塔纳湖中有很多岛屿，大大小小的岛屿上共有21座教堂和修道院，湖边沿岸更有100多座教堂和修道院。这里共有五个码头，其中最大的码头是戈尔戈拉港（Gorgora），港口附近有一座圣玛丽亚教堂，在通往这个教堂的水路上，经常有河马出现。著名的贡德尔中世纪城堡就位于戈尔戈拉港以北的贡德尔市。

另外，塔纳湖的西岸也是世界上第二长河流——青尼罗河（Blue Nile River）的发源地，这一流域有一大片荒野，是河马和各种鸟类的栖息地。我们都知道尼罗河有两条主要干流，一条是发源于东非国家布隆迪的白尼罗河（White Nile），另外一条则是发源于埃塞俄比亚的这条青尼罗河，这两条河流在东北非国家苏丹的首都喀土穆（Khartoum）汇聚成为尼罗河。据说，尼罗河大约有80%的水量来自埃塞俄比亚，所以，埃塞俄比亚有"东北非的水塔"之称。

叹为观止的独石教堂

阿姆哈拉地区有一片令世人惊叹的奇特建筑群——拉利贝拉独石教堂（Lalibela Monolithic Churches）。这个被称为"非洲奇迹"的岩石教堂就在埃塞俄比亚高原的一个名叫"拉利贝拉"的小山村里悄悄隐藏着！

这片地下建筑群是11座分别由整块岩石雕凿而成的基督教堂，教堂顶端与地面持平，这就是举世无双的"独石教堂"！笔者在走访埃塞俄比亚驻华大使馆的时候，就在一进大门正对着的陈列墙上看到了它们的图片。使馆一等秘书特姆拉特先生骄傲地向我们介绍说：它们是"世界上最伟大的建筑奇观之一"。

乡村阿姆哈拉姑娘

这些教堂建于12世纪末到13世纪初，当时扎格王朝（Zague Dynasty）的国王拉利贝拉是一个非常虔诚的基督教徒。传说有一次他一连睡了几天几夜，做了一个梦，在梦里上帝要他"在埃塞俄比亚造一座新的耶路撒冷城，并用一整块岩石建造教堂"。为了求得上帝的庇佑，拉利贝拉后来就按照神谕开始建造教堂。他动用了5000人力，采用阿姆哈拉人的精湛工艺，前后共花了30年的时间凿出11座大小不一的岩石教堂。这些教堂非常雄伟壮观，它们"同大地连成一体，建筑根植于地，上连天体，上下界浑然一体"。这座教堂城兼有宗教、政治、军事三项功能——既是国王的驻地；也是信徒们祈祷的场所；在敌情到来的时候，还是坚固的防御要塞。

独石教堂建成不久，伊斯兰教徒即征服北非，阻断了非洲基督徒前往基督教圣地耶路撒冷朝圣的道路。因此，在相当一段时间内，独石教堂成为宗教中心，充当了"非洲耶路撒冷"的功能，信徒们纷纷涌向这里顶礼膜拜。拉利贝拉则成了埃塞俄比亚基督教的"圣地"，每年1月6日埃塞俄比亚圣诞节之日，虔诚的信徒们都会从四面八方来到这里朝拜。这些教堂的建成使拉利贝拉城成了一个宗教中心。

众所周知，一般大教堂都建造得雄伟壮观，所以人们通常是仰视教堂，

地下建筑奇观之独石教堂

　　而到了这里却变成"俯视"——因为它们坐落在地下巨大的深坑中，岩石内部掏空，顶部与平面基本持平。这些精雕细琢的教堂同时也是一座座庞大的雕塑，是从坚硬的岩石中开凿而成的，外观造型庄严，内部装饰独特，质感和观感都很惊人。

　　11座教堂大致分为三群，彼此间由地道连接为一个有机的整体，仿若一个迷你城镇。每座教堂占地几十到几百平方米，高度相当于三四层楼房。

　　11座教堂各有特色，每一座都有它的丰富内涵。其中最大的教堂叫"梅德哈尼阿莱姆"，意为"救世主教堂"；最引人注目的或许是"耶稣基督教堂"；"圣乔治教堂"被凿成醒目的十字架形，从空中俯瞰，会看到一个大大的十字架平置于地面，非常震撼人心；"戈尔戈塔教堂"是埋葬拉利贝拉国王的墓地，室内有雕刻精致的椅子，雕有十字架的挡板，还

二　阿姆哈拉人（Amhara）——"非洲屋脊"是我家

有一个石头做的十字架，据说都是国王的遗物；"圣玛丽亚教堂"面积则要小一些，但内部装饰十分精美，天花板和拱门上有五颜六色的各种几何图形和动物图案。

独石教堂对于生活在拉里贝拉小山村的人们来说是至关重要的，可以说教堂见证了他们从生到死的人生历程。人们用阿姆哈拉族特有的方式安葬死者，比如聚集在"救世主教堂"门口，为死者举行葬礼。然后由神父带领参加葬礼的人们沿路一直走到墓地，尸体放在早已挖好的坑里，在那里种下一棵树。最后，神父做最后一次祷告，家属们逐一与死者进行最后的告别。

独石教堂不仅是扎格王朝建筑的丰碑，也是埃塞俄比亚人信奉基督教的见证，标志着基督教文明在埃塞俄比亚的繁荣发展。1978年，它们被联合国教科文组织批准列入世界自然遗产名录。遗憾的是，13世纪末，扎格王朝被取代，政治重心南移。教堂城留给基督教会管理，但是因为交通不便，终于被废弃，湮没在茂密的森林中，逐渐被人们遗忘。幸运的是，这项世界建筑奇迹到1977年被重新发现，得以重见天日。

如今，独石教堂不仅是附近十里八村信徒们的礼拜场所，也吸引着来自世界各地的无数游客。

"新鲜的花朵"是首都

埃塞俄比亚首都的名称就来自阿姆哈拉语，亚的斯亚贝巴的意思是"新鲜的花朵"，是历史上著名的泰图皇后[①]（Queen Taitu）在1886年命名的。

阿姆哈拉人使用阿姆哈拉语（Amharic），并通用英语。阿姆哈拉语属于古老的闪米特语族（Semitic family）的南部语支，是埃塞俄比亚的国语，更是联邦政府的工作语言。有2700万人把它作为母语，

---

① 泰图皇后，埃塞俄比亚皇帝孟尼利克二世（Menelik Ⅱ，1844～1913）的皇后。孟尼利克二世是非洲历史上最伟大和最有成就的统治者之一，现代埃塞俄比亚国家的缔造者。在他去世之后，泰图皇后开始摄政，她颇有见识和手腕，竭力扶持自己家族的势力，激起王朝内外的强烈不满。

笔者穆育枫（中）探访都市阿姆哈拉女孩Betty和Yordid

700万～1500万人口将它作为第二语言。

  阿姆哈拉语有古老的音节和文字，形式特别，主要用吉兹字母（Geez）书写。阿姆哈拉语有36个子音字母，7个元音（但是没有字母）。将这36个子音搭配7个元音形成252个字母，称为"斐德（Fidel）元音合成字母表"。词与词之间用类似冒号的两个点隔开，句子末尾用4个点（类似两个冒号）表示结束。

  据研究，阿姆哈拉语是在公元5世纪基督教传入后在埃塞俄比亚形成的。那时候先产生吉兹字母，后来演变出阿姆哈拉字母，在14世纪成为埃塞俄比亚的通用文字，并在这个有悠久基督教传统的古老国家里流传至今。阿姆哈拉文字是目前非洲各国唯一使用本洲民族形式的文字——它不采用西方传入的拉丁文字或罗马字母，而是用一种有自身特色的文字符号。作为非洲唯一的民族文字，埃塞俄比亚人民，特别是阿姆哈拉人普遍感到特别自豪。不过可惜的是，据在北京上学的阿姆哈拉女孩贝蒂（Betty）告诉笔者，她家乡的年轻人现在除了在家里和父母讲讲阿姆哈拉语，在外面则更愿意用英语和别人交流，而他们学校里除了阿姆哈

二 阿姆哈拉人（Amhara）——非洲屋脊：是我家

39

拉语课使用阿姆哈拉语授课之外，其他课程也都是使用英语授课的，这不免让人担忧这门古老而独特的语言在现代社会的传承问题。

随着时代的发展和科技的进步，为了配合手机短信的传送，2004年，在来自埃塞俄比亚和美国的语言学家及科技人员的共同努力下，将几百个斐德字母简化、归类为28个基础拼音字母。这样一来，就可以用阿姆哈拉语通过手机来收发短信了，由此埃塞俄比亚的移动通信大踏步地进入一个崭新的时代。

值得一提的是，鉴于阿姆哈拉语的重要作用，北京外国语大学从2013年起增设了阿姆哈拉语专业，不仅为中国学生提供了学习平台，也为中非交流提供了进一步的便利。

结　语

这里有波光粼粼的塔纳湖和险峻崎岖的达尚峰，这里有雄伟古朴的贡德尔城堡和震撼人心的岩石教堂，这里更有淳朴勤劳的阿姆哈拉人。如果有机会去非洲旅游，记得去埃塞俄比亚高原感受那里浓郁的"阿姆哈拉"风情吧！

阿姆哈拉谚语

Eat when the food is ready ; speak when the time is right.
饭要在熟的时候再吃，话要在对的时候才说。

三、阿坎人（Akan）

——盘根错节的望族

在阿散蒂人的心目当中，什么是最宝贵的？不是权力，不是金钱，而是凳子，尤其祖先坐过的凳子更是比金子还要珍贵。在加纳，父亲送给儿子的第一件礼物往往就是板凳，未婚妻送给爱人的第一个礼物也是板凳。在非洲许多部族的文化中，板凳是极其私密的物件，被视为主人灵魂的载体。

阿坎人，也译作"阿肯人"，是多个部族的总称，主要生活在西非几内亚湾沿岸的加纳和科特迪瓦境内，是两国最重要的部族。据估计，分布在世界各地的阿坎人总数在2千万～4千万[1]。其中，加纳的阿坎人最多，总数达到1200万，约占加国总人口的一半[2]（48%），主要分布在加纳中部的阿散蒂地区以及东部和西部地区；此外，还有800万阿坎人生活在科特迪瓦，占其人口总数的42%。此外，生活在英国、荷兰和加拿大的阿坎人数量分别超过了2.5万、1.8万和0.8万。

阿坎族支系众多，其中人数最多、最著名的就是加纳的阿散蒂族（Ashanti）和芳蒂族（Fanti），以及生活在科特迪瓦东南部的鲍勒族（Baoulé）和安伊族（Anyi）。此外，还有阿夸佩姆族（Akuapem）、阿基

---

[1] 美国中情局出版的《世界各国纪实年鉴》（CIA World Factbook）公布的数字是2千万。因为加纳曾经在黑奴贸易中扮演重要角色，埃尔米纳城堡是西非沿海最大的黑奴中转站之一。因此，除西非以外，在美洲的许多国家（如牙买加、巴西、苏里南以及美国）也生活着为数众多的阿坎人。所以，阿坎人总数应该远远超过了2千万。

[2] CIA World Factbook，2013。

姆族（Akyem/Akim）和布龙族（Brong），等等。阿坎语属尼日-刚果语系当中的克瓦语支（Kwa）。阿坎人原本聚居在现在加纳的中部地区，后来发生了一次严重的饥荒，部分阿坎人被迫向南迁移到加纳沿海地带，靠吃牧草才生存下来，形成了"芳蒂部族"（Fanti）；而留在原地的那部分阿坎人以玉米为食，因而被称为"散蒂部族"（Santi）。"Ashanti"一词的意思就是"因战争而结为一体"。

阿坎部族就好像一棵枝繁叶茂的大树，上面的枝杈交错密布，数也数不清。受时间和篇幅的限制，笔者无法做到"花开数朵，各表一枝"，因此，本文的重点就是阿坎族的龙头部族"阿散蒂族"。

阿坎女孩

传统黄金饰品

黄金帝国兴衰记

在10～12世纪，阿坎人从西非的半干旱草原和稀树草原迁移到加纳南部的森林地带。在12～13世纪，人们在阿坎人生活的区域开采出黄金，黄金潮为无数阿坎人带来了财富。阿坎人成群结队从这个区域迁移出去，创建了数不清的国家，以开采黄金和买卖经济作物为主要谋生手段，黄金为这些国家带来了滚滚财富。在15～19世纪，阿坎人控制了该地区的采金业和贸易往来。17世纪以后，阿坎部族已经成为西非最强大的部族之一。在加纳历史上曾经出现过的许多部族中，阿散蒂人最具影响力。他们的王国在西非雄霸一方，其势力范围从今天加纳共和国的中南部一直延伸到今天的科特迪瓦、多哥和布基纳法索，时至今日依然是加纳的"国中之国"。阿散蒂人在历史上形成的一整套独特鲜明的传统习俗和部族文化保存至今，到现在依然焕发着强大的生命力。

最早的阿坎人国家是阿丹西（Adansi）。起初，强大的阿丹西统治着邓克拉（Denkyera）等属国。17世纪中期，邓克拉发展壮大，灭了阿丹西。到了17世纪下半叶，邓克拉已经成为黄金海岸[①]西部最强大、最富有的阿坎人国家。

与此同时，在黄金海岸东部也有一个强大的阿坎人国家：阿克瓦穆（Akwamu或Akuambo）。但是在18世纪30年代，阿克瓦穆人被阿基姆人打败，影响逐渐消失。

曾经臣服于邓克拉的奥约克氏族（Oyoko）和布雷图奥氏族创建了阿散蒂国家，他们生活在塔福地区。随着人口的增加和移民的到来，一些城镇和大村庄涌现出来。在17世纪70年代，逐渐形成了一些以城镇为中心的"阿曼托"（小邦）。以克瓦曼为中心，这些阿散蒂小邦逐步实现了联合和统一，形成了一个战时的松散联盟，联盟各邦都享有充分的自主权。

阿散蒂帝国（1670～1902）也被称作"阿散蒂邦联"，其首都位于今天加纳共和国的第二大城市库马西。相传阿散蒂人起源于今天库马西城东南方向约30公里处的博苏姆特威湖一带。在那里的崇山峻岭之中有一片低地，四周森林环抱，风景优美。至今，加纳政府还将博苏姆特威湖作为阿散蒂人的圣地加以保护。

缔造阿散蒂帝国的两个关键人物是来自奥约克氏族的奥塞·图图一世（Osei Tutu I）和奥孔夫·安诺基[②]。后者是个大祭司，精通法术，他根

[①] 指加纳境内的几内亚湾沿岸，15世纪葡萄牙人在此发现金矿，因此得名。
[②] 安诺基（Okomfo Anokye）在阿散蒂是个家喻户晓的传奇人物，因为擅长魔法而闻名遐迩。他为阿散蒂王国的建立与发展立下了汗马功劳。

据阿坎国家的政治和组织状况，利用阿坎人的传统，精心规划，帮助图图当上了首任阿散蒂王，对阿散蒂国家的发展起了重要作用。安诺基提出：必须通过宗教祈祷的方式，由祖先和神灵来决定阿散蒂王国的领导人选。祈祷仪式当天，所有的大酋长都从四面八方赶来，希望能被选中。安诺基将一把长剑深深插进地面，多少人摩拳擦掌想要把剑拔出来，但是都无功而返。于是，人们就更加相信他的法术。然后，他高举双手，围着长剑跳起舞来。不一会儿，天空中乌云密布，从天边传来轰隆隆的雷声。很快一个金光闪闪的凳子从天而降，正好落到图图的膝盖上。于是，安诺基大声宣布："这个从天而降的金凳子是阿散蒂人的命根，它承载着阿散蒂人的灵魂和智慧，象征了阿散蒂国王的最高权力，是阿散蒂人幸福的依托。只有凳子安然无恙，王国才能繁荣昌盛，如果被夺走或毁坏，阿散蒂王国就要灭亡！"酋长们亲眼目睹了这一切，纷纷表示愿意服从上天的安排，拥戴图图为首任阿散蒂王。从此，金凳子就成为阿散蒂民族精神的象征、团结统一的标志和精神力量的源泉。其拥有者图图成了阿散蒂人的神圣领袖，各阿曼托首领必须对"阿散蒂国王"宣誓效忠。为了消除各地不同传统的影响，图图和安诺基确定了统一的风俗和礼仪，设立了一个由所有"阿曼托"酋长组成的联席会议，并且重新组建了军队。

关于为什么要在库马西建都，有两种传说。第一种说法是：安诺基在克瓦曼、朱阿本和库马乌三个城市分别种下一株库姆尼尼树，结果只有克瓦曼的那一株存活下来。从此，克瓦曼就被称为"库马西"（Kumasi，意为"在库姆尼尼树下"），成为阿散蒂人的政治中心。第二种说法是：图图和王国的一些官员在一棵库姆尼尼树下讨论都城的选址问题。后来，人们就将展开讨论的地方称为"库马西"。因为库姆尼尼树俗称"厚皮树"，在阿散蒂语中，"库马西"的意思就是"厚树皮"。

在1701～1896年，阿散蒂帝国真正独立。1701年，阿散蒂脱离邓克拉王国独立，后来与荷兰人结盟，抵抗英国殖民主义者。1823～1896年，与英国四次交战，史称"英国—阿散蒂战争"。据估计，在1874年的时候，阿散蒂帝国的国土面积约为26.9万平方公里，有大约300万人口[①]。领土横跨今天的加纳中部、多哥与科特迪瓦。1896年，阿散蒂王国沦为英国的保护领，时任阿散蒂王普列姆佩一世（Otumfuo Nana Prempeh I）被流放到印度洋上的塞西尔岛。1900年，英国总督弗雷德雷克·米歇尔·霍奇逊（Sir Frederick Mitchell Hodgson）来到库马西，要求阿散蒂人交出金凳子。王母雅阿·阿散蒂娃（Yaa Asantewaa）领导人民进攻英国军事据点，史称"金凳子战争"。同年，阿散蒂联邦战败，被并入英国的黄金海岸殖民地。1957年，加纳独立。三年之后，加纳共和国成立。

大权在握的阿散蒂王和王母

从阿散蒂联邦的首任国王奥赛·图图一世正式登基之日起，已经过去了三个多世纪。最初，阿散蒂王国不断扩张，国势日盛，后来慢慢走向衰落。但是，无论在英国殖民统治期间，还是在加纳赢得民族独立以后，阿散蒂王国一直存在，保留至今。

1957年3月6日黄金海岸宣布独立，改名为加纳。加纳共和国于1960年7月1日成立。全国分为十个省，阿散蒂是其中之一，由加纳中央政府任命专员进行管理。但是，传统的阿散蒂王国并没有废除，而是成为一个特殊的"国中之国"。目前，这个王国实际上包括阿散蒂地区、布朗-阿哈福（Brong-Ahafo Region）地区70%的土地、沃尔特地区的部分土地以及东部地区。国王也保留下来，他虽然没有政治实权，但享有崇高的社会地位，颇具影响，在各级政府和部落之间发挥着协调作用。阿散蒂部族一共有55个大酋长，负责分管不同的辖区。但被称作"阿散蒂王"的库马西国王在阿坎各族的酋长中具有至高无上的地位。他有权废黜自己领地内的其他大酋长。加纳的酋长分成不同的级别，大酋长之下还有酋长和小酋长。除了管辖自己的领地以外，酋长还要在各自所属的大酋长的法

---

① 见蔡百铨的著作《西非洲传统国家（c.750-1900s）》，2010.5.5。

庭上议事。小酋长相当于城镇的市长，是世袭的，不经选举产生。

在阿散蒂的众多氏族中，奥约克被视作"王族部落"。三百多年来，所有阿散蒂国王都出自这个部落。每当王位空缺时，奥约克部落的长老就向地位仅次于国王的"王母"提出国王候选人。王母从提名中遴选1～3人，提交资深大酋长们讨论和商定。如果他们认为所有候选人都不合适，可以另行直接提名并认定。被认定的国王需要接受为期六周的"闭门培训"，学习国家的历史沿革、国王的权利和义务以及治理国家的规则和方法。一般说来，只要完成了这些程序，新王就可以就职。就职的主要标志就是新王坐在象征阿散蒂王位的金凳子上。

在体制上，阿散蒂有一个与世界任何其他王国都不同的地方，就是在国王之下设了一位大权在握的"王母"（和酋长一样，王母也有不同的级别）。"王母"通常都不是国王的母亲，而是根据能力和威望，从亲近王室的成员中遴选出来的。她实际上是国王的首席顾问，既是国王象征意义上的母亲，又是他的主要拥护者。因为王母辅佐国王和上帝尼亚美，人们常把她和地神联系在一起。其主要职责包括：参加宫廷议事，在国王离开首都的时候代理政务。监督国王的执政情况，对他提出忠告和建议，甚至进行指责和批评。如果认为国王无能或失职，她可以向长老们提出废黜国王的建议。

雅阿·阿散蒂娃（Yaa Asantewaa，1840～1921）大约是阿散蒂人最敬重的王母。她并不是阿散蒂王国的王母，而是王国管辖下的埃德维索（Edweso）酋长国

阿散蒂王和王母

的王母。她1840年左右出生于埃德维索邦，是名门之后，五十多岁时当选王母。在阿散蒂国王普列姆佩一世遭流放时，埃德维索邦大酋长考菲·阿夫兰也被一起流放。于是，阿散蒂娃就成为这个酋长国的代理大酋长。1900年3月，在英国殖民当局威胁阿散蒂人交出金凳子的时候，她无畏无惧，挺身而出，奋力抗争，拒不透露金凳子的下落。当英国人调集其在西非其他殖民地的军队前来征讨时，阿散蒂娃率领一支5000多人的部队，采用多种战略战术同他们周旋。经过九个多月的战斗，阿散蒂娃兵败被俘，也被流放到塞舌尔岛，90岁左右时客死他乡。阿散蒂娃领导的反英斗争虽然失败了，但是，她却被加纳甚至整个黑非洲誉为反抗英国殖民统治的女英雄。尽管有关阿散蒂娃带领阿散蒂人英勇反抗英军、保护金凳子的传说到处流传，但是关于"她是否策划和领导了'金凳子战争'"以及"她是自愿向英军投降还是被出卖的"等等一系列问题，学者存在很多疑问。而且当时王国内部分崩离析，有人支持阿散蒂王国，有人支持英国殖民主义者，还有人保持中立。

除了王母之外，阿散蒂王国还有一个特殊职位，就是"舌人"（okyeami）。"舌人"，在阿坎语中的意思是"语言学家"，他们是转述国王口谕的"舌头"。阿散蒂人认为：国王代表了天神和祖先，他们不能大声地、直接地同普通百姓讲话。因此，国王只能把自己想说的话低声告诉身边的"舌人"，再由他/她大声地、原原本本地转述给公众。

在19世纪初，亚当塞部落的大酋长阿乌拉德·巴萨首创"舌人"一职。那时的"舌人"纯粹是"传话筒"。但是，时过境迁，他们的作用也在发生变化。现在，"舌人"不只是国王的代言人，还是传达他的信息的特使，是他处理日常事务的秘书，代表他向民众致歉、接受民众质询。

原来的"舌人"都是从特定的部落或家族中挑选出来的，世袭产生。后来，奥塞·夸得沃国王（1764～1777在位）发现其他部落或家族中有些人生性更聪明，口齿更伶俐，于是就改革了"舌人"的遴选制度。他不再根据部落或家族背景，而是根据对自己意图的领悟程度、口头表达能力和实际办事效率来挑选"舌人"。这样一来，他们开始给国王出谋

划策，甚至协助管理王国事务，因此逐渐成为国王治国安邦的左右手。2012年10月10日，阿散蒂王国第19任国王奥通富沃·奥塞·图图二世（Otumfuo Nana Osei Tutu II）抵达挪威首都奥斯陆，准备两天后出席一场由挪威—非洲商务协会组织的会议。但是他的行李箱在下榻的酒店内被盗，丢失物品中包括王冠珠宝。关于失窃物品的价值，他的"舌人"科菲·奥乌苏·博阿滕代表图图二世回应媒体"了解阿散蒂传统的人都知道，王冠珠宝价值极高"。这起外交事件充分说明了"舌人"的重要性。

传统宗教的核心：祖先崇拜

根据2010年美国中情局提供的数据，在加纳，信仰基督教、伊斯兰教和原始宗教的人所占比例分别为71.2%、17.6%和5.2%。加纳人信奉的基督教和伊斯兰教都具有显著的本土特色，与原始宗教和谐共存。

祭祖是阿坎人宗教活动的主要内容，祭祀仪式起到了加强部落团结和整顿道德秩序的作用。在信仰上帝以及其他神灵的基础上还产生了其他宗教活动。祖先崇拜是非洲传统宗教的重要内容。阿散蒂人每三周祭祖一次，称作"休息"。参加祭祖仪式的通常都是长者和官员。每张小凳子代表一位祖先，这些小凳子往往是祖先的遗物。阿散蒂人认为祖先的灵魂与他们用过的小凳子息息相关。祭祖仪式开始以后，阿散蒂人先把水洒在地上给祖先"洗洗手"，然后在每张小凳前摆上小盘，盘里盛酒和捣烂的芋头或芭蕉；还可能拿一只羊做祭品，用羊肠来擦抹凳面和周边。

阿散蒂人的至高神是"尼亚美"（Nyame），人们认为她为万事万物赋予了生命，月亮是它的象征。他们崇拜上帝，认为太阳是上帝的化身，星星是上帝的儿子。阿散蒂人相信无论何时何地都能够通过祈祷的方式与至高神交流，因此只有在迫不得已的情况下才会敬拜至高神。例如，在持续干旱、瘟疫蔓延等特殊情况下，如果向其他神灵祈祷无济于事，阿坎人就要把牛作为祭品献给至高神，以求得保佑。敬神时，为了表示对神的崇敬和热爱，阿坎人会在全身涂抹白色黏土。雕像有时也被抹成黑色的,与染黑凳子的传统相呼应。

阿散蒂人也崇拜地神,并且认为地神是位女神,星期四是她的圣日,所以,阿散蒂人周四不做农活,以免惊动她。在耕种以前,他们会用家禽、芋头等供品慰问地神;收获以后还要用酒或其他祭品来答谢她。就是在挖坟时他们也不忘说一下祷告词:"圣日为星期四的大地啊!请接受并喝下这杯酒,您的孙子某某人死了,求您恩赐这一小块土地,允许我们为他挖个坟坑。"此外,阿散蒂人还崇拜河神(Tano),它拥有很多庙宇和祭司。

阿散蒂国王具有各种神圣的称号,他是民众的代表,也是太阳之子。人们相信:他的灵魂充满太阳的活力,是国家幸福的源泉。国王被称为"宣告时令开始的人"。他还自称是宇宙的中心,世上万物都围绕着他转。民众用太阳的标志——四臂等长的十字架来象征国王。每隔六个周日,在高官队伍的迎接下,阿散蒂国王到玛希宫开会,一路上人山人海,锣鼓喧天。

加纳人喜欢过节。举国上下,人们一年到头都要用不同的庆典仪式来庆祝不同的节日。此外,如孩子出生、成人礼、命名仪式、婚礼及葬礼等也都是庆祝的主题。每逢庆典,人们会穿上自己最好的传统服装,热情的加纳人还会邀请游客一起参与。葬礼通常会持续数天,村子里的所有人都会参加,和葬礼有关的费用是家家户户日常开销的重要组成部分。

每个地区都有各自的重要节日,因为喜好不同,庆祝方式也有所不同。在繁荣昌盛的时候,庆祝活动自然更加多姿多彩。阿坎人庆祝奥德韦拉节(Odwira)和山药节。所有节日当中,最精彩的莫过于阿散蒂人的阿德卡斯节(Adae Kese Festival)节。届时,人们从四面八方赶到库马西城,共同纪念阿散蒂王国的伟大成就。

母系传承血统,父系决定品质

大多数阿坎人从事农业生产,以种植薯类和芋头为主,大蕉、玉米和山药也是他们重要的农作物。可可、棕榈油和柯拉果是其主要经济作物。

沿海地区的阿坎人主要以捕鱼为生。此外，还有许多人从事森林采伐业和采矿业。阿坎各族具有共同的文化传统，在音乐、舞蹈、诗歌和民间文学等方面拥有悠久历史以及丰富遗产。阿坎人实行母系继承制，但同时也承认父系亲属。母系血统决定了一个人属于哪个氏族及他的地方家族成员资格。阿坎人认为，本部落的所有人都出自同一位女性祖先。因此，在部落内部，人们不能通婚，实行族外婚。从部落酋长到阿散蒂王的选举基本上都实行母系继承制。根据这种承袭制，前任国王的子孙不能继承王位。社会从大到小分为部落、氏族和家族等组织：每一个阿坎部落包括若干母系氏族。氏族是按等级组织的，又进一步分成若干地区性的母系家族。家族是基本的社会和政治单位，村庄由家族选出的首领和长老会议管理。实行酋长制，酋长是社会传统势力的代表。阿散蒂王在阿坎各族酋长中具有至高无上的地位。另一方面，父系血统则支配了阿坎人精神品质的继承。

传统的建筑艺术

库马西城素有"西非花园城市"的美誉，始建于公元1700年，曾经是古代阿散蒂王国的首都，自古以来都是阿散蒂地区的政治、经济和文化中心。十座古老的"物神古迹"（Fetish Shrines）分布在阿散蒂省青葱的乡村地区，其中许多遗迹仍然在被广泛使用着。1980年，这十座古老的遗址以"阿散蒂传统建筑"的名义一起入选联合国教科文组织的世界文化遗产名录。

这些建筑结构具有鲜明的西非特色：数幢住宅围成一个宽阔的长方形院落，墙面采用套土坯建成，表面经过防水处理，房顶的混合泥层不怕风吹日晒，可见当时的建筑技术非常高超。院落中心是露天的，四边的空地上面有遮顶，其中两块空地比院落地面稍高一点儿，是祭祀时歌手和鼓乐手使用的台子。建筑的墙面上有许多精美的绘画，其中大多数都表现了民间格言和谚语等内容。这种象征性绘画在非洲地区比较罕见。时至今日，加纳人在建造圣殿和陵墓时仍然采用这种传统建筑形式。

阿散蒂传统民居

圣历命名不寻常

前联合国秘书长科菲·安南（Kofi Annan）生于加纳，"安南"是父母给他起的名字，但是"科菲"并不是他的姓。其实，很多阿坎男子的名字里都有"科菲"二字，因为他们都出生在圣历星期五。

阿坎人的起名风俗与众不同。他们的名字由两部分构成，后一部分是本人的名字，是孩子家长取的，前一部分和"出生日期"相关，由族中长老和"科米安"（阿坎族贤人）在宗教仪式上授予。但是，这种"出生日期"并不是公历的某月某日，而是依据阿坎族祖先流传下来的古老圣历计算出的"圣历星期"。一星期虽然也有7天，但和国际通行的星期风马牛不相及。依照阿坎圣历，星期一到星期日出生的男孩分别被命名为"科约、科瓦贝拉、科瓦库、雅乌、科菲、科瓦米和科瓦西"，而女孩则叫做"阿杰约雅、阿贝娜、埃娃、雅阿、阿菲娅、阿玛和阿克苏阿"。

现代文明已经不可避免地冲击了阿坎人的传统，如今在城市中，圣历周一出生、叫"科约"的男孩已经越来越少见。出于种种原因，很多阿坎

三 阿坎人（Akan）——盘根错节的望族

人已经改用西方的星期来确定孩子的生日，然后套用传统的"圣历名"来给孩子起名，这种风俗越传越广，大有取代"圣历命名"传统的趋势。

寓意深刻的阿丁克拉符号

2009年6月27日，在英国威尔特郡斯坦顿圣伯纳德的牛奶山（Milk Hill，Stanton St Bernard，Wiltshire），人们发现了一处麦田圈。其中的图案是西非加纳的一个阿丁克拉古老符号，被称为"连体鳄鱼"[①]。它的原意是"两只连体鳄鱼拥有同一个胃，但是它们却因为食物而争斗不休"，象征了民主和统一的重要性。

阿丁克拉符号（Adinkra symbols）是一些视觉符号，起源于加纳的阿坎人。在非洲广为流传的阿丁克拉符号共有六十多个，每个都有不同的发音和象征意义，经常和谚语相关联，象征着某种理念或者格言警句。

在加纳，人们在纺织品、陶器、机构标志和广告中广泛应用这些符号；在墙壁和其他建筑结构中，在一些传统的阿坎黄金秤上，在日常生活中和仪式中使用的凳子上也可以见到它们。随着旅游业的发展，在设计T恤衫和珠宝时，人们也开始加入这些符号的元素，甚至加纳人的纹身图案都常常是阿丁克拉符号。如果你去加纳旅游，购买回来的纪念品中十有八九含有这些符号。

根据阿坎人的口头传说，阿丁克拉文化符号始于1818年末发生的阿散蒂—基亚曼战争[②]（Asante–Gyaman War）。交战双方是阿丁克拉国王领导的基亚曼的阿坎部族和阿散蒂王领导的阿散蒂部族。后者获胜，阿丁克拉国王身披的布料就成了阿散蒂王的战利品。这块布料的重要意义在于上面的一些符号，它不仅仅是一块织物，更是一种沟通手段，寓意深刻。为了纪念战败的阿丁克拉国王，人们就用他的名字为这些文化符号命名。

[①] 很多国内媒体将 Siamese Crocodiles 译做"暹罗鳄鱼"，似乎欠妥当。Siamese 有两个意思：暹罗的；孪生的。Siamese twins 就是"连体婴儿"。因此，依据该符号的内涵，笔者将 Siamese Crocodiles 译为"连体鳄鱼"或者"连接的鳄鱼"。

[②] 阿散蒂军队在国王奥赛·图图·夸姆·阿西贝·崩苏率领下和基亚曼酋长国的大酋长夸德沃·阿丁克拉·卡卡里之间因为金凳子而发生的战争。经过激烈战斗，后者仿制的金凳子被捣毁，他本人被打死。

但1817年，英国人托马斯·爱德华·鲍迪奇（Thomas Edward Bowdich）在库马西城已经收集到一块有阿丁克拉符号的布料，这说明这些符号的历史比阿散蒂—基亚曼战争更久远。这块布现存放于大英博物馆，上面共有15种符号，包括星星和钻石等，是用葫芦做图章，用蔬菜做染料在一块布料上印出来的。

阿丁克拉文化符号具有装饰功能，但更重要的是它们高度概括了方方面面的传统智慧，有的和日常生活相关，有的与环境有关。加纳裔学者夸梅·安东尼·阿皮亚（Kwame Anthony Appiah）是这样评价这些文化符号的：在文字产生以前，这些符号是传递复杂的、差别细微的实践和信仰的一种方法。由阿丁克拉符号代表的阿坎人的宇宙观，深刻影响了他们的思维模式和日常习俗，体现了社会信念和政治组织，反映了社会伦理道德和教育观念，也是非洲口头文学的重要组成部分。下表中列举的是5个常见的阿丁克拉符号。

阿丁克拉符号 及其阿坎名称	阿坎名称的含义	代表的品质/形象
Hye Wonhye	无法燃烧的东西：阿坎人相信，人类的创造力感染了宇宙，宇宙由自然和社会创造；死亡是生命的至高点；人类的灵魂不会消亡，当人再生时，灵魂又进入肉体	不朽 持久
Gye Nyame	除了上帝：上帝是万能的，只有上帝才能看见创造的美景何时开始，何时终止，反映了阿坎人崇拜上帝的坚定信念	万能的上帝
Akokonan	鸡腿：父母教育、保护和照料子女。母鸡可能会无意中踩到小鸡。父母提出忠告是为孩子好，年轻人不要误会父母	护犊
Duafe	木梳子：爱到永远，爱是永恒的	爱美 谨慎 耐心
Funtunfunefu Denkyemfunefu	两只连体鳄鱼为了争夺食物打架：代表了部落或民族中个体与集体之间的关系准则，以及民主制度	民主

热爱学习、崇尚智慧

许多阿丁克拉符号都代表了阿坎人对知识的看法。其中主要有不知道的人、桑科法鸟、瓦片、知识结以及"我记住了听到的话"。

阿坎人认为：要终生学习，不断探索知识。不知道的人（*nea onnim*）这个符号象征着"知识，终身教育，以及对知识的不断追寻"，而"*Nea onnim sua a, ohu; nea odwen se onim dodo no, se ogyae sua a, ketewa no koraa a onim no firi ne nsa*"这句谚语则意味着"通过学习，无知的人可以变得知识渊博；一个自认为博学，因而放弃学习的人就会停滞不前"，强调终身学习的必要性。阿坎人认为：年长者睿智；人的阅历随着年龄的增长而增加。

不知道的人

瓦片（*kyemfere*）象征着"知识、经验、服务、信物、文物、珍品和传家宝"。因为如果瓦片古老，浇铸瓦片的工匠一定更加年长。桑科法鸟、瓦片和知识结（*nyansa po*）这三个符号都象征着知识（智慧）与年龄之间的关系。

瓦片

桑科法鸟（*Sankofa*，意思是"回顾和重新得到"）象征了"智慧、知识和人民的遗产"，这种传说中的鸟在往前飞的同时，扭头向后望，嘴里还衔着一枚鸟蛋。其寓意相当于汉语中的"前事不忘，后事之师"。在阿坎人的军事体系中，用桑科法鸟代表的"后卫部队"起着保护社会安全和文化遗产的作用。

桑科法鸟

"我记住了听到的话"（*mate masie*）这个符号代表了"智慧、谨慎、知识和学习"。阿坎人认为：知识是神圣的。优秀学生认真听讲，并且能记住老师教的所有知识。这个符号不仅反映出阿坎人热爱知识、不断学习的特点，而且表明他们尊重睿智的人。它源于阿坎人的信念：不

我记住了听到的话

了解历史的人就像无根的树。人们在讲故事和进行德育教育时,以及在诸如起名仪式等场合,或者谈到社会价值和家族历史时经常用这个词。

但是,阿坎人并不认为知识专属于某个年龄段。在他们看来:行万里路的人和活动范围小的老年人相比,前者阅历更丰富;终身待在一个地方的老年人思想狭隘,而四处游历的人则吸收了多种文化元素。阿坎人认为:知识渊博未必是老年人的专利。在他们当中,流传着一个有关阿南西[①]的故事。阿南西竭尽全力要将全世界的智慧和知识藏在一棵树中,这样一来,只有他自己才是满腹经纶的饱学之士。

阿南西把收集到的知识和智慧放在一个罐子里,把罐子挂在胸前,然后开始拼命爬树。因为罐子碍事,他好几次都从树上掉下来。看到这种情形,他的儿子英吉古梅指出:爬树时把罐子挂在胸前很碍事,应该背在背后。阿南西认为儿子的话很有道理,他明白了自己无法独占知识和智慧,因此大失所望,就把装满智慧和知识的罐子摔了个粉碎。

知识结

自我中心主义

1992年,诺亚·寇穆拉[②]将阿坎人对待知识的态度做了如下总结。

首先,尽管理论上说,可学的知识是无限的,但是一个人能学会的知识却是有限的。因此,人们认为"宣称自己无所不知的人实际上什么也不知道"。所以,自我中心主义(*kuntinkantan*)这个符号就是要提醒人们:不要以自我为中心,不要掌握了一丁点儿知识就沾沾自喜、四处吹嘘。

其次,一个人可以积极地获取知识。尽管智慧(*nyansa*)是与生俱来的,每个人都有可能拥有智慧,但是人人都要努力开发自己的心智。也

① 阿南西(Ananse or Anansi)有很多不同的名字,是起源于西非阿散蒂神话中的一个人物,他是天神尼亚美之子,常以蜘蛛、人类或者两者混合体的形象出现。该形象后来传播到拉丁美洲许多地方,成为美洲大众文化中的英雄形象。

② 诺亚·寇穆拉(Noah Komla Dzobo)是加纳学术和宗教领袖,福音派基督教长老会前主持。他率先开始改革加纳的基础教育体制。

就是说，人只有通过体验和努力学习才能掌握知识。

再次，阿坎人认为"知识可以解放人"。如果深刻了解形势以及事物之间的内在联系，人就能获得知识，获得自由。一个开明的、有洞察力的人自由自在，富有创造力。

最后，阿坎人相信，"知识必须对自己的生活方式产生实际影响"。*Nyansa nye sika na woakyekyere asie* 这句谚语反映了这个观点：与金钱不同，保险柜里无法保存智慧；或者说，一个人不能用包收集智慧，然后把包锁在箱子里，再让一位朋友"教你一点儿东西"。

独特的文化象征

历史上，阿散蒂族因为统治者的显赫和财富而远近闻名，今天则因为擅长制造手工艺品而出名，尤其是他们手工雕刻的凳子、用黑檀木雕刻的阿库阿巴雕像[①]、肯特布（Kente）和阿丁克拉布（Adrinkra Cloth），以及黄金制品。

黄金为王

因为盛产黄金，阿散蒂人自古以来"靠金吃金"。"黄金即王"是阿散蒂人挂在嘴边的一句话。在阿散蒂社会中，政治力量与财富的拥有和展示密不可分。黄金徽章等被用来记录国家的重要历史事件和领袖生平。

库马西的巨大黄金储量令人惊叹，当地金匠充满创意的雕金技术同样让人叹为观止。这些工匠在设备和工具极其简陋的情况下，仅靠传承了数百年的精湛技艺就能做出美轮美奂的黄金工艺品。

肯特布——加纳国布

肯特布源于阿散蒂王国，是加纳南部的阿坎人编织的一种丝质或棉质布料。传说两位阿坎族朋友在森林里打猎时，看到一只蜘蛛正在结网。两人驻足观察了很久，回家后依法炮制就织出了肯特布。后来，制作肯

[①] 阿库阿巴雕像（Asante Akuaba Fertility Dolls）是一种黑檀木雕像，阿散蒂妇女把它系在腰布上，表示能够生出漂亮的孩子。

特布的工艺流传到象牙海岸（今天的科特迪瓦）以及西非许多其他国家。

过去，肯特布是国王的御用布料，只有国王、酋长和其他重要人物在极其重要的场合才会穿戴神圣的肯特布。随着时间的流逝，肯特布得到了更广泛地应用。尽管现在穿戴肯特布已经不再是大人物的特权，但是其重要性丝毫没有削弱，依然受到阿坎人的热烈追捧。而且由于价格不菲，它仍然是身份和地位的象征。

作为加纳的"国布"，肯特布在全世界都享有很高声誉，它是非洲最负盛名的纺织品。肯特布种类繁多，每种都有自己的名字和独特的象征意义。它讲述了编织者的历史、文化和社会经历。1957年建国伊始，肯特布就成为加纳的一种国家象征。

2013年11月，笔者有幸参观了位于北京朝阳区三里屯的加纳驻华大使馆，亲身体会到加纳人的热情和友好。使馆的公使衔参赞艾伯塔·夸媞（Alberta Quartey）女士及其同事们热情洋溢、图文并茂地讲解了加纳

笔者韩红（右）拜会加纳驻华使馆公使衔参赞艾伯塔·夸媞女士

三 阿坎人（Akan）——盘根错节的望族

传统和文化。其中给人印象最深刻的就是阿丁克拉符号，以及加纳人对于传统的重视和坚守。临别时，夸媞夫人还送给笔者一块肯特布。后来拜访博茨瓦纳驻华大使夫人时，见多识广的夫人一看到笔者佩戴的围巾就脱口而出：这是加纳的肯特布。加纳国布的魅力和广泛影响由此可见一斑。

传统上，加纳的埃维人和阿散蒂人最擅长编织肯特布。埃维族从北方迁徙而来，在沃尔特地区的很多村庄里，整个村庄的埃维人都从事编织工作。他们喜欢将动物、人物以及一些象征性图案融入肯特布的编织工作中。编织工作通常在户外进行，织工清一色都是男性。

作为享誉世界的非洲文化遗产，肯特布颜色鲜艳，图案通常采用几何图形，设计大胆。不同颜色的肯特布具有不同含义：黑色意味着"成熟"；蓝色意味着"和平、和谐与爱"；绿色意味着"植被、种植、收获和发展"；金色意味着"王室成员、财富和光荣"；灰色意味着"愈合和净化仪式"；紫褐色意味着"大地母亲"；粉红色与"女性生命的本质"相关；紫色与"女性生活的方方面面"相关联，通常是女性的专属颜色；银白色代表"宁静、纯洁、快乐、与月亮有关"；白色代表了"净化（仪式）、节庆场合"；黄色则代表了"珍贵、王室成员、财富、肥沃和美丽"。不仅如此，肯特布上各种各样的几何图案也都有各自的含义。需要特别注意的是：加纳人不喜欢红色，因为红色代表了"政治和精神情绪、杀戮和死亡以及祭祀仪式"。在各种仪式上，他们喜欢穿戴黑白相间的衣服。

阿丁克拉布

过去，只有王室成员和精神领袖在葬礼以及其他特殊场合才会穿戴用阿丁克拉布制作的衣服。现在，阿丁克拉布已经走入寻常百姓家，男女老少都穿戴着用阿丁克拉布制成的服装，非常时尚。过去的阿丁克拉布，是在用手工编织的、未经染色或红色、深棕色、黑色的棉布上，用手工方法印制阿丁克拉符号而成的，颜色和图案取决于穿戴的场合以及穿戴者的身份。现在，人们通常大批量生产阿丁克拉布，而且棉布的颜色更鲜艳。坐落在库马西城西北方向20公里处的诺顿叟村（Ntonso）是阿丁克拉布的生产中心。

木梳

加纳的梳子多为木制，其中以阿坎族的木雕梳篦工艺最为出色。木梳上面的纹饰往往反映了他们的生活和观念。加纳人认为雕刻梳子是圣洁高尚的事情，工匠必须首先要洁净工具和双手。从青春期开始编辫的时候，阿坎族中的安伊、阿散蒂、鲍勒和芳蒂等部族的女性才开始用梳子。一些女性拥有3～4把梳子，梳子代表了她们的财富和美丽。新娘出嫁时头上会插上大梳子，梳子把上有一对象征多子多福、美丽和生命的阿库阿巴娃娃（Akuaba Dolls），婚后这些大梳子会被用来装饰居家环境。阿丁克拉符号（Duafe）代表的就是"木梳"，其寓意是"美丽，卫生以及有女人味"，代表"美丽容颜和女性气质"。

凳子

在阿散蒂人的心目当中，什么是最宝贵的？不是权，不是钱，而是凳子，尤其祖先坐过的凳子更是比金子还珍贵。在加纳，父亲送给儿子的第一件礼物往往就是板凳，未婚妻送给爱人的第一个礼物也是板凳。在非洲许多部族的文化中，板凳是极其私密的物件，被视为主人灵魂的载体。阿散蒂人相信：不用板凳时要把它斜靠在墙边，以防路过的灵魂误入其中。坐在别人的板凳上可是大忌，会玷污板凳主人的灵魂。一些部族中，只有首领、祭司、巫医、权贵等人才能拥有自己的板凳。板凳的形状和材质取决于主人在部族中的地位和权力。阿散蒂人对凳子的崇拜由来已久。由于他们擅长木雕，许多凳子被制成精美绝伦的工艺品，成为身份和地位的象征。深谙历史的人一看见凳上的雕塑纹饰，就可以知道主人先辈的身份和历史。由于凳子无与伦比的崇高地位，在阿散蒂人的世界里，一切权力都以凳子来衡量，酋长和首领获得拥戴，被称作"得到凳子"；被废黜，就叫做"失去凳子"。新国王继位时，要将金板凳置于高处，国王从其下方通过，再将其放在低处，国王从凳子上方跨过，而且不能碰到它。

阿散蒂地区以"金板凳"闻名。这个用黄金制成的凳子长24英寸，宽和高各18英寸，从第一个阿散蒂王奥塞·图图一世开始，已有数百年

历史，金板凳只有在特别重大的典礼上才拿出来展示，并且不能沾地，只能安放在豹皮上、地毯上或者供奉起来。任何人都不得坐在金板凳上。在许多村庄里，家庭之间还会攀比谁家的祖先凳子最多。因为在阿散蒂人的世界里，每一张凳子都记载了祖先的荣耀和历史。如今在加纳的工艺品市场中，游客们可以很容易买到制作精美的阿散蒂凳子。加纳政府有时甚至将凳子当做国礼送给其他国家。加纳与中国建交后，就曾几次向中国赠送过大小不等、装饰不同的凳子。1985年，加纳国家元首罗林斯访华时送给邓小平的礼物就是一只凳子。

阿坎部族名人

说到阿坎部族的名人，最出名的就是前联合国秘书长科菲·安南（Kofi Annan）。他出生在加纳的库马西城。1972年，他从美国麻省理工学院毕业，获得硕士学位。他精通英语、法语以及多种非洲语言。他在1997年年初到2006年年底期间担任联合国第七任秘书长。为表彰他为"推进联合国改革以及关注人权"所做出的不懈努力，2001年他荣获诺贝尔和平奖。

夸梅·恩克鲁玛（Kwame Nkrumah，1909～1972）是加纳首任总统，被誉为"加纳之父"。他还是非洲独立运动领袖，泛非主义主要倡导者之一。恩克鲁玛对华友好，执政期间曾两度访问中国。他致力于推动加纳的工业化进程，以摆脱加国在国际贸易体系当中的弱势地位。但是由于国内经济不断恶化，政局开始动荡，1964年，他宣布实行一党制，自己出任"终身总统"。1966年2月，当恩克鲁玛出访中国和越南时，国内发生了政变，恩克鲁玛政权被推翻。他在几内亚度过了余生，于1972年在罗马尼亚病逝。

在阿坎部族这棵枝繁叶茂的大树上，阿散蒂族可谓独领风骚。从首任阿散蒂王奥塞·图图一世正式登基之日起，三百多年已经过去了。阿散蒂王国由兴而衰是历史发展的必然结果。但是，由于加纳人尊重传统，注重学习，所以，阿散蒂王国依然存在，而且还会继续存在下去。

阿坎谚语

Dogs do not actually prefer bones to meat; it is just that no one ever gives them meat.

狗其实更喜欢吃肉；只是因为没肉可吃，才只好啃骨头了。

四、富拉尼人（Fulani）

——最大的游牧部族

富拉尼人心灵手巧，很多人在从事农业的同时也制作一些手工艺品赚点外快。他们尤其喜欢以葫芦为题材，在上面进行各种精致复杂的雕刻。还会把大大小小的葫芦中间掏空做成"葫芦碗"，按大小从低到高摞在一起。

狭义上讲，我们通常所说的"非洲"一般指"黑非洲"——撒哈拉沙漠中部以南的广大非洲地区，而不包括以阿拉伯人为主的北非七国（苏丹、南苏丹、埃及、利比亚、突尼斯、阿尔及利亚、摩洛哥）。顾名思义，生活在"黑非洲"的居民主要是黑人，他们一般肤色黝黑、头发卷曲、鼻子较扁、嘴唇较厚。然而鲜为人知的是，在这片"黑色"的土地上，同时也生存着一些相对"白色"的部族。其中就包括本文的主角富拉尼人，他们是尼格罗人（Negro）与柏柏尔人（Berbers）的混血，外貌与周围的黑人不大相同：肤色较浅、体型瘦长、头发较直、鹰钩鼻子，不少人还有一双蓝色的眼睛。

富拉尼人，又称"菲拉尼人""富拉人"（Fula）、"富尔人""富尔贝人"（Fulbe）等，是全世界最大的游牧部族。富拉尼是西非的超级大族，人口大约有1600万，在非洲仅次于埃及人、豪萨人（Housa）和阿尔及利亚人而居第四。富拉尼也是一个跨界部族，是非洲大陆上分布最广、涉及国家最多的——他们的居住地遍及西非和中非北部各国，甚至远至北非，加起来有20多个国家。有一个说法是：富拉尼人在非洲遍及的范围远远大于一个美国的国土面积。粗略地统计，富拉尼人在尼日利亚有800万人口，是仅次于豪萨、约鲁巴（Yoruba）、伊博（Igbo）的第四大族；在几内亚有190万，是国内第一大族（占全国人口40%）；另外，他们也生活在塞内加尔（95万，第二大族）、马里（80万，第二大族）、喀麦隆（70万）、尼日尔（50万，第三大族），以及贝宁、塞拉利昂、佛得角、加纳、多哥、乍得等国。

在尼日利亚，富拉尼人由于经常和豪萨人在一起混居、通婚，而被合二为一地统称为"豪萨—富拉尼族"。尤其历史上的富拉尼战争发生以后，两个部族在尼日利亚的融合步伐更进一步。然而在尼日利亚境外，两族基本上还是泾渭分明的。

富拉尼是一个融合的大族，其中包括许多被他们征服、同化的部族。1750年到1809年期间，富拉尼人经历过许多次战争，建立过一系列国家，统治过西非的大片领土，对西非历史产生过巨大影响。无论在政治、经济上，还是在文化、宗教上，富拉尼人在西非甚至整个非洲都颇具影响力，因此他们有着强烈的民族自豪感。

觅水而居的游牧者

由于富拉尼人浅黑肤色的外表和游牧的生活方式，关于他们的起源一直众说纷纭、争议不断。比如有人依据他们的外表认为他们的祖先是来自北非的阿拉伯人，然而最新的研究表明，富拉尼人的根还是在西非，是西非游牧民族和北非人的混血人种。具体来说，他们发源于塞内加尔河（Senegal River）流域。7世纪开始建立自己的王国，与

身着传统服饰的富拉尼女孩

四 富拉尼人（Fulani）——最大的游牧部族

当时西非最早的国家古加纳毗邻，11世纪曾经扩张领土。塞内加尔河流域的各个部族曾经被他们征服过，后来北非的柏柏尔人因为领土被阿拉伯人占领，被迫迁移到了这里，与富拉尼人混居在一起。从12世纪开始，富拉尼人除了一小部分仍然留在原地之外，大多数人分为东向、南向两支迁移扩散，陆续散居在西非、中非各地。

起初富拉尼人是季节性迁徙的游牧者和商人，在西非开辟了多条贸易路线，可以说他们的足迹遍及西非各处的沙漠、草原和森林。他们驱赶牛羊，寻找更好的水源和更大的牧场。在雨季的时候，牧草到处都长得很繁茂，他们会把家安在一千多米以上的高地，以便躲避低湿地带的蚊虫叮咬。而当旱季来临时，高地的牧草开始枯萎，他们便带上帐篷和简单的家居用品，驱赶牛羊来到接近河流的低地落脚。但是在离开高地之前，富拉尼人会在帐篷附近种一些豆子和黍类粮食，并且留下老人就近照顾，以便雨季的时候回来收获。另外他们的男女分工也很明确，男人主要负责放牧，女人则挤奶、照顾火堆和小孩、操持其他家务等。富拉尼人主要是养牛，牛奶和奶酪等奶制品自然成为主食，同时他们也用这些奶制品同附近定居的农民换取农产品和生活用品。因此在富拉尼人家中，牛是非常重要的。不仅牛的数目是一家人财富与地位的象征，而且他们也很爱惜牛，绝不会随意地宰杀。

游牧的富拉尼人散居在各个部族之中，出现了复杂的同化、融合现象。现在尼日利亚的富拉尼人基本上已经被豪萨化，"豪萨—富拉尼族"加起来有2500万人，是尼日利亚第一大族，约占全国人口三分之一，在尼日利亚政治、经济和文化生活的方方面面起着举足轻重的作用。而在喀麦隆北部，富拉尼人则同化了当地各个部族，在喀麦隆发挥着重要作用。

政教合一的富拉尼帝国

富拉尼帝国（Empire of Fulani, 1808～1903），因为以索科托（Sokoto）为首都，又称索科托帝国（Sokoto Caliphate），是富拉尼人在19世纪建立的伊斯兰国家。在整个19世纪，富拉尼帝国一直都是撒哈拉以南非洲面积最广、实力最强的帝国之一，这种强势一直持续到1903年英国殖民者的到来。

说到富拉尼帝国，要先从豪萨人建立的城邦说起。分布在现在尼日利亚北部和尼日尔南部的豪萨人，在11～13世纪，以城镇为中心，建立了各自独立的豪萨城邦。13世纪，伊斯兰教传入，到18世纪，绝大部分的豪萨城邦已经伊斯兰化，只有少数城邦还保持着多种信仰的状况。

豪萨地区的居民主要是豪萨人、富拉尼人和图阿雷格人（Tuareg）。由于豪萨族统治者实行民族压迫政策，富拉尼人和图阿雷格人是二等公民，他们备受歧视，被排斥在豪萨主流社会之外，得不到应有的尊重和权利，导致两个少数民族严重不满，民族矛盾日益尖锐[1]。18世纪末，戈比尔城邦的伊斯兰教领袖、富拉尼人奥斯曼·丹·福迪奥（Usman dan Fodio）发动伊斯兰复兴运动。他非常虔诚并且极富感召力，号召全体穆斯林们"坚持安拉的正道"，反对多神信仰。奥斯曼把分散的富拉尼人组织起来，形成富有凝聚力的穆斯林团体。1804年，他领导富拉尼人各部落和豪萨族的穆斯林发动圣战，首先推翻了戈比尔城邦的豪萨贵族统治，之后相继攻克、统一了豪萨诸城邦。1808年，奥斯曼以尼日利亚北部为中心，建立了横跨西非、政教合一的富拉尼帝国，面积约为50万平方公里，包括现在的贝宁东北部、尼日尔西南部和喀麦隆北部。这个帝国分为东、西两大部分，分别由奥斯曼的弟弟和儿子统治。奥斯曼本人则退出了国家管理的政事，只担任宗教领袖，专心从事传教和学术研究，他对伊斯兰教和豪萨文化的研究做出了突出贡献[2]。

1817年奥斯曼逝世后，他的儿子穆罕默德·巴拉鲁继位，成为富拉尼帝国政治和宗教的双重领袖。他建立各项国家制度，大力发展农业和商业，倡导扩大对外贸易，奖励伊斯兰学术文化，穆罕默德在位的时间

---

[1]《非洲黑人文明》，艾周昌，舒运国，福建教育出版社，2008。

[2] 同上。

四 富拉尼人（Fulani）——最大的游牧部族

是富拉尼帝国的鼎盛时期。帝国以伊斯兰教逊尼派[①]为国教，以伊斯兰教法治国，严禁饮酒、赌博、放高利贷和多神崇拜。另外在各地大量兴建清真寺，办宗教学校，出版《古兰经》等伊斯兰教经典书籍。首都索科托是当时的伊斯兰学术文化中心，建造了皇家清真寺、图书馆、书店、古兰经学校，聘请知名的伊斯兰学者到那里传教、讲学，这些都有力地促进了伊斯兰学术文化的发展。

19世纪末，英国殖民者入侵西非。1853年，富拉尼帝国同英国签订商务条约，经济上依附英国。1903年，英国殖民军击败帝国军队，大部分领土并入当时英属的北尼日利亚保护国，其余小部分被法、德两个国家瓜分，曾经盛极一时的富拉尼帝国就这样结束了。

棒打节上的成人礼

随着时代车轮的滚滚向前，富拉尼人的社会、经济面貌已经发生了深刻的变化。在游牧、流动贸易的过程中他们不断与当地部族杂居，很多人放弃游牧生活，融入了其他部族之中。富拉尼人的城市人口很少，只占10%；大多数人口定居在城镇和村庄，以农耕为生，同时从事各种手工业、商业；另外有越来越多的年轻人移居到西非、中非的大城市去求学、工作。

大约有30%的富拉尼人仍然继续从事传统的畜牧业：游牧或半游牧，饲养牛、绵羊、山羊和骆驼等牲畜。他们现在面临很多问题：干旱使他们经常缺水，并且导致牧场越来越小，而这一点又很容易使他们与附近定居的居民产生领土冲突；另外，牲畜经常会感染传染病，容易遭受财产损失。

富拉尼人的传统社会一般实行一夫多妻制，以牲畜作为聘礼。他们盛行嫡堂兄妹成婚和"兄死弟及"的习俗。在游牧的富拉尼人中有一

[①] 逊尼派，伊斯兰主要教派之一。被认为是伊斯兰教的正统派别，信徒人数约占全世界穆斯林总数的85%以上。"逊尼"是阿拉伯语的音译，意思是"遵循传统者"。中国的穆斯林大多都属逊尼派，遵奉该派的哈乃斐教法学派。

个古老的"不落夫家"习俗——即妻子在第一个孩子出生后一直到断奶前，必须要回到娘家居住。在定居的富拉尼人中，实行严格的"种姓制度"，由高到低分别是贵族、平民和奴隶，只有来自同一等级的男女才能结婚。

富拉尼人崇尚勇猛，每个男子都会拥有很多武器，武器越多，说明他越勇敢。男孩在长大成人的时候，父亲会给他一根棒子，以后每年就带着它参加"棒打节"。每参加一次，就在棒子上刻一道记号。记号越多，他就越被大家尊重。去世后，这根棒子会成为"圣物"，是留给子孙最珍贵的遗产。这个"棒打节"非常残酷，每个青年男子都拿着一根棍子，每30个人围成一圈，每人都要轮流被三个人棒打，同时也要先后棒打三个人。打人的时候用尽全力，不会手下留情，而挨打的人虽然疼痛难忍，却仍然要谈笑风生。许多人当场被打得鲜血淋漓，有的甚至当场毙命。有些族群的一个传统是当两个男孩即将成年的时候，需要各自带一批"小伙伴儿"互相"PK"，一较高下。这种"成人礼"也是真打实斗，场面非常激烈，经常有人受伤，但同样不允许伤者表现出任何痛苦的表情，反而要大笑，更可怕的是，同样也有人战死。现在法律已经明令禁止这种残酷的"仪式"，但是在一些偏远的地方这种古老的习俗依然存在。

传统上他们的房子一般是非常简易的圆顶小屋，干季的时候由所种植谷物的茎秆搭成，湿季或雨季时则改用芦苇席。这种房屋被分成两间：一间用于居住、生活，另外一间则储存粮食。这种简易的房屋易于搭建和拆卸，特别适合游牧的富拉尼人。当然，随着社会的进步，现在很多富拉尼人已经住进了更为结实和永久的土坯房甚至砖瓦水泥房了。

牛是富拉尼人的重要财产，一个人拥有牛的数量就是他的财富指数。作为他们最为珍视的动物，牛的地位是独一无二的，有一句当地流传的老话说："连一头牛都没有的富拉尼人，绝对不是'真正的'富拉尼人。"富拉尼人有一个传统叫赠送"habbanaya"，即把一头奶牛借给另一户人家直到它生产小牛，小牛会被留在这户人家，而奶牛则在小牛断奶之后依旧归还给原主人。这种"habbanaya"是非常被重视的，在到达临时的新

家时，会有一个隆重的欢迎仪式，接受奶牛的人家送一些礼物给原主人表示感谢，小牛出生后还会广邀街坊四邻给取一个好听的名字。

富拉尼人的主食一般有黍类的粮食：玉米、高粱和木薯；副食有肉类、豆子和西红柿、洋葱等蔬菜。作为主食，他们的粥都做得很浓稠，配上蔬菜汤（叫"takai"或"haako"）一起食用，这种蔬菜汤放西红柿、洋葱等，再洒上胡椒粉等各种调料提味。牛奶在富拉尼语中被称为"Kossam"，在这个本是游牧民族的饮食文化中占据重要地位，不仅是不可或缺的饮料，还被加工成酸奶和奶酪等奶制品，除了用于自家食用之外也拿到市场上去卖。

别具风情的葫芦碗

富拉尼语又称富尔德语（Fulfulde），以拉丁字母为基础，属于尼日尔—刚果语系。因为富拉尼人散居在众多国家，所以他们至少会两种语言——富拉尼语和当地国家的主要语言，比如豪萨语、阿拉伯语等。

头顶葫芦碗的富拉尼妇女

富拉尼人是最早皈依伊斯兰教的非洲部族之一，他们在西非引进了伊斯兰教，并且不遗余力地推广，自认是伊斯兰教在非洲的"传教士"。除了大多数人信仰伊斯兰教外，还有一小部分人信仰基督教或本土的原始宗教。一般来说，中层、上层社会的人最为虔诚，而下层的富拉尼人则总体上不那么严格地遵守教义。

古老的富拉尼文化有很多丰富的谚语、寓言、神话和谜语，反映了他们传统的价值观念。另外，作为分布最广的跨界部族之一，富拉尼文化具有多样性，体现在服饰、音乐以及生活方式的方方面面。然而，由于同一的语言以及共同的文化内核，这个部族的凝聚力还是很强的。比如说，世世代代的富拉尼人都会遵循同一套道德、行为准则，叫"Pulaaku"，这使他们虽然散居在不同国家的不同部族之中，但仍然能够保持自己的部族精神。"Pulaaku"有四个基本概念："Munyal, Hakkiilo, Semteende, Sagata"。"Munyal"一般被翻译为"耐心"，指在逆境中仍然保持力量和勇气，处事淡定，看淡人生的兴衰荣辱，风云不惊；"Hakkiilo"指"智慧"，在处理实际事务中既精明又慎重，有先见之明，有常识，并且有个人责任感，热情好客；"Semteende"，被翻译为"羞耻"，指在人际交往中要有自我约束力和优雅的风度，谦虚，懂得尊重别人（包括你的对手）。最后，"Sagata"，指勇气和勤奋。

富拉尼人心灵手巧，很多人在从事农业的同时也制作一些手工艺品赚点外快。他们尤其喜欢以葫芦为题材，在上面进行各种精致复杂的雕刻。还会把大大小小的葫芦中间掏空做成"葫芦碗"，按大小摞在一起。这种"葫芦碗"实用性和装饰性兼而有之，看上去实在讨人喜欢。不可思议的是，人们用它盛满牛奶顶在头上，大步流星却一滴不洒。另外，妇女们还会再编织一个专门的套子来盖在"葫芦碗"上面，这种套子有不同层次的渐变颜色，做工非常精致，通常得花一两个月的时间才能完成。值得一提的是，在大英博物馆有富拉尼手工艺品展览，包括这些与葫芦相关的作品。

富拉尼人的传统音乐、舞蹈同样丰富多彩，人人能歌善舞。有各

四 富拉尼人（Fulani）——最大的游牧部族

种本族的传统乐器，比如"buuba"或"bawdi"（一种鼓）、"hoddu"或"molo"（类似吉他，两弦或五弦）、"riti"或"nianioru"（类似小提琴，弓形、单弦）。富拉尼人的音乐类型多种多样，每种都有自己的独特风格。歌舞的内容反映他们的传统生活，每种场合都有自己专属的音乐、舞蹈。尤其音乐像空气一样无处不在：宗教仪式、放牧、田间劳作、生火做饭等。富拉尼的放牧人特别喜欢吹笛子和拉单弦琴。牧童们在放牧时喜欢吹口哨，悠扬的口哨和成群的牛羊构成了草原上一道独特的风景线。

塔西里岩画：富拉尼文化的最早证据

富拉尼文化有多悠久？那时的人们又是什么样的生活状态？原始时期的富拉尼文化可以在阿杰尔的塔西里岩画（Tassili Rock Art）中找到最早的证据。

非洲拥有 120 处世界文化遗产遗址，其中 9 处是岩画遗址。阿杰尔塔西里高原（Tassili Azguer）位于撒哈拉沙漠，是阿尔及利亚的著名风景

塔西里岩画

区之一，这里是一片辽阔壮美的高原，在它的中心地带蕴藏着著名的岩画群。这些岩画面积共达12万平方公里，拥有6000多年的历史，是在古老的新石器时代留下来的。15000多幅岩画忠实记录了公元前6000年到公元初几世纪撒哈拉沙漠的气候演变、动物迁徙和人类生活的发展变化，向世人有力地宣告了撒哈拉地区曾经拥有的古老文明。这些史前岩画的内容有农耕、放牧、狩猎、采集、舞蹈、野生动物等图像。从绘画上描绘的内容可以看出，它们与现在撒哈拉地区的风土民情大有不同。

至于与富拉尼文化相关的岩画，专家们发现，岩画上描绘了一些当时富拉尼人的神话传说以及典礼仪式，而这些典礼仪式现在仍然被富拉尼人遵循。岩画中还有一些六角形的玛瑙饰品，至今仍然被富拉尼妇女佩戴。其中有一幅岩画，中心是太阳，周围环绕着一圈排列成不同队形的牛头，构成不同时期的月相图案，周围有一男一女，妇女还清晰可见地扎着辫子。

这些古朴的珍贵岩画是世界上最重要的史前岩画群之一，研究价值和艺术价值都很高，1982年被联合国教科文组织列入"世界遗产名录"，现在由阿尔及利亚的塔西里国家公园加以严格保护。

男子选美比赛中的"残忍之美"

爱美之心人皆有之，这一方面富拉尼人尤其突出。在他们看来，爱美是人类的天性，是生活中不可或缺的一部分，因此非常乐于展示自己的美丽——尽管在外人看来，有些美丽可能太"残忍"了！比如，他们以独特的形式——刺青来表现对美的追求。很多地方的富拉尼人以脸上的伤疤为美，这些伤疤是用锋利的刀片划的，再涂上炭灰、草灰、奶油，伤口愈合后，刺青的图案就显现出来了。富拉尼人独特的面部纹饰，也成为他们与众不同的最大标志。人们在脸颊两侧和前额上都有印记，这些印记是很小的时候就刻上的。他们会用比皮肤颜色更深的黑色、红褐色颜料在脸上"创作"，尤其喜欢把嘴唇涂上深色，乍一看有点夸张。因

选美大赛上的美男子们

此在很多地方，富拉尼人最显著的特征就是他们的嘴唇，由于经常使用一种叫"Henna"的红褐色指甲花染料而变成深黑色。很多富拉尼人从小就在眼睛和嘴巴周围涂上深色的图案，而住在马里、塞内加尔和毛里塔尼亚等国家的富拉尼人则使用靛蓝的汁液在嘴唇周围涂抹，使他们的下巴也变成了深黑色。

美丽面前，人人平等，他们认为对美丽的追求不应有性别之分。有些富拉尼族群一年举办一次"男子选美大赛"，例如，作为富拉尼人一个分支的尼日尔博罗罗人。在那里，男人们都要穿上最美丽的衣服，把黏土和黄油的混合物涂在脸上，再戴上漂亮的饰品，头上插一根鸵鸟羽毛。参赛者们在空地上围成一圈跳舞，尽情地展示自己的美丽。这场选美比赛的裁判则是来自周边村庄的女人们，评判标准包括身材（修长结实）、发辫（浓密发亮）和牙齿（整齐洁白）等。

富拉尼人没有统一的服装和配饰，主要服饰的特点随居住的具体地区的不同而不同。在有些地方，男人们用山羊皮包裹下身，外面套着黑色短袍，头上围着穆斯林的包头巾。女孩穿得比较密实，用一块长长的布把自己全身包裹起来，已婚妇女穿着则相对暴露。有一个被称为

"Wodaabe"的富拉尼族群，他们的传统服装是颜色鲜艳的长袍，上面有简单的刺绣图案。在几内亚中部的富塔贾隆高原（Futa Jallon Highland），经常会看到男人们戴着样式特别的帽子，上面有五颜六色的刺绣花纹。在尼日利亚、喀麦隆和尼日尔，男人们戴着一种顶端为三角形状的帽子，叫"Noppire"，男男女女都穿一种或白或黑的棉质长袍，上面有复杂的蓝、红、绿线的刺绣图案，妇女还会披着飘逸的披肩，用一块布把头部包起来。

富拉尼妇女喜欢把长长的头发编成多股细细的发辫，或者直接垂下来或者盘成一圈。她们还喜欢戴各种首饰——耳环、鼻环、手镯、项链，材质一般是珍珠、玛瑙、贝壳和琥珀。

另外，富拉尼人也因使用一些实用的物品作为装饰物而著名，比如装牛奶的碗，比如用银色的硬币来装饰头发，有些硬币甚至是祖母级别的，作为传家宝代代相传。可以说这种就地取材、因陋就简的做法非常符合他们游牧部族的身份。

结　语

艰苦的游牧生活打磨出他们吃苦耐劳的精神，同一的文化内核造就了他们团结坚定的品质，简朴的生活环境中从未停止对美丽的追求和对生活的热爱——这，就是富拉尼人。

非洲谚语

Show me your friend, and I will show you your character.
说出你的朋友是谁，我就能猜出你的性格如何。（观其友，知其人。）

四　富拉尼人（Fulani）——最大的游牧部族

五、豪萨人（Hausa）
——牛背上的人们

2013年，中国电视连续剧《北京爱情故事》的豪萨语版曾在尼日利亚国家电视台豪萨语频道热播。这部电视剧是由中国国际广播电台豪萨语部翻译，由尼日利亚和中方人员共同配音的，在尼日利亚播出后反响强烈，中国青年人的情感与奋斗经历成为豪萨观众热烈讨论的话题。

"主题为'和平与和谐'的2012阿布贾（Abuja）嘉年华24日在尼日利亚首都阿布贾雄鹰广场隆重开幕。尼日利亚人口超过1.6亿，共有250多个民族，其中最大的是北部的豪萨—富拉尼族，占全国人口29%。豪萨族民风彪悍，威武铁骑震撼本届嘉年华。"这条新闻出现在2012年的圣诞节前夕，其中提到"民风彪悍"的"豪萨"族正是本文的主人公，一个在非洲举足轻重的古老部族。

另外，由于在尼日利亚，豪萨人常常与富拉尼人（Fulani）混居（尤其在19世纪初的富拉尼战争发生以后），他们的通婚情况非常普遍，所以在尼日利亚，两者通常被统称为"豪萨—富拉尼"。豪萨—富拉尼是西非最大的部族，更是尼日利亚的三大部族之一——另外两个是约鲁巴（Yoruba）和伊博（Igbo/Ibo）。然而需要说明的是，在尼日利亚，很多富拉尼人都反对"豪萨—富拉尼"这个合二为一的称呼。其实，豪萨人不仅适应能力特别强，而且他们的语言和文化也具有非常强大的同化性，不仅很多富拉尼人被豪萨化，还有其他20多个部族在尼日利亚和尼日尔被豪萨文化同化。

灿烂的古代文明

关于"Hausa"这个称谓的由来,在豪萨语中"Hau"表示"骑","Sa"表示"牛"。因为豪萨人过去是游牧部族,经常赶着牛群四处迁移,所以被形象地称为"牛背上的部族"。

豪萨人属于尼格罗人种[①](Negro)的苏丹族系,与肤色浅黑的班图族系相比,他们的肤色是纯黑的。一般认为他们的祖先是阿拉伯人,在9世纪或10世纪来自伊拉克的巴格达。他们的分布范围非常广,且经常与其他部族混居。主要集中在尼日利亚西北部和毗邻的尼日尔南部,是那里人数最多的部族。此外,还有少数散居在西非各处,尤其从撒哈拉沙漠和萨赫勒地带[②](Sahil)通往朝觐[③]圣地"麦加"(Mecca)的路线附近,如喀麦隆、乍得、贝宁、多哥、加纳、苏丹、科特迪瓦[④]、中非共和国和利比亚等国。他们使用豪萨语,是非洲三大语言之一,更是西非的通用语言,另外很多人还会讲阿拉伯语、英语或法语。

豪萨人有着悠久的历史和灿烂的文明。他们于公元11世纪到13世纪陆续在尼日利亚北部建立了七个封建制度的城邦,被称为"豪萨七邦"(Hausa Seven):道拉(Daura)、比兰(Biram)、卡齐纳(Katsina)、

---

① 尼格罗人种,即黑色人种。一般头发黑色且卷曲,黑眼睛,口鼻宽扁,嘴唇厚。中世纪以前主要分布在非洲撒哈拉沙漠以南地区。后来大批黑人被作为奴隶运送到南美洲和北美洲。黑色人种包括两大族系:苏丹和班图,在非洲的分布大致以赤道为界限。苏丹族系在赤道以北,肤色纯黑;班图族系在赤道以南,肤色浅黑。

② 萨赫勒地区,"萨赫勒"在阿拉伯语中的意思是"边缘"。是撒哈拉沙漠和中部苏丹草原地区之间的一条长超过3800千米的地带,从西部大西洋伸延到东部的非洲之角。

③ 朝觐,伊斯兰教的基本制度之一。每个有体力和有经济能力的成年穆斯林都负有去麦加朝拜的义务,所有穆斯林都会尽最大努力争取一生中至少前往麦加朝觐一次。1932年沙特阿拉伯王国建立后,麦加被称为"宗教之都"。每年在伊斯兰教历的第12个月,数以百万计的穆斯林都会聚集在麦加,参加一年一度的朝觐。朝圣期间,他们聚集在"圣城"麦加周围,一起祈祷、吃饭、学习。"麦加朝圣"是每年伊斯兰教最盛大的宗教活动。

④ 科特迪瓦,名称源于法语,旧译"象牙海岸",因为当地盛产象牙而得名。

75

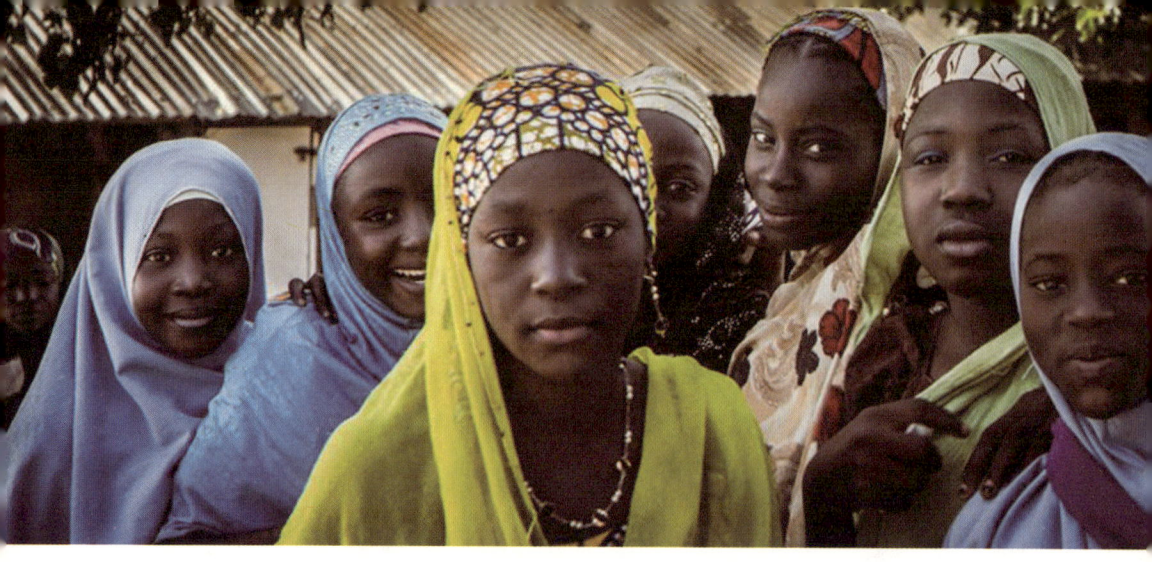

美丽的豪萨女孩

扎里亚（Zaria）、卡诺（Kano）、拉诺（Rano）和戈比尔（Gobir）。这七个城邦各自独立，偶尔有松散的联盟，但更多的是激烈的竞争，夺取自然资源、奴隶和横跨撒哈拉沙漠的贸易地盘。豪萨城邦在历史上非常著名，后来在19世纪，曾经有后人编写了豪萨各城邦编年史，如《卡诺编年史》《卡齐纳编年史》等。12世纪，豪萨成为非洲最大的部族之一。14世纪马里王国入侵豪萨地区，并传入伊斯兰教。15世纪又相继受到西非古国桑海帝国（Empire of Songhai）和游牧部族图阿雷格人（Tuareg）的侵袭。

1804年，戈比尔城邦的富拉尼族伊斯兰教领袖奥斯曼·丹·福迪奥（Usman dan Fodio）发动伊斯兰复兴运动。他号召全体穆斯林"坚持安拉的正道"，反对多神信仰，他把分散的富拉尼人组织起来，形成坚强的穆斯林群体。他领导豪萨和富拉尼各部落的穆斯林发动规模浩大的"圣战"，首先推翻了戈比尔城邦的豪萨贵族统治，之后相继攻克、统一了豪萨诸城邦。1808年，奥斯曼建立了横跨西非、政教合一的富拉尼帝国，因为以索科托（Sokoto）为首都，又称"索科托帝国"。

豪萨和富拉尼本来就有很多相似之处，加上豪萨文化的强大同化性，从此两个部族更加快了融合的步伐。豪萨人一直抵抗外族的统治，并取得了局部胜利。19世纪中叶起，豪萨人逐渐开始占上风，然而这时英国殖民者入侵尼日利亚北部，开始殖民统治。由于豪萨人还是保持了部分程度的自治，因此，他们的部族文化和传统还是基本被保留了下来。在英国殖民者的压迫和剥削下，他们进行了长期的反抗斗争，终于在1960年同当地各族人民一起赢得独立。

真主的忠实信徒

14世纪下半叶，信奉伊斯兰教的马里王国开始入侵豪萨地区，在卡诺城（Kano）等地传播《古兰经》，修建清真寺。伊斯兰教从此在豪萨人中传播开来。尤其后来很多地方的豪萨人与信仰伊斯兰教的富拉尼人混居、通婚，加速了豪萨人伊斯兰化的过程。19世纪初的富拉尼帝国时期，伊斯兰教更在豪萨地区得到进一步发展。1964年，尼日利亚北部的伊斯兰教领导为了在豪萨人中传教，发动了"彻底皈依伊斯兰教的运动"，在一年时间内约有40万人改信伊斯兰教。至今已有90%以上的豪萨人信仰伊斯兰教，遵奉逊尼派[①]教义，在偏远的农村也有少数人保持原始宗教信仰。

豪萨人是虔诚的穆斯林，对伊斯兰教在西非的推广也起了至关重要的作用。他们读《古兰经》，每天向真主安拉祈祷五次，在斋月期间斋戒，分发救济品给穷人，渴望有朝一日去伊斯兰圣地麦加朝圣。可以说伊斯兰教对豪萨人的生活影响是全方位的：比如他们的服饰、房屋、艺术、仪式、法律、行为规范；比如豪萨城邦内都建有清真寺；再比如凡是到麦加朝圣过的穆斯林都会倍受尊重。

但是有一点要说明的是，尽管绝大多数豪萨人皈依伊斯兰教，但这并不意味着他们完全摆脱了非洲传统宗教的影响。事实上，本土的原始宗教仍然和他们的生活息息相关，有着千丝万缕的联系，而他们也依然遵循着本部族的传统习俗，可以说这种情况放眼至整个非洲也是如此。"传

---

① 逊尼派，伊斯兰主要教派之一。被认为是伊斯兰教的正统派别，信徒人数约占全世界穆斯林总数的85%以上。"逊尼"是阿拉伯语的音译，意思是"遵循传统者"。中国的穆斯林大多都属逊尼派，遵奉该派的哈乃斐教法学派。

统宗教在非洲社会生活的各个方面仍有根深蒂固的影响。伊斯兰教和基督教在任何一个黑人国家里都没有能够真正取代传统宗教，而是同传统宗教融为一体。不论是伊斯兰教还是基督教在非洲都有一个吸收传统宗教的因素，走本土化道路的过程。①"

豪萨人甚至有自己的族旗，由五个水平方向的横条组成，从上到下分别是红、黄、黑、绿和米五种颜色。

发达的豪萨城邦

16世纪，曾有众多豪萨城邦同时存在。他们有这样几个显著特征：每个城邦由一个中心城市和周边地区组成；城邦之间基本互相独立，有时也会迫于形势形成松散联盟；深受伊斯兰教的影响；这些城邦各有优势，比如有"靛青之王"（织布业和染色业发达），有"市场之王"（贸易发达），有"战争之王"（军事强盛），甚至还有"奴隶之王"（有大量的奴隶劳动力）。②

在豪萨城邦时期，从上到下有严格的金字塔式

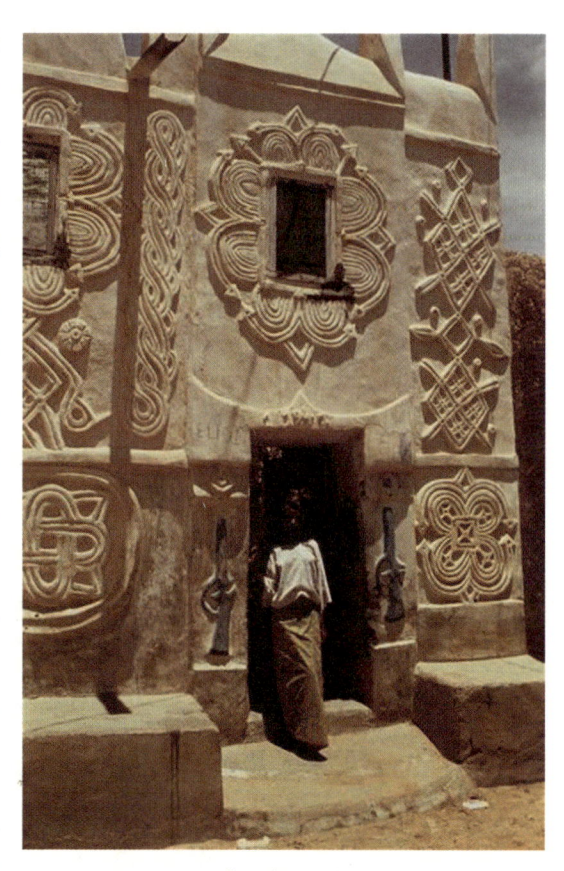

传统建筑风格

---

① 《非洲黑人文明》，艾周昌，舒运国，福建教育出版社，2008，198页。
② 《非洲黑人文明》，艾周昌，舒运国，福建教育出版社，2008。

行政体系。最基本的单位是家族，被称为"考叶"，每一个"考叶"由一名酋长治理；往上一级是村庄，被称为"加里"；矗立在金字塔顶端的是国家，即"比尔尼"，国王叫作"萨尔基"，他被认为是至高无上的，国家的命运都系在他一人身上。另外，在国家官员中最重要的角色是"加拉迪马"，类似于我国古代的宰相，负责处理国家事务。

豪萨城邦地处撒哈拉沙漠，横贯非洲的萨赫勒地带，位于萨瓦纳（即热带稀树草原）和热带森林之间，有得天独厚的自然资源。土地肥沃、人口稠密、铁矿蕴藏丰富，因此农业、冶铁业、手工业和贸易都很发达。农业是他们经济生活的基础。村民们在首领的安排下集体从事农业活动，并有专人（被称为农耕长，Sarkin Poma）负责观察雨季的开始和为保证获得良好的收成而向神灵献祭。他们种植各种农作物：小米、粟、高粱、福尼奥稻（Funio）、水稻和其他粮食作物，另外也种植商业作物，如棉花和靛蓝。

豪萨城邦实行精细的劳动分工，手工业非常发达。棉布的制作很早就已经开始，他们拥有先进的纺织机器，纺织技术非常高超，再加上丰富的经验，被称为"西非纺织工"，其产品畅销西非各地。皮革工匠和制鞋工匠制作许多种类的手工制品，如皮包、皮鞋、马鞍和皮垫等，这些产品被销往整个苏丹地区和北非。由于豪萨地区铁矿丰富，制铁业也很发达，铁匠有很高的社会地位，他们打造的铁具工艺精良：炊具、农具、刀具、斧头、剑、矛等。另外制陶业也很发达。多数手工业都有自己的行会，对生产方法、产品标准和价格实行控制或监督，行会首领由国王指定。

豪萨城邦的商业贸易兴盛，经商是城市人口的重要活动之一。定期的集市贸易市场是主要的商品集散地。市场负责人在助手的协助下维持各个市场的交易秩序，处理卖家与买家之间的争执，并征收市场税，税收以货币或实物的形式上交给国王。豪萨城邦的商人分成各种类别："西尼基"，从事农产品和小规模手工业制品买卖的，主要是生产者本人；"法淘西"，从事整体规模贸易；"延科利"，从一个市场到另一个市场，廉价

买进，高价卖出，或者批发商品来零售。在所有的市场上都有专门的捐客，叫作"迪拉利"，他们熟悉该地区各市场的行情，能够预测供求和价格的涨落，向卖家提供信息，并收取佣金。

在市场上销售的商品，按照它们各自的产地，可以划分为四大类：第一类是豪萨城邦本地的产品，包括棉布、兽皮、皮革制品、农产品等；第二类是北非产品，其中一部分产自欧洲，包括金属制品、武器、马匹、玻璃、餐饮用具以及昂贵的布匹；第三类是来自撒哈拉沙漠的矿产品，如铜棒、盐和泡碱；第四类是来自豪萨城邦以南地区的奴隶以及与邻国交战中掳来的战俘，他们被卖作脚夫、家奴、士兵和警卫，其中一部分被贩运到北非。

在豪萨城邦的历史上，先后受到桑海帝国和加涅姆—博尔努帝国的入侵，但它们仍旧保持独立。19世纪初，豪萨地区爆发富拉尼人领导的伊斯兰圣战，终结了它们的历史。

残忍的刀痕之美

很多地方的豪萨人都有一个显著的特征：脸上的印记——刀痕。他们出生时，都要在脸上划几刀作为印记，而这种印记会被保留一生。通常操刀划刺的人都是家族里的长辈或者其他身份尊贵的人，有的划在脸颊上，有的在额头上，有的在鼻子上，还有的在嘴唇周围，反正什么地方都有可能。至于线条，少则一条，多则四五条。根据豪萨人自己讲，这里面有很多讲究，不同的部落、家族，划法、数量、部位都不同，甚至男女也不一样。

豪萨人社会长期实行酋长制。历史上，大大小小的酋长曾是政治、经济和社会生活中的主宰；而在现代，酋长仍然在地方基层行政机构以及社会生活的方方面面具有相当大的影响。豪萨人的社会架构以封建制为基础，分有不同的阶层和等级，各阶层和等级设有相应的名头，如大、小酋长和部族首领，各酋部中的事务由上下协作，共同完成，书面文字为阿拉伯文字。无论是平民、酋长，还是部族首领都要遵守与其身份相应的礼仪规程和行事规范。

豪萨人以农业耕种和畜牧业为主。他们主要种植高粱、小米、黍、薯、棉花和花生，花生曾有大宗出口。他们的农业是集约式的，精耕细作，实行轮种。畜牧业方面，他们饲养马、牛、山羊、驴等牲畜。豪萨人以心灵手巧著称，手工业很发达，他们的手工制品畅销西非，雕刻、制陶、铸铁、制作银器、皮革、纺织、草编织物、染织以及刺绣在很早的时候就已经达到相当高的水平。商业贸易也很发达，12～13世纪，古城卡诺就是豪萨地区对外贸易的货物集散地，现在城镇上的定期集市很是兴旺。富裕的商人享有很高的社会地位，可与达官要人比肩。

根据年纪和性别，豪萨有严格的社会分工。很多豪萨男人都不止从事一个工作，在市镇和城市，他们有自己的本职工作，比如教师或公务员，同时还可能经商作为副业；而在农村，很多人在务农的同时还从事手工业，或者经商。

现在许多豪萨人已经在城市定居，主要是西非一些大的沿海城市。但大多数人仍然居住在城镇以及村庄，并且乡村人口占多数。一个家族包括几名男子以及数名家眷，共同生活在一所泥墙或篱笆围起的场地里，里面有若干间圆形屋顶的土房子。

亲上加亲的姻缘

豪萨人按父系续谱、居住和继承财产。婴儿在出生一周后有一个命名仪式，男孩在七岁左右行割礼。通常在十五岁以后就可以订婚了，婚姻实行一夫多妻制，根据伊斯兰习俗，一个男人最多可以娶四个妻子。他们尤其提倡表兄妹、堂兄妹之间的近亲结婚，认为这样是亲上加亲的好事。豪萨人的婚礼很热闹，可以持续好几天，双方家长在清真寺依据伊斯兰律例签署文书。依据伊斯兰习俗，已婚妇女平时须深居简出，除非不得已时才能外出，如就医或者参加重大仪式等。当她们走出家门时，一定得戴上面纱，把自己裹得密密实实的，只露出一双眼睛，并且要有

孩子们的陪伴。如果离婚，一般依照穆斯林律法办理。豪萨人的丧事也是依据伊斯兰教例办理的，死者被朝向东方埋葬——伊斯兰教"圣地"麦加的方向。通常妻子须为丈夫守丧三个月。

豪萨人的服饰也有着浓郁的民族风情，并且与他们的穆斯林身份紧密相关。男人通常穿着宽大的纯色长袍，在衣领上有精致华丽的刺绣图案，头上戴着各种颜色的无檐帽子，也有个别地区的人围着包头巾。女人的服饰更是鲜艳，戴着包头巾，围着披肩，看上去艳丽妩媚。

豪萨人的主食主要是各种谷物：大米、小米、玉米、高粱等，他们通常把这些粮食磨成粉末状，然后做成各种食物。他们的早餐一般是豆子磨碎做成的豆饼，用油煎一下，叫"kosai"；或者是白面做成的饼，同样用油煎一下，叫"funkaso"。这两种饼都可以用糖蘸着吃，并且搭配白粥。午饭和晚饭经常是比较浓稠的粥配一种炖菜，这种炖菜里面有荤有素，有点像我国东北的"乱炖"：牛肉或山羊肉（没有猪肉，豪萨人是虔诚的穆斯林），剁碎或者切成小块的西红柿、洋葱、菠菜、南瓜、秋葵菜，炖得软软的，最后洒上当地一种类似胡椒粉的调料叫"daddawa"，吃起来绵软美味。另外，豪萨人也喜欢吃花生和喝牛奶。

豪萨人庆祝伊斯兰教的节日，比如斋月的最后一天，以及先知穆罕默德的生日。在斋月快结束的时候，家家户户都会宰杀一只动物祭祀，一只公羊或公牛。人们还会与家人朋友一起庆祝，并且互赠礼物。

豪萨人的娱乐活动丰富多彩。和其他非洲部族一样，他们同样能歌善舞。很小的时候，孩子们就聚在一起跳舞。在田间劳作的时候，在仪式庆典的时候，在节日聚会的时候，他们都会载歌载舞，每个人都参与进来，气氛非常热烈。豪萨语的歌曲内容包括部落的历史、首领、杰出人物等。此外，还有很多其他的娱乐形式，比如讲故事和表演短剧。

当然，随着时代的进步，来自西方的娱乐形式也广受欢迎，尤其年轻人喜欢听西方音乐（如 Rap 和 Reggae）、看欧美电视剧。豪萨人也很热爱体育运动，摔跤和拳击都是传统的运动项目，节假日的时候会在竞技场或者市场举行比赛，音乐——尤其是鼓声会伴随始终，为比赛双方加油助威。足球是最受欢迎的运动，尤其在尼日利亚更被称为"国球"。

豪萨人通常比较安静和含蓄。和不熟悉的陌生人打交道时，他们不太会轻易流露自己的感情。他们还有一个风俗是，和别人交谈的时候，不要直接说出对方配偶和父母的名字，以示尊重。

久负盛名的卡诺古城

尼日利亚的历史古城"卡诺"是当今豪萨人最大的城市，更是豪萨古文明和贸易的发源地。豪萨人是卡诺城的绝对土著，他们在史前时代就在这里定居了。卡诺是一座久负盛名的古城，不只在尼日利亚，就是在西非乃至整个非洲大陆，只要提到卡诺，几乎是人人皆知的。

卡诺位于尼日利亚北部，地处撒哈拉沙漠的西南边缘，哈代贾河上游的高原上。这里过去是西非骆驼商队穿越撒哈拉沙漠同北非、东非进行贸易的交通要塞，素有"沙漠港口"之称，现在则是尼日利亚北部的工商业重镇、文化中心和交通枢纽。

公元11世纪前后，豪萨人在尼日利亚北部建立了七个著名的城邦王

卡诺古城的节庆景象

国，就是前文说到的"豪萨七邦"。卡诺城就是当时卡诺王国的首邑，是这七个城邦王国的典型代表。卡诺城到现在已经有2000多年的历史，是名副其实的历史名城。它的名字"卡诺"就是以当年率众建城、名垂青史的首领"卡诺"命名的。卡诺不同于非洲其他历史古城的地方在于，虽然经历漫长的岁月洗礼，但是它并没有因为受到战火或者自然灾害等原因而遭到毁坏。古城至今保存完好，在西非算是硕果仅存的了。

市区气候凉爽宜人，名胜古迹众多，花草树木争奇斗艳，每逢旱季时节，都有大批游客纷纷来此避暑、游览。豪萨族的传统建筑艺术非常优美，而且早在中世纪就已经非常发达了。在卡诺旧城区可以看到各种豪萨建筑，尤其是清真寺和宫殿：红色的泥土筑墙，高大坚实，墙面有精致复杂的浮雕装饰，内容是飞禽走兽或花卉人物，栩栩如生。房屋顶端的装饰部分，造型非常优美，就像中世纪的城堡一样，古香古色。房屋的门窗比较少，这样设计是为了抵挡来自北部沙漠的风沙。

三大语言之一的豪萨语

豪萨语其实不是任何一个非洲国家的官方语言，但它却是非洲三大语言之一（另外两个是北非的阿拉伯语和东非的斯瓦希里语），更是西非最被广泛应用的语言，使用人口达到6000万以上。豪萨语属于亚非语系（或称闪含语系，Semito-Hamitic Family）、乍得语族（Chadic Languages），是乍得语族中使用人口分布最广泛的语言。使用豪萨语的地区主要有尼日利亚北部和尼日尔南部。另外，一些邻近的西非、北非国家，以及撒哈拉商路和麦加朝圣的沿线地区也都使用豪萨语，比如喀麦隆、乍得、苏丹、贝宁、加纳、科特迪瓦、塞拉利昂等。豪萨语历来都是西非地区公认的商业交际语，通用于赤道以北的几内亚湾（Gulf of Guinea，非洲最大的海湾）沿岸各国。

19世纪初，豪萨圣战的领导人们就曾用豪萨语写过宣传圣战的诗歌"我们感谢光荣、威武、显赫、万能的主"和"战胜戈比尔国王雍法的凯歌"①。豪萨语自古就有丰富的民间文学传统，尤其一些民间故事，他们称之为"tatsunya"——类似我们说的寓言故事，其中的角色有动物也有人类，有英雄也有坏人。如"贪心的木匠"，告诫人们要勤劳致富，不要贪得无厌，否则会受到神的惩罚；"树比人有感情"告诫男人不要滥情、见一个爱一个（一个富商赶着七只驮着金币的骆驼，路上每遇见一位漂亮姑娘就送她金币表达爱慕之情，他一共遇见了七位姑娘，很快金币就花光了。当他向这些姑娘正式求婚的时候，没有一个愿意嫁给他。他失落地离开了，在路上看到的除了树还是树，不由感叹道，"这些树比人有感情"②）；"鹦鹉和它的女主人"劝导女人要恪守妇道（一个不甘寂寞的年轻女子，丈夫外出经商后红杏出墙。被丈夫知道后挨了一顿打，她不但没有悔过，反而迁怒于家里的鹦鹉，说是它告了密，就把鹦鹉弄死了。丈夫知道后把她赶出了家门，她伤心欲绝。幸好鹦鹉被真主安拉救活了，宽宏大量的鹦鹉劝她痛改前非，恪守妇道，并且设法帮她重新回到丈夫的身边，从此家庭美满③）。另外还有许多豪萨语的成语、谚语和谜语流传下来，如"自己的半截斧子也比借来的强"（强调自力更生，求人不如求己）④。

而且随着尼日利亚迁都到豪萨语地区的阿布贾，豪萨语的地位和作用将越来越突显。现在非洲有大量豪萨语的杂志、报纸和书籍，内容涉及广泛，如文学作品（小说、散文、诗歌、戏剧）、伊斯兰教的布道宣传、科学技术，甚至学术论文等。在尼日利亚北部的小学使用豪萨语授课，并且那里的大学有专门研究豪萨语的课程。豪萨语的广播和电视在尼日利亚北部和尼日尔也是随处可见。2013年，中国电视连续剧《北京爱情故事》的豪萨语版曾在尼日利亚国家电视台豪萨语频道热播。这部电视剧是由中国国际广播电台豪萨语部翻译，由尼日利亚和中方人员共同配音的，在尼日利亚播出后反响强烈，中国青年人的情感与奋斗经历成为豪萨观众热烈讨论的话题。

---

① 《非洲黑人文明》，艾周昌，舒运国，福建教育出版社，2008。
② 《非洲民间故事》，转引自《非洲黑人文明》，艾周昌，舒运国，福建教育出版社，2008。
③ 《非洲民间故事》，转引自《非洲黑人文明》，艾周昌，舒运国，福建教育出版社，2008。
④ 《非洲黑人文明》，艾周昌，舒运国，福建教育出版社，2008。

豪萨语有很多种方言，但是彼此之间差异不大，其中以卡诺方言为标准语言。15世纪开始使用阿拉伯字母书写自己的语言，并编撰了几本豪萨语的本族历史，其中流传最广的要数《卡诺编年史》了。19世纪末以后则逐渐改用拉丁字母。20世纪初，经过若干次改革，演变为目前使用的文字，共26个字母。由于豪萨人早在11世纪就通过撒哈拉沙漠之路与阿拉伯国家进行贸易，并且90%以上的豪萨人都是穆斯林，因此，豪萨语深受伊斯兰教和阿拉伯文化的影响，约有四分之一的词语都来自阿拉伯语，尤其宗教、行政、法律、教育和技术方面的词汇。而在使用拉丁字母书写后，又借用了大量英语词汇。

由于豪萨语在非洲的广泛应用，在中国，早在1964年就在北京外国语大学亚非系有了豪萨语专业，这是我国设立最早的、也是我国培养豪萨语人才的唯一机构。

结　语

悠久的历史，灿烂的文明，发达的手工业和贸易，广泛使用的豪萨语……这一切都决定了豪萨文化在非洲尤其是西非影响的举足轻重，它的渗透是方方面面的，深刻影响了西非（尤其是尼日利亚和尼日尔两国）的历史、政治、商业、建筑、语言和艺术等。

西非谚语

Speak softly and carry a big stick；*you will go far.*
讲话有礼貌，但也带上一根结实的棍子；这样你才会走得很远。
（害人之心不可有，防人之心不可无。）

六、辛巴人（Himba）

——"世界末端"的红泥人

辛巴女子爱美是出了名的，并且很会打扮自己，西方时尚界就曾评选辛巴人为服饰最有特色的民族之一。她们常年袒露上身，以露乳为美，腰围皮质短裙；她们全身上下挂着琳琅满目的装饰品，而这些饰品都是她们自己精心制作的。

在西南非洲的纳米比亚北部山区奥普瓦（Opuwa）小镇和安哥拉的库内内河流域（Cunene River）生活着一个别具特色的古老部族——辛巴。它至今仍然保留了最初的社会形态，充满原始的生命活力。奥普瓦在辛巴语里的意思是"世界的末端"（The End）。这个独特的部族生活在偏远山区，远离现代文明，其独一无二的原生态面貌令人震撼。辛巴人近年来日益受到全世界的广泛关注，每年吸引着来自世界各地的游客前来他们的居住地探秘。

独具风情的红泥女子

由于常年日照强烈，加上气候干燥，辛巴女子常年赤裸上身。然而令人称奇的是，她们全身上下的皮肤却是红色的，并且非常富有光泽，在阳光下更显得格外耀眼，这到底是怎么一回事呢？

原来辛巴女子素有"红泥人"之称，她们喜欢把一种红色的"颜料"涂抹在全身的皮肤上，这种"颜料"的红色和着皮肤的黑色，会呈现出

制作红泥护肤品

暗红的效果，有人把这种特有的红色称为"辛巴红"。就连辛巴女子的头发也被这种厚厚的"红泥"裹着，原本她们的头发被编成一绺一绺的小细辫子，而上面涂满了层层"红泥"之后，便立刻粗了许多。这种特殊的"化妆品"是怎么制成的呢？其实很简单，它的原料采自纳米比亚山区的一种红赭石，把石头磨碎成细粉，然后加入牛油或羊油、水和香草，最后搅拌成为这种特殊的"乳液"。这种混合物涂在皮肤上能保持一周不褪色，既是装饰的色彩，又是护肤品兼护发品。辛巴女子会不断地涂抹这种"红泥"，天长日久，她们的皮肤便成为这种黝黑中透着赤红的颜色。

其实辛巴女子涂抹"红泥"是有多重原因的。首先，她们居住的地区全年大部分时间都是艳阳高照，她们以此保护皮肤，抵御高温烈日的暴晒。其次，沙漠地区昼夜温差很大，尤其冬天夜里气温很低，而红泥可以封闭毛孔，起到神奇的保暖作用。三是非洲气候炎热，身上涂一层"红泥"可以防止蚊虫叮咬。四是为了节约当地宝贵的水资源，代替洗澡。在干旱的戈壁里，水资源严重匮乏，迫于生存条件辛巴人没有洗浴的习惯。而通过擦"红泥"这种"无水洗浴"的方式，可以除去身体表面的污物，达到清洁的目的。最后，这种神奇的"护肤品"还可以保持皮肤的水分，防止皱纹生长！所以辛巴女子的皮肤都出奇得好，细腻光滑，不见皱纹，很难辨别她们的年龄。要说明的是，只有女人才涂抹"红泥"，男人还是保持着他们本来的肤色。

辛巴女子爱美是出了名的，并且很会打扮自己，西方时尚界就曾评选辛巴人的服饰为最有特色的民族服饰之一。她们常年袒露上身，以露乳为美，腰围皮质短裙；她们全身上下挂着琳琅满目的装饰品，而这些饰品都是她们自己精心制作的。通常一个辛巴女子的典型装扮是，头顶整张羊羔皮做的头冠，脖子和胸前层层叠叠挂着黄铜、皮革或骨制的项圈，手腕和脚腕同样是数圈金属饰物。并且辛巴女子没有穿鞋的习惯。

辛巴女子在第一次例假之后就可以出嫁了。不同年龄段、不同身份的女子，发型有很大区别。未满17岁的女孩只能梳两条小辫，并且垂在脸前；17岁以后才能把头发扎在两边，梳多条辫子；订婚以后则开始把头发盘起来往后梳，垂下一根根发辫，头顶则佩戴用动物皮毛做成的头饰。

辛巴女子裸露上身，毫无忌讳，但我们感受到的是她们身体的健康之美和自然之美，任何人都不会心生邪念，有的只是尊重、欣赏，以及对她们发自内心的赞美。

哪里有水，哪里就有他们

辛巴人最早在安哥拉高原上游牧，16世纪时被比他们更强大的部族驱赶，迁徙至纳米比亚北部山区，此后便世代居住在那里。他们曾经是非洲最富庶强大的游牧民族之一，但是在160年前左右，原本团结一致的辛巴部族突然四分五裂，其中的原因至今还是个谜。辛巴人曾饱受重重苦难——19世纪80年代，纳米比亚受到干旱和战争的双重侵袭，他们的生活因此受到严重打击。牛群是辛巴人最大的财富，而这段期间却有90%的牛不幸丧命。在艰难严峻的形势下，一些家庭被迫远走安哥拉寻求出路，而一些缺乏其他谋生手段的男人则不得不加入南非军队，与当时寻求纳米比亚独立的本土游击队作战。

辛巴人自古就是刻苦耐劳的半游牧民族，牛、马和毛驴是游牧的主

非洲部族 文化纵览（第一辑）

天地之间的红泥人

要工具，因为他们深处半干旱的沙漠灌木丛地带，自然条件恶劣，无法耕种粮食。历史上当居住地缺少水源和饲草的时候，他们就会迁徙到别处——有的部落两年才迁徙一次，而多的一年就在纳米比亚和安哥拉两国之间迁徙三四次。对他们来说没有国别之分，哪里有水、哪里有草就游牧到哪儿，就把家搬到哪儿。如果没有这种坚韧耐劳的精神，辛巴人是很难在这样干旱严重、雨水稀少的不毛之地生存下来的，更何况他们还曾经依靠放牧牛羊、种植作物、交换玉米而一时繁荣强盛过。由于一些辛巴部落常常迁徙，导致有些出远门比较久的人，回来时常常找不到自己的家。现在大部分辛巴部落已经定居下来，但仍然主要以畜牧业为生。

辛巴人居住在几乎与外界隔绝的戈壁山区，可能正是因为这种地理上的天然偏远，使他们很少受到外部世界的影响，所以除了脱离了母系氏族社会，那里基本上仍旧保留着他们的原始生活形态——即使在非洲大陆被全面统治的殖民时期。辛巴人的居住地交通不便，人烟稀少，自然条件十分恶劣，他们的人口逐年下降：20世纪80年代还有20多万人口，到21世纪初骤减到不足5万人，而到2010年则不足2万人了。纳米比亚政府也曾经计划改善辛巴人的生活条件，给他们盖房子，鼓励他们搬到附近的市镇上，过现代人的生活。然而倔强的辛巴人宁愿沿袭千百年来的部落生活传统，拒绝搬迁。无奈的纳米比亚政府只能尊重他们的生活方式，不再加以干涉。

妇女能顶半边天

从纳米比亚首都温得和克（Windhoek）到西北省省会奥普沃市（Opuwo）有1000多公里，开车需要近10个钟头。"奥普沃"，在辛巴土语中是"世界末端"的意思，或许应该感谢这道"世界末端"的天然屏障，让辛巴成为非洲硕果仅存的、保持原始生活形态的部族。辛巴人就生活在奥普沃周边，即纳米比亚西北部与安哥拉交界的地区。和纳米比亚其他地区一马平川的景观不同，这里分布着连绵起伏的低矮丘陵。辛巴人的村落分布范围很广，零零散散地点缀在方圆1万多平方公里的土地上。

辛巴人的村落一般建在远离人群的地方，通常一个大家族结成一个部落，一个部落就是一个村庄。用枝条做篱笆，将村落圈在一个圆形的区域内。村落最中间是牲口栏，再往外散落着一些小屋。另外，游客还会发现一些更小的、土黄色的、凌空架起的土屋，这是用来做什么的呢？原来它们是辛巴人的粮仓，里面储藏着玉米粒——他们的主食。

辛巴人没有统一的图腾，他们的崇拜对象是祖先和火。族长是最高首领，具有绝对权威，长者说话也很有分量。由于辛巴人的生存环境极其恶劣，物资严重匮乏，族群之内必须实行"平均分配"制度。他们相互之间平等相待，和睦相处。无论是谁，一有好东西都会无私地拿出来与大家一起分享——虽然上天并没有厚待他们，生活也是那么的艰苦，

六 辛巴人（Himba）——"世界末端"的红泥人

但大家互相关心，却也其乐融融。同时，辛巴人与世隔绝的地理环境也让他们更容易满足现状，对生活没有太高的要求。

辛巴人有自己的传统、习俗和语言。他们主要以放牧牛羊、种植农作物为生，生产和生活方式都极为原始、简单，至今依然沿用原始的劳作工具和生活用品。毛驴是辛巴人常用的交通工具，可以拉人也可以拉货。在这里男女分工非常明确。一般来说，放牧是辛巴男人的主要工作，白天男人和年长的孩子将牛羊放到户外吃草，晚上再将它们赶回家挤奶。女人则留守村庄，承担绝大多数的田间农活、操持家务（挑水、挤牛奶、采摘野果）、照顾小孩等。辛巴妇女非常能干，是里里外外的一把手，甚至一些强度较大的体力劳动也由她们来做，比如建造房屋！而随着时代的发展，现在也有一些辛巴男人们开始外出到城里打工挣钱了，所以如果你到村子里拜访，看到的大多是留守的妇女、儿童和老人。

可乐树与芬达树

有一些生活中的点点滴滴，了解一下也是饶有趣味的：辛巴人聚居的地方通常常年阳光普照，所以无论男女，一般都是赤裸上身。并且由于生活环境缺少水源，十分干旱，卫生条件恶劣，所以他们没有洗浴的习惯。

玉米是辛巴人的主食，可以做成玉米糊和玉米饼。用石头磨玉米粉是女人们每天要做的主要事情。她们煮饭的方式十分原始，一般是在院子里挖一个坑，生一堆火，然后把原料放进锅里，加水或蒸或煮。其中不放任何调料——甚至我们认为最基本的油、盐，因为没有任何佐料，吃起来没有什么味道。

辛巴人和其他非洲黑人一样，能歌善舞，是天生的艺术家。他们的舞蹈原始而又欢快，拍拍手、跺跺脚、扭扭腰，人人都节奏感十足。他们有一种特别的"围牛舞"，是模仿当掠夺者侵入人群或者袭击兽群时盛气凌人的模样，跳起来气势十足。这种舞蹈是仪式上用来祈福的，通常只有在丰收的时候才会跳。

在你和辛巴男人讲话的时候，会发现他们普遍都缺少两颗下门牙，这正是辛巴男人的特征。一般在少年时两颗下门牙要被拔掉，有一种说法是因为只有这样才能正确地发出地道的辛巴语。

辛巴人喜欢取树干里的汁液来喝，其中一种树的汁液味道酷似可乐，另外一种的味道则酷似芬达！所以，现在这两种树都有了崭新而时尚的名字："可乐树"和"芬达树"——现代文明已经悄无声息地侵入了这个"世界末端"的古老部族。

有一些辛巴人，已经离开了村庄，放弃世世代代的游牧生活，搬到附近的市镇；甚至有些人在1000多公里之外的首都温得和克求学、打工。这些住在城里的辛巴人，逐渐发生点点滴滴的变化，比如说，虽然妇女们还半裸上身，用红泥涂抹头发和身体，但是腰间已经围起了花布，而不再是皮制短裙了。

辛巴人的房屋原始而又简朴。大多是用树枝和掺有牛粪的泥巴搭建而成。狭小的房屋一般是圆形的，屋顶涂上一层泥，再覆盖以厚厚的茅草。为了防止房屋倒塌，屋内大都会竖起粗壮的木桩以支撑房顶。房檐和房门都很低矮，进屋的时候需要弯一下腰，屋里的面积很小，一般只有几平方米左右，即使在白天也比较昏暗。屋内家徒四壁，没有基本的家具，地上铺的一张牛皮，是他们吃饭、睡觉和停留的地方，此外有一些瓦罐、木瓢等简单的日常生活用品。由于辛巴妇女从头到脚都涂满厚厚的"红泥"，所以屋子的里里外外，墙上、门框上乃至每一件物品上都染上一层红色。

没有电，没有自来水，没有煤气，更没有网络。一条毯子，一碗玉米粥，还有新鲜的空气，以及头顶这片蓝天，这就是他们拥有的全部。辛巴人就是在这样简单的环境中，快乐地生活着。物质是匮乏的，心灵却是满足的！

兄死弟及：奇特的婚姻关系

辛巴和非洲其他部族一样，实行一夫多妻制。在这里，娶妻是很容易的事，并不需要准备很多礼金——只要有足够的牲畜（牛或羊），据说

其乐融融的一家人。

三头牛就可以娶一个妻子，但必须是一头公牛和两头母牛。每个妻子和她的孩子们住在一座篱笆房里，这样非常好判别一个辛巴男人有多少个妻子——数一下有多少座篱笆房就好了。妻子们之间关系融洽，大家都和睦相处，共同分担劳动和分享食物，像中国古代那样明争暗斗、争风吃醋的现象很少发生。当然在众多妻子之中，大老婆的地位依旧是毋庸置疑的，她一般是大管家，并且通常由男人的父亲选定，男人没有权利拒绝，当然，其他妻子男人可以自己选。通常每家每户院子里都有一颗神树，只有大老婆的篱笆房才能正面朝向它。男人的房屋右边是大老婆的住所，左边小屋住的是第二个妻子，第三个妻子又排在第一个妻子的右边，第四个妻子排在第二个妻子的左边，以此类推。家族中如果有兄弟去世，那么其他兄弟们就可以继承他的一切财产，包括兄弟的妻室儿女。当然，如果丧夫的妻子们中有人不愿意，那其他的兄弟们不能强求，但是必须承担起照顾这位妻子的责任，不然，在辛巴人眼中就是大逆不道的。

因为遗传基因和当地水质等因素，很多辛巴男孩在15岁之前就不幸夭折了。这导致大多数辛巴部落的性别比例都严重失衡。因此为了保证人口繁衍，每个辛巴男人娶多个妻子是他们应尽的义务。即使这样，辛巴的人口总量仍然在逐年下降——20世纪80年代还有20多万，而现在已经不足2万了！另外，男女关系随意导致的另外一个现象是，没有结婚的辛巴女子也可以有情人和生孩子，只是这样婚前的孩子，归属于她父亲的家庭，由他们来抚养成人。由于一夫多妻的关系，一个辛巴家庭的人口总数是很庞大的，大人十来个，小孩一大堆。村子里一大特征是房子多、妇女多、儿童多，女人们一有空就坐在凉棚下聊天、晒太阳、互相编织发辫、涂抹红泥，场景轻松而又惬意。有这么多能干的妻子们，男人可就清闲多了，除了放放牛羊、打打猎之外，平时无所事事，大多聚在一起闲聊，或者干脆结伴到镇子上去玩。

穷人的孩子早当家。辛巴人的孩子，很小的时候就开始帮助家里干活，主要任务之一是放牧牛羊。孩子越多，放牧的牛羊越多，就意味着能创造出更多的财富。进入村子里，三五成群的小孩子们大都赤身裸体，稍微大一些的孩子腰间系着一块用红泥浸过的遮羞布。有的身上呈现出棕红色，显然是涂了红泥；有的则是普通的黑褐色。辛巴人的发型很有特色，很多小孩头顶上都梳着一绺粗粗的辫子。当你很难区分男孩和女孩的时候，看发型就是最简单的办法：男孩的辫子往后梳，女孩的辫子往前梳，在额前形成牛角一般的发辫。在辛巴的孩子里，男女比例相差倒不远，甚至在一些村子里，男孩还略多于女孩。

而成年辛巴男子满头留发的是已婚，头部只留一撮头发的则是未婚。辛巴人身材修长，嘴唇也没那么突翻，与非洲其他黑人的长相略有不同。

虽然辛巴人的男女关系很随意，不过当他们决定结婚的时候，就变成了一件郑重的大事。男方家要给女方家以牛作为聘礼，对牛的要求很高，一定要黑色的，并且高大威猛，最好牛尾能够触碰到地面。如果女方家里不满意牛的外形，这门亲事甚至有可能告吹。

当女孩出嫁时，母亲会将自己做新娘时佩戴的皮革头饰郑重地交给女儿，这是代代相传的纪念。在结婚仪式上，这个头饰会放下来遮住新

娘的脸。婚礼的前一天，女方家会举行一个盛大的舞会，在家族中最年长的妇女带领下，族人们伴着节拍唱歌、跳舞，为新娘祝福，场面十分热烈。当新娘被接到男方家后，人们会用奶油涂抹在新娘的手上、胸前和服饰上，表示她已正式成为家庭的新成员。

探访辛巴村落

古老的辛巴部族以其独特的风情吸引着世界各国的游客，那么在拜访辛巴村庄时，在与辛巴人交流时，有哪些注意事项呢？

事先找好一个懂英语的辛巴向导是很重要的，因为首先，辛巴人的村庄分布比较零散，没有当地的本族向导很难找到他们的居住地；另外，游客进村必须经过村民们的同意，所以有了这个向导一切会顺利得多；最后一点毋庸置疑，在辛巴向导的协助下，进村后的交流也会方便许多，可以省去很多麻烦。

进村前最好先买一些礼物，主要是辛巴人的生活必需品，比如主食：

街头的红泥女子

玉米粉、大米、面粉、面包，以及牛奶、奶油、茶叶，乃至火柴、鼻烟、糖果、各种香料等。并且进村前还要了解他们有哪些礼节，哪些禁忌。进入村子后，一定要入乡随俗，尊重他们的风俗习惯。不要随意四处走动，也不要拿起相机就到处拍照，而要事先征求族长的意见，哪里可以参观，哪里可以拍照，如果没有得到允许是不能进入他们的房屋的。和辛巴人打招呼的时候要握右手，但和我们平时的握手方式又不太一样，握手时只有手指部分相互接触，轻轻捏一下就行了，不要太用力。同时要说："摩罗！"（辛巴语，意为"你好！"）

辛巴人是非洲这片土地上最羞涩的人种之一，不太爱和外人交流。但他们都是很友善的，对外人的到来充满好奇，再送给他们一些生活用品就更高兴了，他们的笑容羞涩，眼神干净而纯粹。孩子们则活跃调皮得多，人来疯似的到处跑来跑去，还争着在镜头前面做鬼脸。在物质没有那么丰富的时候，是不是反而少去很多烦恼和纷争？

最后的历史见证

随着时代车轮的滚滚向前，现代文明的脚步也越来越迅速地逼近辛巴人的最后领地，一直坚守传统的古老部族正遭受前所未有的冲击——悠久的辛巴文化正以每年10%～20%的速度消亡。另外一个不幸的消息是，由于种种原因迅速下降的人口数量，让延续上千年的辛巴文明有可能后继乏人，大量非物质遗产即将失传，这种局面着实令人担忧！一个不可避免的现象是，在现代文明的冲击下，有些年轻人受了教育或者外出打工走出了部落，很有可能会被外面的世界吸引，融入现代社会以后，就不再回来了，也会放弃许多原有的风俗习惯和生活方式。有专家预言，也许在未来十几年内，真正意义上的辛巴人以及他们所传承的古老文化会被现代文明湮没，从而永远地消失在这个星球上！值得庆幸的是，至少现在我们还有机会去和他们近距离接触，就让我们珍惜这最后的历史见证吧！

非洲谚语

One who plants grapes by the road side, and one who marries a pretty woman, share the same problem.

把葡萄栽种在路边，把一个漂亮老婆娶回家——他们将面临一样的烦恼。

七、基库尤人（Kikuyu）

——人才辈出的东非部族

时至今日，基库尤人仍然有很多迷信思想，比如说，一些基库尤人忌讳摔跤，他们认为摔跤会招来恶鬼附身；他们不喜欢数字"10"，认为"10"不吉利。因此，虽然基库尤人传说始祖基库尤养育了九个女儿，但他实际上有十个女儿。为了避免这个数字，基库尤人会用"满9"（full nine）来代替数字"10"。

基库尤族是东非一个颇具影响的部族。根据《大英百科全书》提供的数据，基库尤人的总数在20世纪末就已经达到440万。基库尤族是肯尼亚第一大部族，约占肯国总人口的五分之一，而且他们的人数仍在迅速增长。另据约书亚计划（Joshua Project）[1]提供的统计数字：基库尤族现有人口总数为894万，其中883万在肯尼亚生活。

基库尤人的生活范围遍及肯尼亚全境。不过，他们主要生活在肯尼亚的中央省和肯尼亚山以南地区。生活在乌干达和坦桑尼亚两国的基库尤人，也正在所在国的社会生活和经济发展中扮演越来越重要的角色。被称作"基库尤家园"的中央省主要由一系列山脊和山谷构成，南临首都内罗毕，北接圣山基里尼亚加山（Kirinyaga），西边是东非大裂谷（East African Great Rift Valley）和阿伯德尔山脉（Aberdare Range），东边是姆毕尔平原（Mebeere）。基库尤族和恩布族（Embu）、梅鲁族（Meru）以及坎巴族（Kamba）等部族比邻而居，交往频繁，关系密切。肯尼亚山对

---

[1] 约书亚计划是一个宗教组织，为了给基督教的传教任务提供数据支持，并且向非基督徒传教，最终使他们皈依基督教，该计划不断更新有关世界各国少数民族的相关数据。

基库尤农庄

于生活在其周围的所有部族而言都意义非凡。

由于基库尤族生活区域紧邻肯尼亚首都内罗毕，几乎全部处在白人高地包围之中，所以，和许多其他部族相比，它受英国殖民统治（19世纪末至1963年）的冲击和影响更大。

原始宗教与基督教共存

当代的基库尤人主要信奉两种宗教：传统宗教和基督教。传统宗教对他们生活的方方面面的影响根深蒂固。基督教则在本土化的过程中吸收了传统宗教的文化元素，与传统宗教融为一体。

基库尤人的传统宗教主要包括两部分内容：至高神崇拜和祖先崇拜。

他们信奉万能的造物主恩迦（Engai 或者 Ngai）以及祖先亡灵。"恩迦"的意思就是"独一无二的创世主"。基库尤人认为，恩迦是创造宇宙万物的神；他通常住在天空中，而当云雾缭绕的时候，他就住在圣山基里尼亚加山的山顶上。圣山就是肯尼亚山。"肯尼亚"一词源于坎巴部族。很久以前，基库尤人和坎巴人分别把肯尼亚山叫做"Mountain Kirinyaga"和"Kiinyaa"。最早到来的外国传教士首先接触到了坎巴人，因为学不会"Kiinyaa"一词的发音，他们就称这座山为"Kenya"（Kinya）。坎巴人认为：恩迦住在一个秘密的藏身之所。而马赛人则这样解释三个部族的起源：

恩迦用一棵树创造出人类，这棵树分裂成三块，这三部分逐渐演变成三个部落。他分别赐予三个部落的第一个男子一件礼物：马赛男子得到一根棍子，基库尤男子得到一把锄头，而坎巴男子则得到一张弓。因此，马赛人用棍子放牧牛羊，基库尤人用锄头犁地，坎巴人用弓箭捕猎，三个部族的子孙都在野外长大。在基库尤人心目中，恩迦创造了天地万物，他全知全能，无时无处不在，向人们表达他的同情、怜悯和善意，同时保佑他们，给予他们恩惠。也有人说：基库尤人信奉的至高神是木隆古（Murungu），认为他创造了宇宙万物，他借助太阳、月亮、星辰、狂风、暴雨和彩虹等自然现象来彰显自己的力量。所有信众都在早晨和傍晚向木隆古祈祷。[①]

和上帝造人的故事很相似，基库尤人认为：主神恩迦将他们的始祖基库尤带到了基里尼亚加山，让他在山上安家，并且赐给他一位名叫孟比（Mumbi）的女人做妻子，两人一共养育了九个女儿。女儿们渐渐长大成人，结婚生子，各自建立起自己的小家庭。这些小家庭不断发展壮大，逐渐形成了基库尤人的九个（一说十个）氏族。时至今日，基库尤人仍然有很多迷信思想，比如说，一些基库尤人忌讳摔跤，他们认为摔跤会招来恶鬼附身；他们不喜欢数字"10"，认为"10"不吉利。因此，虽然基库尤人传说始祖基库尤养育了九个女儿，但他实际上有十个女儿。为了避免这个数字，基库尤人会用"满九"（full nine）来代替数字"十"。

伴随着欧洲人的殖民统治和文化入侵，基督教在肯尼亚日渐盛行，许多基库尤人放弃了传统宗教，转而信奉基督教。对于一个基库尤人而言，信奉耶稣是一件人生大事。信基督教的基库尤人在赞美上帝或忏悔时，会用"恩迦"这个词来代表"上帝"。比如说："Ni Ngai arogocwo"（上帝保佑你）就是他们经常挂在嘴边的一句祝福语。

奋起抗击殖民者

基库尤族有着悠久的历史。他们是班图族的一支，其体质特征属尼

[①]《非洲黑人文明》，艾周昌，舒运国，P.211。

格罗人种。公元13～17世纪，继班图人从西非向东大迁徙以后，基库尤人的祖先在非洲东部定居下来，但是对于定居的具体时间和地点，专家有不同看法。有些认为，他们是从今天基库尤人居住区的北边和东边迁移过来的；另一些则认为，基库尤人和其他东部班图人，从更南边的地方一起迁移到肯尼亚山附近。后来，他们在这个地区又经历了几次迁徙和再迁徙浪潮，在此过程中，基库尤部族不断发展壮大。今天的基库尤社会大约在19世纪已经初见雏形，周围的一些其他族群也加入了基库尤部族。一个重要的历史事件是：在19世纪初期，生活在马斯拉（Mathira）以及坦图（Tetu）地区的基库尤居民与马赛人和生活在阿斯（Athi）地区的居民联手，打败了坎巴人。

在基库尤人不断定居的过程中，传教士的到来使得他们开始接触到外部世界。基库尤人居住在肯尼亚山周围。大约在1850年到1900年间，一部分基库尤人又在卡波特（Kabete）和鲁伊鲁（Ruiru）定居下来，这两个镇子和内罗毕都相距不远。

从19世纪末开始，肯尼亚受到英国人的殖民统治。1921年，基库尤地区出现了反对殖民统治的组织。在20世纪50年代爆发了肯尼亚人民抗击英国殖民者的武装斗争——茅茅运动（Mau Mau Uprising，又称"茂茂叛乱"或者"肯尼亚危机"）。参与武装斗争的一方以基库尤人为主，因为英国殖民主义对他们的负面影响最深。与之对抗的是英军与肯尼亚当地的亲英武装。大规模起义于1952年爆发，英国总督当年10月宣布进入"紧急状态"，搜捕"茅茅"战士和其他独立运动人士。超过100万农民参加"茅茅"宣誓，组建游击队抵抗殖民当局，起义持续4年，数万名起义者被杀害，约15万人被关进集中营。1960年1月，殖民当局被迫结束"紧急状态"。1963年5月，肯尼亚第一次举行大选。肯尼亚非洲民族联盟获胜并组阁,同年12月12日肯尼亚宣布独立。2011年4月7日，四名茅茅起义的幸存者在英国伦敦法院对英国政府提起诉讼。同年，英国伦敦高等法院宣判：茅茅起义当事人的诉讼合法。英国外交大臣黑格宣布，英国将向5228名受害者赔偿1400万英镑；英国政府还将出资在肯尼亚首都内罗毕建一个永久的"茅茅起义"纪念碑。英国广播公司（BBC）和《卫报》2013年5月6日报道：英国政府当天宣布，向上世纪50年代肯尼亚"茅茅"起义中的受害者道歉并赔偿。多数肯尼亚人和历史学家都认为，如果没有"茅茅"起义，肯尼亚不可能在1963年底取得独立。

亦农亦商勤致富

基库尤家庭中，男孩和女孩从小就开始干活，但是各有分工：女孩负责种庄稼，照顾年幼的弟弟妹妹，帮妈妈做家务活；男孩通常负责饲养牲畜。

由于所在地区土地肥沃，气候宜人，基库尤人多从事农牧业生产。长久以来，他们使用锄头对农田进行精耕细作，种植小米、豌豆、豆角、高粱和红薯等农作物。还有一些基库尤人为了提高产量，进行农田灌溉，或者修筑梯田。

基库尤人还养殖牛群、绵羊和山羊。但是，养殖动物的主要目的是为了满足家庭需要，并不是为了增加收入。牛皮被用来制造床上用品、背带和凉鞋。山羊和绵羊被宰杀后充当祭品，用来净化灵魂。养蜂业和编织业也很普遍。当地人尤其重视种植蓖麻，他们不但把蓖麻籽加工提炼成蓖麻油，而且用蓖麻油做工艺染料；天冷时，有人还把蓖麻油与土混

地头劳作的基库尤人

合成浆涂在身上御寒。此外，锻铁业和制陶业在19世纪时就已经兴起，基库尤工匠铸造的长矛和剑受到马赛人的普遍欢迎。有专门从事锻铁业的家族，他们的技艺世代秘传。

基库尤人很早就开始从事贸易活动。早在英国人对肯尼亚进行殖民统治以前，他们就和邻近的马赛人和坎巴人有了贸易往来，比如说，他们用农产品、烟草和蜂蜜换来马赛人的牲畜。在人口分散的地区，他们开办一些定期集市，市场上熙熙攘攘，非常热闹。人们可以买到粮食、陶器、铁器和草席等物品。串珠起着货币的作用，不过贸易的主要形式还是以物易物。从19世纪起，基库尤人同阿拉伯人，后来又同欧洲人有了相当频繁的贸易往来。连接印度洋沿岸地区与维多利亚湖的商路贯穿了基库尤人的整个生活区域。在现代社会，部分基库尤农民开始种植咖啡、甘蔗、棉花、烟草、除虫菊等经济作物。虽然，边远地区的基库尤人仍然过着半农半牧的生活，但是在城市中，富裕的基库尤家庭的生活方式已经日渐西化。

传统上，基库尤人主要从事农业生产，他们诚实勤勉，值得信赖。近年已有不少人半农半商，或者弃农经商，他们经常外出，甚至背井离乡，在远离家乡的地方定居下来。基库尤人善于理财，往往能同时打理好多种生意。他们渴求知识，认为每个孩子都应该接受完整的教育。基库尤族勤劳、能干而且渴望得到财富，他们对土地有着深深的眷恋之情。

神圣的无花果树

按照传统宗教的做法，基库尤人通常选择一个地势高的地方，在一棵无花果树下举行祭祀仪式。他们认为：献祭是将祖先亡灵与活人联系起来的最有效途径。即便时至今日，无花果树依然被视为"神树"，人们在它周围设置祭坛、摆放供品，对它顶礼膜拜，任何人不得砍伐，所以，它们的树龄通常都有好几百年。在肯尼亚的官方报道中，人们经常能够看到有关无花果树的报道。从"肯尼亚长者为尼耶里镇的无花果树举行仪式"① 这则新闻就可以看出该树在肯尼亚人心目中的重要地位。有趣的是，2013年2月，在肯尼亚山附近，一棵巨大的无花果树轰然倒下，根据传统，基库尤长老们预言：好事将近，不仅对于基库尤人来说是好事，对肯尼亚全国而言都是好事。他们认为这预示着时任副总理乌胡鲁·肯雅塔（Uhuru Kenyatta）将会赢得2013年总统大选。正如长老们预测的那样，他在2013年3月4日赢得肯尼亚大选，成为肯国第四位总统。2013年6月23日，基库尤族长老们宰杀了一只公羊，为被国际刑事法庭起诉的肯尼亚总统乌胡鲁·肯雅塔和副总统威廉·卢托（William Ruto）②祈祷。由此可见，尽管大部分基库尤人已经信奉基督教，但是传统文化和宗教信仰已经深深植根于他们的家庭和社会生活当中，对年长者来说尤其如此。

经久不衰的成年礼

基库尤人的传统社会结构已大为削弱，虽然在农村依然保留着部落组织，但是单个家族已成为了传统社会的最基本单位。一般采取父系继承制和一夫多妻制，流行兄终弟及的习俗。男女均行割礼，男子有年龄等级组织。

在很多非洲部族中，成年仪式的最重要内容就是对处于青春期的男孩和女孩施行割礼，基库尤人也不例外。割礼标志着他们由孩童进入成人阶段，男孩子经过割礼后便成为武士，可以参加青年武士会。一定年头以后，他们就升入长老等级，可以参与管理本部族一切事务。到了老年的时候，这些人就把权利交给下一代。至今在基库尤人聚居的地区还保留着这种制度。成年礼上除了进行割礼和性教育以外，还有民间歌舞表演。

---

① Kenya：Elders Hold Ritual for Nyeri's Mugumo Tree The Star，2013.7.1.
② 在2007年的选举中，卢托和肯雅塔是竞争对手，两人都有伤害对方支持者的嫌疑。此后，他们达成和解，并联手在2013年3月的总统大选中获胜。肯雅塔否认"反人类罪"的罪名，虽然审判一拖再拖，但是到目前为止，法院还没有撤销对他的指控。

对于割礼的来源存在着不同的说法，其中有两种较为普遍。一种说法是：在远古的蒙昧时代，非洲各部落只考虑如何繁衍后代，以增强部落的实力，而割礼被普遍认为能最有效地提高男女生殖能力；另一种说法是，由于各部落之间战争频繁，男子经常远征。人们认为受过割礼的妇女能更有效地保持自身的贞操，从而避免出轨行为，这样远征的丈夫才能放心。此外，在非洲的许多部族中还流传着一种古老的观念，即每个人都有两个灵魂：一个呈阳性，另一个呈阴性。男人的阴性灵魂附在他的包皮上，女人的阳性灵魂附在她的阴蒂上，这些多余的东西被认为是丑陋的、邪恶的，必须割除掉。只有经过割礼仪式，一个人才成为真正的男人或女人，才会具有旺盛的生殖力。

在割礼盛行的地区，人们把割礼视作一生中的头等大事。男女青年只有接受割礼以后，才会被视作部族的正式成员，否则，他们会被看做"不干净、不道德的人"，因而受到舆论的谴责和社会的歧视。

基督教的传教士们则认为：成年仪式，尤其是割礼，非常残忍，不人道。但批评和攻击这些仪式无疑是在攻击非洲人生活的核心意义，因此，非洲人对此反应强烈。他们认为男女的成年仪式在自己的社会生活中具有深远意义，禁止或者废除这些习俗会减低人们心理、社会和宗教上的安全感。1929年，一支名为《穆蒂里古》的舞蹈歌曲讽刺了反对女子割礼的传教团体和基督徒，这首歌在基库尤人中广为流传。

现在，情况已经有所改变：因为从生理卫生的角度出发，男性割礼具有一定的科学性，肯尼亚的适龄男性普遍接受割礼手术；但肯国政府已经立法禁止女性割礼。然而，在偏远的乡村，这种陋习依然存在。

奇特的传统习俗

名字的由来

基库尤人的起名方法很特殊：用爷爷的名字来命名家中第一个男孩，而第二个男孩则和外公同名；同样地，第一个女孩的名字和奶奶的名字一样,而第二个女孩和外婆同名。按照年龄从长到幼的顺序,爷爷奶奶和姥爷姥姥的兄弟姐妹的名字被用来给其余的孩子起名。这样起名的原因是:人们认为,如果新生儿和长辈同名,那么,逝去的长辈的灵魂就进入到新生儿的身体内,生命从而得以延续下去。当然,现在这种说法已经站不住脚了,因为人均寿命越来越长,孩子出生时,他们的祖父母还依然健在。

服饰

基库尤人不论男女,都有在耳朵上扎耳朵眼,戴大耳环的习惯;妇女们还喜欢用铜制的饰环挂在脖子、手腕和脚腕上。此外,妇女们背东西的方法非常独特,她们把一根皮带套在前额上,固定住背在背上的重物,久而久之,额头上就磨出一道痕迹。

五光十色的兽皮、羽翎、铜铃、彩珠、竹条、白粉,是基库尤部族服饰的基本元素,虽然如今的基库尤人日常生活中很少全副武装,但他们常常盛装出席部族的各种传统仪式。此外,在一些旅游景点也时常能看到他们精心装扮的身影。他们头戴翻毛兽皮帽,帽顶四周插满了各种

庆典上盛装的基库尤人

七 基库尤人(Kikuyu)——人才辈出的东非部族

107

禽鸟的羽毛；脸部、胳臂和腿部等身体的裸露部位，通常均用白、红、黑中的任意两种颜色涂抹成不同形状的几何图案，就像古代的岩画一样；脖子上佩戴民族工艺饰品，身上披挂着兽皮披肩和围裙，裙上嵌缀着各种花穗；琳琅满目，令人眼花缭乱。

基库尤男子表演"昆布拉·姆博舞"和"昂布勒·姆巴舞"等著名的猎舞时，上身赤裸、下身围着三角形草裙，面部画上各种动物的花纹，手持号角等各种乐器，模仿基库尤人工作和生活的场景。

不同寻常的婚俗

虽然在肯尼亚宪法中未做规定，但一夫多妻制在肯国，尤其是农村地区十分普遍，娶多名妻子是男性财富和地位的象征。妇女的地位不高，即便像"绿带运动"的发起人旺加里·马塔伊这样的杰出女性，也因为和前夫姆旺吉·马塔伊离婚而备受指责。两人曾是留美同学，曾经志同道合，马塔伊投身环保运动的初衷是为了配合前夫竞选议员时"扩大就业率"的承诺。然而1979年两人离婚时，姆旺吉却说她"独断专行、难以驾驭"，这导致双方对簿公堂。

在基库尤社会中，娶媳妇不是男人的专利和特权。"女人娶媳妇"的风俗在西非、南部非洲、东非和苏丹的一些部族中盛行。在基库尤部族中，一个要娶妻的女人通过婚介或者自主地找到一位女性伴侣。"女丈夫"选一个称心如意的年轻女子：她必须身体健壮、能生孩子，长得漂亮自然更好。"妻子"收到"女丈夫"送的一笔数额可观的聘礼后，便可订婚，继而举行隆重的结婚仪式。婚礼的过程完全依照当地的风俗进行，也要张灯结彩，热闹和排场的程度一点儿不亚于一场传统婚礼。媒人和证婚人等证人也必须到场。

不能简单地将这种婚姻称为"同性恋"。这种婚配不是爱情的结晶，单纯是为了财产后继有人。通常，那些不能生育的或者年龄较大但膝下无子的妇女，为了不失去自己的财产，就像男子那样"娶"一个年轻女人回家生儿育女、传宗接代，继承财产。"女丈夫"会从亲属中提前挑选一名未婚男子与自己的"新娘"共度洞房花烛夜。近年来，也出现了由

"新娘"自己选择男性的情况。无论如何,"妻子"所生的子女都是"女丈夫"的私有财产,任何人无权争夺,子女随"女丈夫"的姓,将来继承她的财产。这样一个奇特的家庭通常却和睦幸福,"女丈夫"体贴"妻子","妻子"尊重"女丈夫"。

随着经济的发展和妇女地位的提高,以及人们思想的转变,这种怪异现象已经引起当地人的斟酌和深思。肯尼亚政府于2013年7月出台了新《婚姻法》。该法案规定:夫妻双方对共同财产享有平等的处理权;在奉行传统婚姻的特殊情况下,允许一夫多妻制;在一夫多妻制婚姻中,法律将保护第一任妻子的财产权利;夫妻双方在离婚时享有平分财产的权利;除非特殊情况,不允许一妻多夫制,同时也将同性婚姻排除在外。

人才辈出的精英部族

早在1967年,在美国雪城大学(Syracuse University)开展的"东非研究"项目中,查普特教授(Chaput)和维尼斯教授(Venys)就对肯尼亚精英做了一份调查,得出了以下结论:无论是绝对人数,还是相对比例,基库尤人都表现得格外突出。与肯尼亚其他部族以及外来人群相比,更多基库尤人住在首都内罗毕,受教育程度也更高;他们当中很多人在东非以外的地方接受过教育,受政府雇佣或从事专业工作的比例更高,更多基库尤人在中央政府和地方各级政府任

旺加里·马塔伊

职；更多地参加各种志愿组织。

你可能没有听说过基库尤部族，但是你肯定听说过以下几位基库尤部族的名人。

旺加里·马塔伊（Wangari Muta Maathai）

在享誉世界的基库尤人当中，马塔伊毫无疑问是名气最大的一位。1977年，她发起了"绿带运动"。她凭借自身的努力，以及联合国环境署和人居署在肯尼亚"安营扎寨"的便利条件，借助挪威林业协会的资金支持，倡导人们多种树。到目前为止，"绿带运动"已经从肯尼亚发展到非洲全境，参与妇女超过90万人，30多年来种树3000万棵。在这项运动中，妇女成为名副其实的主力军，那些身着花布传统服装的肯尼亚妇女在她的号召下参加植树运动的画面，曾是肯尼亚一道靓丽的风景线。她为参加"绿带运动"的妇女提供小额补贴，为她们的丈夫、孩子提供"扫盲"机会，使她们获得了个人尊严和成就感。为了表彰她在"民主、人权和环境保护"方面所做出的坚持不懈的努力，2004年，她荣获诺贝尔和平奖，成为非洲第一位、全世界第12位获此殊荣的女性。

马塔伊一生经历坎坷，但她总是越挫越勇，用自己的努力为全世界的妇女树立了榜样。她还发起了非洲减债运动联盟。除此以外，她还获得了很多其他奖项，如：法国荣誉军团勋章（2006年）等。玛塔伊于2011年病逝。

乔莫·肯雅塔（Jomo Kenyatta）

在1896年前后，乔莫·肯雅塔出生在一个普通的基库尤族农民家庭，曾在内罗毕附近的长老教会总部跟着传教士读书，从事过各种工作。肯雅塔有强势的个性、富于感染力的演讲能力和张扬的风格。

在非洲所有民族主义领导人当中，肯雅塔的政治生涯是最富有冒险性的。1952年，乔莫·肯雅塔因为支持当地兴起的茅茅运动被捕入狱，次年被判7年徒刑。1960年，身陷囹圄的肯雅塔当选肯尼亚非洲民族联盟主席，肯尼亚全国上下都要求尽快释放他。最终，肯雅塔于1961年8

月21日被释放。1963年,肯尼亚非洲民族联盟赢得总统大选,肯雅塔出任自治政府总理,其间他呼吁全国和解并挽留白人农场主。同年12月12日,肯尼亚宣布独立,次年成为共和国,肯雅塔出任肯尼亚第一任总统。1964年11月10日,在合并反对党之后,肯尼亚非洲民族联盟成为肯尼亚唯一政党。因为肯雅塔的不懈努力,联合国环境署和人居署将总部落户内罗毕,这些都提升了他的国际声望。他于1966年和1974年两次连任肯尼亚总统,1978年8月22日在蒙巴萨逝世。

2013年8月19日至23日,乔莫·肯亚塔之子——现任肯尼亚总统乌胡鲁·肯雅塔(Uhuru Kenyatta)对中国进行了国事访问。美国《华盛顿邮报》官网在前一天撰文称:肯雅塔将北京作为他2013年4月就职以来进行国事访问的首批非洲以外目的地之一,这充分表明,中国在肯尼亚的影响力与日俱增。

恩古吉·瓦·提昂戈(Ngugi wa Thiong'o)

肯尼亚的语言文学虽然历史不长,却已经取得了不俗成绩。其中最杰出的代表人物即是作家恩古吉·瓦·提昂戈。恩古吉出生在利穆鲁一个基库尤农民家庭,后来成长为一名作家,擅长用英语和基库尤语写作。20世纪80年代,恩古吉因作品被拘留一年,获释后靠写作为生。1962年发表剧本《黑隐士》(the Black Hermit),提出"独立国家的知识分子是继续隐居,还是投身社会"的新课题,从此登上文坛。长篇小说《孩子,你别哭》(Weep Not, Child)以肯尼亚独立运动为背景,获1965年黑人艺术节奖和东非文学奖。1981年发表《狱中日记》(Detained: A Writer's Prison Diary)。其他长篇小说还有《一粒麦种》(a Grain of Wheat)以及《一河之隔》(The River Between)等。此外,他还写有不少文学评论。

除了政界领袖和人权斗士,在基库尤人当中还产生了很多卓越的音乐家和杰出的运动员,比如,四届波士顿马拉松冠军凯瑟琳·恩德雷巴(Catherine Ndereba)和2008年北京奥运会马拉松赛冠军塞缪尔·万吉鲁(Samuel Wanjiru)等。

在肯尼亚畅销的一款T恤衫上写着:"像马赛人(Maasai)那样跳

跃，像卡伦金人（Kalenjin）那样奔跑，像罗族人（Luo）那样演讲，像基库尤人那样讨价还价，像坎巴人（Kamba）那样努力工作，像基里亚马人（Giriama）那样舞蹈"。上述内容准确概括出了肯尼亚一些部族的"强项"。基库尤人从政意识强，擅于贸易经营，人数众多，从肯尼亚独立以来，基库尤人长期掌握着肯国的政治和经济命脉，肯尼亚共和国的四位总统当中，有三位都是基库尤人。人们甚至用"总统的部族"来指代基库尤族。他们工作得更好，有更多机会，还拥有最多的土地，是肯尼亚当之无愧的"大哥大"部族，因此他们也更容易成为众矢之的，招致其他部族的不满，而且近年来，基库尤人与其他部族的矛盾和冲突有激化的趋势，如何与其他部族求同存异、和谐共存，是这个部族面临的考验。

非洲谚语

A fight between grasshoppers is a joy to the crow.

两只蚂蚱打架，一旁的乌鸦高兴了。（鹬蚌相争，渔翁得利。）

八、马赛人（Maasai）

——最具原始魅力的部族

约瑟夫·汤姆逊[①]在其1885年出版的书中，这样描述了自己和马赛人的第一次邂逅：很快我们就看见了可怕的马赛人。很久以来，醒着的时候，我的脑海中就经常浮现出他们的身影。在仔细审视这些非洲最棒的男人时，我情不自禁地喊出声来：多棒的家伙！

在广袤的东非稀树草原[②]上，散落着苍劲的金合欢树和猴面包树，偶尔有长颈鹿、羚羊和大象等动物漫步其间，三三两两身着红色披风、手持木棍的男子飘然而过，这种有关生机勃勃的人类和美丽的大自然和谐相处的优美景致令人久久不能忘怀，永远定格在脑海中。那些活跃在东非草原的非洲原住民中，最值得浓墨重彩的就是马赛人。

"高贵的野蛮人"

马赛人，也译作"马赛伊人"。马赛人目前生活在肯尼亚南部以及坦桑尼亚北部，主要的活动区域是东非大裂谷两岸半干旱和干旱地带的16万平方公里的土地。肯尼亚和坦桑尼亚两国之间的边境横穿马赛人的领

---

① 约瑟夫·汤姆逊（Joseph Thomson）(1858～1895)：苏格兰地质学家和探险家，在欧洲列强瓜分非洲的狂潮中扮演了重要角色。是19世纪80年代初第一个从蒙巴萨徒步走到维多利亚湖的欧洲人。

② 稀树草原（savanna）：在炎热、季节性条件下长成的植被类型，特点是底层连续高大的禾草之上有稀疏的乔木。

地，西起马拉河，东至乞力马扎罗山脉东坡，长达数公里。与所有生活在东非的现代人一样，马赛人口每20年翻一番。根据马赛协会[①]提供的数据：生活在肯尼亚和坦桑尼亚两国的马赛人总数共有50万左右，大部分生活在肯尼亚境内。按照居住地域来划分，马赛族分为12个部落（一说16个），并且各有自己的部落首领。

马赛男子体型颀长，长相英俊，不苟言笑，略显冷傲，常常身着红色披风，手持长矛，以骁勇善战著称。因此，他们曾被西方殖民者称为"高贵的野蛮人"。但是，西方人对于马赛部族存在很多误读。其中最明显的错误就是："马赛"一词的正确英语拼写是Maasai，而不是欧洲作者使用的Masai或者Masaai。Maasai一词的意思是"说Maa这种方言的人"。马赛人说马赛语，该语言是尼罗—撒哈拉语系中东苏丹语族的一个分支。但是，很多"现代的"马赛人也开始说斯瓦希里语。马赛儿童在学校里同时接受英语和斯瓦希里语教育。在肯尼亚和坦桑尼亚两国，这两种语言都是官方语言。

约瑟夫·汤姆逊在其1885年出版的书中，这样描述了自己和马赛人的第一次邂逅："很快我们就看见了可怕的马赛人。很久以来，醒着的时候，我的脑海中就经常浮现出他们的身影。在仔细审视这些非洲最棒的男人时，我情不自禁地喊出声来：多棒的家伙！"丹麦女作家伊萨克·迪内森[②]也狂热地赞赏马赛人。她曾经写过：马赛武士是一道亮丽的风景线。1937年，她出版了《走出非洲》（Out of Africa）一书。在书中，她写道："这些年轻男子是一道赏心悦目的风景线。这些马赛武士非常潇洒，勇敢，尽管貌似古怪……他们毫不做作，不会刻意地追求完美，其风度来自内心世界，承载了整个部族以及他们的历史……就像犄角是雄鹿的一个重要组成部分一样，武器和华丽的装饰品也是马赛人的一部分。"

[①] 马赛协会：总部设在肯尼亚卡耶亚多（Kajiado）的非政府组织。开展人道主义工作和救援工作，包括在马赛人居住的地区修学校、供水系统，为贫困生提供奖学金等。

[②] 伊萨克·迪内森（Isak DInesen）(1885～1962)：丹麦著名女作家。她在非洲生活了17年，小说集《七个神奇的故事》反映了非洲生活。《走出非洲》是她的自传体小说。

来自尼罗河的勇士

有关马赛人的起源,现在已经没人能说清楚了,就连他们自己也不知道祖先何时离开了苏丹的尼洛特①故园。但人们公认:他们来自尼罗河流域,途经南苏丹地区到达非洲东部。在过去的2000年中,游牧的马赛人不断赶着自己的牛群南下寻找水源,逐渐从非洲北部迁徙到东非地区。

英俊的马赛男

根据马赛人口述的历史,从17世纪到18世纪晚期,马赛人在今天的肯尼亚南部和坦桑尼亚北部的狭长地带逐渐定居下来。他们的到来迫使许多原本在这里定居的部族背井离乡;其他一些部族,主要是南方的库希特族②,则融入到马赛族当中。马赛人的领地范围在19世纪中期达到顶峰,覆盖了东非大裂谷以及两岸被火山岩覆盖的肥沃土地,总面积超过35万平方公里。当时,在使用长矛和盾牌袭击牛群的过程中,马赛人最东曾到过今天坦桑尼亚坦噶尼喀地区的坦噶海岸,北到马萨比特山区,南到多多马地区。据报道,1852年时,在肯尼亚境内一起活动的马赛武士有800人之众。1857年,在消灭了肯尼亚东南部瓦库阿腓荒原上的居

---

① 尼洛特(Nilotes):指尼罗河上游及其支流的广阔地区,往南直达维多利亚湖,属热带草原气候。该地区的居民主要经营农牧混合经济,辅以捕鱼、狩猎和采集,普遍养牛,把牛看作财富的标志,社会多沿续氏族部落结构。

② 库希特人(Cushites):非洲之角和东非地区的部族。主要分布在埃塞俄比亚、索马里和吉布提,此外,在苏丹东北部、埃及东南部、肯尼亚东北部和坦桑尼亚北中部也有。

八 马赛人(Maasai)——最具原始魅力的部族

115

民以后，马赛武士甚至威胁到了肯尼亚的海港城市蒙巴萨。在过去，只有杀死过狮子的马赛男子才被看做是勇士，当然，猎杀狮子在今天属于违法行为。

　　因为游牧和半游牧的生产生活方式，马赛人总是就地取材、利用手头的材料搭建住所。他们的房子或者呈星形，或者呈圆形，都非常简陋，便于随时搭建和拆卸。部族中身强力壮的女人负责搭建房屋。她们将很多木头桩子逐个敲进地面，在木桩之间搭上小树枝，并把它们交织起来搭成一个框架，然后将泥土、小树枝、草、牛粪和灰等材料充分混合后涂在框架上面。牛粪具有很好的防水作用。房屋面积不大，但在这方寸之地上，一家人不但要做饭、吃饭、睡觉、接待访友，还要储存食物、木柴以及其他家庭财产。在马赛人的斗室里，小火苗总是在燃烧，白天可以用它生火做饭，晚上可以利用它取暖、驱除蚊虫。屋顶上的一个小洞可以给睡眠区域提供照明。除此以外，小屋里再没有别的照明设施。屋里非常简陋，没有任何家具，只有几张用牛皮铺成的床。通常每个村庄有4～8个家庭，当然还包括他们圈养的牲畜。在整个居住地外面，环绕着一堵圆形篱笆，是马赛男子用布满荆棘的合欢树枝筑成的。在夜间，为了保护人畜不受食肉动物的侵袭，奶牛、山羊和绵羊都被安置到村子的中心，然后，人们就用荆棘灌木把入口封住，白天再打开。

　　在马赛社会中，女性享受的权利和承担的义务完全不成比例。她们地位不高，但是为了家人一天到晚地操劳，女性不但要供水、拾柴火、给奶牛挤奶、为全家人做饭，而且还要从事像盖房子这样的重体力活，可是她们认为这些都天经地义，因此任劳任怨。18～30岁的男子负责保卫工作。放牧则是男孩子们的工作，这项工作极其重要，在旱季，马赛武士和男孩一起放牧。男性长者负责指导和安排每天的活动。每天早晨，在放牧工作开始以前，部落长老会宣布一天的工作安排。

　　多年来，肯尼亚和坦桑尼亚两国政府一直试图让马赛人放弃他们传统的半游牧生活方式，但后者一直坚守传统。伦敦经济学院的考斯特教授（Ernestina Coast）在 2002 年完成了一项研究课题《马赛人的社会经济状况——一项跨国比较研究》(Maasai Socioeconomic Conditions: A Cross-border Comparison)。她指出，在东非，尽管马赛人和许多国际性旅游目的地比邻而居，但是从事旅游业的马赛人却寥寥无几。尽管没有彻底放弃传统的半游牧生活方式，但是马赛人的经济发展模式正在悄然发生变化。有人继续从事畜牧业，有人开始投身种植业，还有人替别人打工。他们出售自家的牲畜，用所得收入送孩子上学，或者开始从事非农业，比如当导游等，这些都说明马赛人拒绝改变传统的说法站不住脚，当然不同家庭这样做是出于不同的目的：最富有的马赛人卖牛是为了让孩子接受更好的学校教育，拓宽视野；而贫穷的马赛家庭没有多少财产，因此不得不靠卖牛勉强度日。

马赛男子的终身编码

东非的大多数尼洛特人①都是游牧部族，而且都因为骁勇善战和崇尚牛群而著称。和班图人一起，马赛人和东部非洲的其他尼洛特部族从邻近的库希特部落学到了很多东西，包括社会组织中的年龄等级制度、以及割礼等。马赛社会包括数个宗族，其中最主要的两个，分别叫做"红牛"（House of the red oxen，Odomong'i）和"黑牛"（House of the black cattle，Orok-kiteng'）。根据马赛人的神话传说，地球的始祖耐特鲁·考普②（Naiteru-kop）娶了两个女人，他给两位妻子的礼物分别是红牛和黑牛，以示区别。不幸的是，因为女性对牛总是马马虎虎的，所以她们拥有牛群的权利就被剥夺了。在这两个主要宗族内部包含了很多小宗族。

---

① 尼洛特人（Nilotes），又译作"尼罗人"，包括马赛人、桑布鲁和卡伦津人等。主要分布在尼罗河上游及其支流的广阔地区，往南直达维多利亚湖，包括苏丹南部和乌干达北部，以及肯尼亚、扎伊尔、坦桑尼亚、埃塞俄比亚和埃及等国。他们大多信奉原始宗教，部分是逊尼派穆斯林。主要从事农牧业生产，也捕鱼、狩猎和采集食物。养牛是他们重要的经济活动，牛被视作财富的标志。

② 在马赛人的神话传说中，耐特鲁·考普是个凡人。主神恩迦召他到伦盖火山，送给他妻子和牛群，要他在地球上繁衍生息。耐特鲁遵照神的旨意创建了马赛社会。

值得注意的是，同一宗族内的所有成员像兄弟姐妹般互相尊重。比如说，一位马赛男子不能和同宗族的女人结婚，因为在别人看来，两人之间是兄弟姐妹的关系，因此这样的结合令人憎恶。

严格的部落制度构成马赛社会生活的主体，部落首领和长老会议负责管理整个部族的事务。成年男子按年龄划分成不同等级。

马赛部族是典型的男权社会。所有非洲人都喜欢孩子，多子多福的观念是多配偶制存在的主要原因，马赛人也概莫能外。他们认为，没有子嗣的男子会被彻底遗忘；而且，受到诅咒的人会后继无人。一个马赛男人财富的多寡是由他所拥有的家畜的数量和孩子的数量来决定的，两样都是越多越好，但是如果只有一样那就是穷人。成年男子按年龄划分等级。马赛人主要从事畜牧业，牧场公有，牲畜属于整个家族，按父系血统继承。

年龄组制度构成了马赛社会的基本制度。依照该制度，年龄相仿的马赛男子同时接受割礼，开始他们的成人生活；由此形成的同年龄组的成员构成固定团体，该集体对于所有成员而言都非常重要。他们通过等级制度晋升，包括低级武士、高级武士、低级长老和高级长老四个级别，每一个级别持续大约 15 年左右。

从出生之日起，每个马赛男子就注定属于某个特定的年龄组。整个年龄组拥有一个共同的名字，组员之间具有强大的凝聚力。年龄组决定了他们的社会生活内容、社会地位和职责。

马赛男子在一生中一共要经历以下五个年龄组：

8~18 岁，男孩阶段（Laiyoni）。马赛男孩从 8 岁开始负责每天放养山羊和绵羊，走很远的路寻找水源以及理想的牧场，并且向年长者学习。他们不能和女孩有联系，必须无条件地服从自己的父亲。

18~30 岁，低级武士阶段（moran）。在接受割礼以后，马赛男孩就成为"武士"或者"摩忍"。这是他们一生中最快乐的时光。在低级武士阶段，他们应该展示出人性当中最好的一面，而且对自己充满信心。其职责包括：保护家园和家人不受食肉动物和敌人的袭击；不断寻找肥沃的土地，并且负责家族迁徙的安排和组织工作。他们可以与尚未接受割礼的女性保持联系，也可以自由行动，在未经父亲允许的情况下，参加离家较远的地方举办的仪式等。可以说，这是他们的婚前准备阶段，然后他们就可以结婚。

30～40岁，高级武士阶段（King'onde）。他们帮助"摩忍"保护家园，负责规划和解决问题。高级武士可以做"摩忍"的干爹，以确保他们不会闯祸。

40～60岁，低级长老阶段（40～50 Makaa，50～60 Seuri）。这些年老的绅士负责管理低级武士，解答他们的所有问题。他们要为了整个部族的基本利益做出整体规划。他们还要保证和维护各个年龄组的构成，以及确保马赛文化的传承。

60～80岁，高级长老也即酋长阶段（Meshuki）。他们整天呆在家里。村里的所有女性和男孩遇见问题都可以向他们请教。高级长老有权"坐着"，而且不需要从事任何体力劳动。他们参与决策，并做出最终决定。他们受到所有人的尊敬，在高级长老经过时，男孩和"摩忍"要低头表示敬意。

茹毛饮血的生活

传统上，马赛人是游牧部族，主要靠放牛为生，他们也饲养体型较小的牲畜，诸如山羊和绵羊等。马赛人对野生动植物持包容态度，因此和它们相安无事地和睦相处。

在他们日常生活的方方面面，如在宗教、食物、医疗和社会关系中，牛群和山羊都扮演了不可替代的重要角色。即便是今天，衡量马赛人财富的标尺还是他们拥有的牛的数量。他们崇拜牛群，并且相信，依靠牛，自己就会变得更强大。在马赛人的日常生活中，牛的重要性无可比拟。

马赛人以肉类、乳制品为主要食物，喜欢直接饮用新鲜牛血。时至今日，马赛人依旧饮用一种掺杂着牛血和牛奶的富含蛋白质的饮料。在特殊的节日上，他们会吃很多肉食。此外，老人、妇女和儿童也会吃粮

马赛男子在放牧

食或果蔬,如谷类、豆类、香蕉和其他食物。武士们只会在私下里偷偷吃植物,因为马赛人认为与牛肉相比,农作物只是劣等食物。他们与从事农业生产的邻居以物易物获得水果和谷物等。马赛人很少吃蔬菜,最多只是在汤里加一些煮。他们把金合欢树的树根以及树干部位的树皮放在水里煮熟,然后直接饮用熬出的汁,或者把汁倒在汤里食用。这种汁里含有能够降低胆固醇的皂苷,具有药用效果。马赛人认为它可以让人精力充沛、干劲十足、勇敢无畏。

过去,马赛人的食物主要是生牛肉、牛奶和牛血。但是非洲国际牲畜中心在1991年开展的一项研究表明:马赛人的传统膳食已经发生了很大变化,在现今的马赛人日常饮食中,玉米和糖所占的比重分别达到12%～39%和8%～13%。此外,每人每天会饮用约1升牛奶。

马赛人充分利用动物身上的所有部位。不能食用的部位,例如,骨头被加工成工具或饰品。而动物的皮毛可以用来制作衣服,充当盛水容器,或者加工成睡觉的铺盖。

如同酷刑的割礼

马赛男子只有接受了割礼,才能成为"摩忍"(即武士)。割礼意味着:他们从此由男孩蜕变成了男人。割礼标志着童年时光的结束和成人生活的开始,是马赛社会最重要的庆典。从此以后,一个马赛人就成为一个真正的男人或女人。他们要懂得,一个接受过割礼的人不应该只是接受,也应该付出,因而要承担起更多的家庭和部族责任。他们应该始终保护自己的家庭,而不再仅仅是受到保护。而且他们的观点开始得到别人的重视。

在理念上,马赛人的割礼和基督教的洗礼有很多相似之处。在接受割礼以前,一个马赛人必须要抛开曾经犯下的所有错误,从此开始一段新的人生,但是割礼要比洗礼痛苦得多。

通常,一个马赛男孩在16岁左右接受割礼。在割礼过程中使用的只是普通的刀子,不使用任何麻醉剂,结束后也只是用煤渣给伤口消毒而已。接受割礼的男子在割礼过程中,绝不能因为拼命挣扎而踢到割包皮的刀子,必须要表现得很勇敢,否则他的家庭和家人都会因此而蒙羞。仪式结束后,人们会举办盛大的庆祝仪式。

只要不妨碍实施割礼,女性在割礼的过程中如果疼痛难忍的话可以哭泣。尽管女性割礼手术非常痛苦,而且对她们的身心造成了极大伤害,但是直到今天,很多马赛女孩在青春期来临以前,还要接受由年长的女性实施的割礼术。对于她们而言,接受割礼意味着从此不能再和马赛武士相伴。待伤口愈合,她们就会很快出嫁,嫁给此前和她们有交往的"摩忍"。丈夫比她们年长许多,因为女方父母通常会索要超过30头牛作为"聘礼",这可不是一个小数目,年轻的武士没有这么雄厚的财力。

传统上,由于婴儿死亡率居高不下,而且人们经常患病,因此,在马赛社会中,孩子在三个月大的时候,家人才会给他起名。如果孩子不到三个月就夭折了,家人就把尸体扔到荒郊野外,任由食腐动物大快朵

颐。马赛人认为：连食腐动物都不理睬的尸体会给家人带来厄运，因此为了吸引它们，人们经常在尸体上面涂抹鲜血和油脂。过去，只有在伟大的酋长死后，才会享受土葬待遇，因为他们认为，土葬仪式会令土壤变得贫瘠。但是由于越来越多的马赛人皈依了基督教或伊斯兰教，土葬也越来越普遍。

奇异的装扮之美

马赛男子穿传统的束卡（shuka），颜色各异，一般以红色为主，由两块布料组成，一块裹住身体，另一块斜披在肩膀上。此外，他们还会随身携带一根长木棍，既可以防身，又可以狩猎时使用。马赛族妇女穿坎噶（kanga），色彩更加丰富，以红色和蓝色居多，图案以彩色条纹为主。

非洲各部族女性都扎耳朵眼儿，在马赛部族中，无论男女老少都在耳垂部位扎耳朵眼，以大耳眼为美。马赛人佩戴的耳坠常常是银质或木制或用珠子串成的，琳琅满目，把耳朵眼坠得很长很大，感觉好像有拳

身穿束卡的马赛男子

头大小。

年轻的马赛女孩都剃光头,当了母亲以后就会开始留头发,代表和孩子一样新生。而马赛男子却经常扎着小辫。因此,在马赛家园,千万不能以头发的长度为标准来判断当地人的性别。

为了美化自己的鼻子,马赛族还有在鼻翼两侧穿孔的习惯。对于非洲的很多部落而言,修饰牙齿也是面部美容的一个重要组成部分。比如说阿法尔女人爱镶金牙,具体做法是给上门牙左边的第一颗牙齿包上一层金皮。而马赛人则有拔下牙的风俗:多数马赛人还很小的时候,下面的两颗犬齿就被拔掉了,因为马赛人认为小孩子的腹泻、呕吐以及其他发烧症状是犬齿周围的齿龈发炎而引起的。而且,在非洲的热带草原上,人们很容易患一种痉挛病,为了便于给患者灌药,所以要打开"方便之门"。也有人说,这些部族认为少了犬齿,人笑起来有一种特殊的美感,看着很舒服。虽然这种做法由来已久,但近些年来,许多年轻人对此已经不屑一顾了,因为来非洲的外国人与日俱增,和他们用英语交谈时既不美观,牙齿漏风还造成了沟通障碍。

马赛人还喜欢佩戴首饰,但是不同性别、不同年龄的人佩戴的首饰有所区别。一位女性的项链和其他装饰物反映了她的社会地位。比如说,一位年轻的未婚女子不能佩戴已婚女性或者寡妇佩戴的项链、耳环或者手臂上的饰物。马赛妇女脖子上带着沉甸甸的项链。在手腕和脚踝处,她们佩戴鲜艳的、珠子串成的手镯和脚镯。这些首饰是心灵手巧的马赛妇女利用各种不同材料制作而成的,她们善于利用各种材料创作出独具特色的手工艺品,用于制作首饰的材料非常丰富。

马赛人装饰胳膊、腿部的饰品,以及手镯和脚镯通常都是用金属材料打造而成的。这些手镯和脚镯都一圈一圈的,很有重量。过去,佩戴这些饰品的女性的手臂和腿部都被押长了。他们经常使用的金属材料包括红铜、黄铜以及铝。打造金属饰品的工作由专门的金属工匠来承担。但令人匪夷所思的是,马赛人通常将打造金属制品的工匠看做是"污秽的、操纵他人的人",因此不允许他们参加马赛人的各种活动仪式,更不

能娶马赛姑娘为妻。

制作首饰的木头材料包括乌木、樱桃木等。为了显示自己在部族中的地位，每位马赛男子都随身携带一根乌木棒。用于制作这种木棒的材料通常是稔子树树根，因为它们便于携带和使用，既便于投掷，又可以威慑蠢蠢欲动的非洲猎豹或鬣狗，还可以用它来指挥畜群通过居住地的出入口。稔子树在马赛家园东部随处可见。

笔者孙丽华（左）在欣赏马赛手工艺品

马赛人还使用不同植物的种子做装饰品，主要是项链、手镯和脚镯。现代的珠宝设计师正在标新立异地将大个的种子加工成项链和耳环，然后出售给游客，或者高端客户。

过去，马赛人还使用芦荟或者动物的筋、肠衣来串珠子，后来用西沙儿草，现在则改用尼龙材料了。

为了满足市场需求，也为了生计，马赛人还将象牙、兽骨、兽角、鸵鸟皮、鸵鸟蛋等加工制作成装饰品，如烟草罐、耳环和手镯。他们还用象牙和兽骨来装饰随身携带的棍棒，使其外观更精致、更时尚。今天，在东非的旅游用品商店里，用兽角或者兽骨制作的手工艺品等非常普遍。

动物皮毛或羽毛也是马赛人钟爱的原材料：他们还用珠子和贝壳点缀耳环、项链和皮带。通常，兽皮是经处理和软化过的小山羊皮、山羊皮、绵羊皮或者牛皮。在重要仪式上，马赛男子穿戴的披风通常是狮子皮，偶尔也会是豹子皮。为了展示自己的英勇和胆量,"摩忍"通常会在头饰中添加鸵鸟羽毛或者佩戴狮子面具。

需要一提的是,国际黑市对动物制品的需求给非洲草原野生动物带来了厄运,因此,禁止贩卖野生动物制品是当务之急。没有需求,就没有杀戮!可喜的是,近年一些非政府组织为当地人提供技术和资金支持,帮助他们用瓷器、玻璃、赭石、陶土等代替动植物材料制作首饰,既保证了部族手工艺的传承,又有利于野生动植物的保护。

无伴奏合唱与原地跳高舞(Adumu)

传统的马赛音乐没有任何乐器伴奏,包括领唱和合唱两部分,一首歌的领唱者通常是能将它演绎得最好的人,但也不乏几个人一起领唱的情况。领唱者高唱旋律,合唱者唱出节拍。歌词反映了马赛人的生活,而且经常一字不变地不断重复。大家一边唱歌,一边前后抖动脖子。

马赛武士的对抗性舞蹈远近闻名。跳舞时,武士们站成一排,每个人手里都握着一根细长的木棍,他们一边唱出曲调,一边有节奏地跳跃。慢慢地,他们围成一个半弧形,开始原地轮番拔高往上跳,类似"立定跳高",这是马赛舞蹈的标志性动作,跳得越高越优美,越见舞者的功夫,而且脚后跟不能着地,因此,马赛男子拥有很好的弹跳能力。跳得最高的武士被认为最帅气、最勇敢、最能赢得女人的芳心。

"神山"上的主神

马赛人尊重传统,笃信众神,众神之神则是恩迦:他生活在伦盖火山(Ol Doinyo Lengai)山顶上。在马赛语中,Ol Doinyo Lengai 的意思就是"神山"。马赛人相信,恩迦赋予他们管理天下所有牛群的权利;通过充分使用牛身上的各个部位,他们就能够和主神和谐相处。

在马赛人心目中,恩迦既是太阳神、爱神,同时还是造物主。其

性格具有两面性:"黑神"(Enkai Narok)仁慈和善,而"红神"(Enkai Nanyokie)却小肚鸡肠、脾气暴躁。他娶了月亮神奥拉帕(Olapa)为妻。一次,两人发生了争吵,急躁的奥拉帕打伤了恩迦。为了遮盖伤口和耻辱,恩迦(太阳神)发出万丈光芒,耀眼的强光使得人们无法直视他。出于报复心理,恩迦重重回击,奥拉帕因此失去了一只眼睛。至今,每逢月圆之夜,人们还可以看到月亮只有一只眼。

关于主神恩迦是如何诞生的,存在不同说法,但是这些说法都认为,恩迦曾经是个普通人,是牛类的主人。当天和地分开的时候,他沿着一根长长的用树皮搓成的绳子,赶着牛群从天而降来到人间,把它们送给马赛人做礼物。有一群猎人,他们因为一头牛都没有得到,所以非常嫉妒,一气之下,就砍断了树皮绳子,天和地之间的纽带因此中断,不再有牛群下到人间。因此,马赛人认为,恩迦的本意就是要把所有的牛都送给马赛人,牛群就是他们和主神相连的纽带。

马赛人还认为,恩迦之所以要把所有的牛都送给他们,是因为他对马赛人情有独钟,有意让马赛人生活在宇宙的中心。不过,除了马赛部族,恩迦在地球上还创造出其他两种人:一是道劳保人[1](Dorobo),他们以打猎和采集为生,恩迦给他们的礼物是蜂蜜和野兽;另一是基库尤人[2](Kikuyu),他们从事农业生产,恩迦给他们送去了种子和谷物。

由于笃信马赛宗教中关于部族起源的传说,马赛人一直都非常重视牛群。他们相信,牛群拥有主神恩迦的一些特点,认为通过吃牛肉、喝牛奶的方法,自己就和主神结成了一体。在诸如割礼和婚礼这样重要的公共仪式上,牛被当众宰杀,接受族长的祝福,然后众人才可以分吃牛肉。

马赛人还相信,恩迦给每位新生儿派来一位守护神。守护神有以下职责:在一个人的有生之年保护他,为他抵御危险。当这个人的生命走到尽头时,守护神会依据他生前的所作所为做出道德评判,然后把一个好

---

[1] 道劳保人:是个马赛词汇,指的是"生活在马赛部族周围的、以捕猎和采集为生的人,不管他出自哪个部族"。这个词具有贬义色彩。

[2] 基库尤人:约占肯尼亚总人口的22%,是肯国人口最多的一个部族。他们在肯尼亚中部的高原地带进行农业生产,是该国经济上最活跃的族群。

人带到一个牛羊遍地、牧场肥沃的好地方；而坏人则被带到既没水又没牲畜的不毛之地。

现在，少数马赛人依然笃信本部族的原始宗教，但是大多数已经皈依基督教。

未来在哪里

在跨越肯尼亚—坦桑尼亚边境的马赛家园上生活着地球上最丰富的野生动物种群；在这里有14个世界闻名的国家公园，包括坦桑尼亚的塞伦盖蒂平原、恩戈罗恩戈罗保护区、塔拉哥尔国家公园、曼尼亚拉湖国家公园，以及位于肯尼亚境内的马赛马拉国家公园、安布塞利动物保护区、察沃国家公园等。该地区每年吸引的游客数量超过百万，旅游业收入高达15亿美元。尽管如此，马赛人并没能从当地的旅游业中受益。相反地，由于马赛人拥有的土地不断被蚕食鲸吞，人口持续快速增长，而且东部非洲经常发生旱灾，因此，他们拥有的牲畜已经远远不够供养他们。马赛社会正处于转型期，日益脆弱的生态环境、被边缘化的现实和贫穷问题严重制约了马赛人的选择。他们已经开始将接受学校教育和从事非牧业就业岗位视为解决这些问题的最好出路。

在肯尼亚政府推动学校教育的进程中，存在着很多障碍，一个主要问题就是：一些族群过着游牧生活，而且他们的居住地点过于分散，不方便接受学校教育。此外，这些族群的孩子出于种种原因不愿意接受学校教育，而且殖民主义者认为没有必要让他们接受学校教育。尽管建国后的肯尼亚政府当局建立了很多公共设施，而且重视教育工作，但是教育事业发展缓慢，不仅由于资源匮乏，也由于马赛人不认同西方的教育模式。马赛人对西方的正规教育持负面态度的原因是：他们更重视部族教育，没有通过传统的成人礼仪式和部族社会化进程的马赛人在部族内部会没有容身之处。他们重视部族内部的社会化进程，因此不惜辍学，早婚早育。一个典型的例子就是，尽管政府反对女性割礼，但是作用不大，因为不

接受割礼的女性会遭到婆家和整个部族的歧视。

除了观念上不认同，社会经济条件也是阻碍马赛孩子接受学校教育的一个重要原因。像距离水源地的远近、木柴的来源和家中成年人的数量等都是决定孩子是否能接受学校教育的现实因素。

非洲人普遍重男轻女，他们认为，女性就应该呆在家里操持家务。可想而知，马赛女孩接受学校教育的机会就更有限。

尽管如此，越来越多的马赛父母让家里至少一个孩子接受学校教育，为的是他们以后能过上"更好的"生活。在校期间，年轻的马赛学生暂时脱掉部族服装，穿上了牛仔裤、T恤衫和运动鞋。

一直以来，肯尼亚的英国殖民政府认为马赛人的生活方式原始简陋，鼓励采取其他利用土地的方式，因此，欧洲移民得以进行大规模的农业生产，这是造成马赛人困境的另一个主要原因。20世纪60年代独立的肯尼亚和坦桑尼亚政府秉承了这种看法。

今天，马赛人还面临以下指责：牛养得太多，消耗了大量水资源，占用了大量土地。为了达到减少家畜数量的目的，肯尼亚政府近年来对兽医为牧民提供服务的数量和种类加以限制。2005年1月24日出版的《东非周报》提供的数据显示：在过去14年中，肯尼亚的畜牧业因此蒙受的损失超过了1.36亿美元。

大多数马赛人通常只会出售家里的一小部分家畜。但是其经济效应已经非常可观。据报道，2000年，在坦桑尼亚的阿鲁沙地区，畜牧业和以野生动植物为支柱的旅游业为当地政府带来的经济收入分别为167亿坦桑尼亚先令和不到100亿坦桑尼亚先令，前者大大超过了后者。而且，畜牧业的贡献远不止这些，在很大程度上，牲畜不仅是牧民的主要食物来源，还提供了动物肥料，以及畜力。具有讽刺意味的是政府的态度：阿鲁沙当地政府努力保护野生动植物资源以促进旅游业的发展，与此同时，竭尽全力限制畜牧业的发展。但是事实胜于雄辩，畜牧业才是当地经济的真正支柱。

对于不远万里而来参观肯尼亚和坦桑尼亚两国自然保护区的游客而

言，最重要的两个旅游项目就是近距离欣赏野生动物和体验那里原住民的生活，但是后者的最大生存障碍恰恰就是野生动物公园。原本属于马赛牧场的大片土地被掠夺后，用于保护野生动植物。马赛部族认为：对于政府而言，野生动物比他们更重要。套用马赛协会的一句话：当狮子攻击牛的时候，政府和环保组织对此视而不见。但是如果为了保护自己的牛群而杀死狮子，马赛武士就会被政府当局逮捕。面对马赛人的窘境，我们不禁要问：他们的明天在哪里？

具有国际影响力的发展和救援组织乐施会（Oxfam）认为，因为马赛人已经习惯了在沙漠和灌木林中游走放牧，并且顽强地生存下来，在人类应对环境和气候变化这一重大问题上，他们的生活方式为世人提供了一个行之有效的解决方案。

凯瑟琳·霍姆伍德教授（Katherine Homewood）在《继续马赛人的生活方式吗？——在东非牧场上的生活、环保和发展》（Staying Maasai？：Livelihoods, Conservation and Development in East African Rangelands）一书中做出以下总结：因为生活在坦桑尼亚的游牧社区没有利用野生动物进行生产和生活的权利，所以马赛人的传统生活方式将会快速走向灭亡。如果赋予游牧的马赛人更多权利和更多灵活性，马赛部族将会获得更多经济利益，生活水平会得到提高；同时，野生动物的保护工作也会更加有效，这才是一个双赢的发展战略。

非洲谚语

Two ants do not fail to pull one grasshopper.
两只蚂蚁能抬起来一只蚂蚱。（团结力量大。）

九、奥罗莫人（Oromo）

——他们最早发现咖啡

奥罗米亚州其实是咖啡的源头之一，奥罗莫人正是全世界最早食用咖啡豆、最早发现它具有提神醒脑功效的人们！在5世纪左右，他们就已经懂得采摘咖啡豆，捣碎后混合动物脂肪，揉成小球状，将它们作为珍贵的"补品"，专供那些即将出征的战士享用，作为他们行军途中的"大力丸"。

埃塞俄比亚，位于非洲东北部，素有"非洲屋脊"之称。在它的中南部有一个奥罗米亚州（Oromia），这里地域辽阔，地貌千差万别，气候宜人，自然资源丰富，是全国面积最大、人口最多、经济基础最好的州。我国的宁夏回族自治区在2011年与奥罗米亚州建立了友好关系，寻求多方面的合作，共同发展、共同繁荣。本文的主角奥罗莫人就主要生活在这片肥沃、富饶的土地上，占本州总人口的85%。

埃塞俄比亚第一部族

奥罗莫人，以前也被称作"加拉人"或"盖拉人"（Galla，但是它在阿姆哈拉语中的意思是"奴隶"，所以现在这个带有贬义色彩的称呼已经停止使用）。人口约2600万，占埃塞俄比亚80多个部族总人口的45%，是全国第一大部族——首都亚的斯亚贝巴（Addis Abeba）就有四分之一的居民是奥罗莫人。埃塞俄比亚境内有很多跨国部族，奥罗莫就是其中

奥罗莫人的发源地：埃塞俄比亚高原

之一。除了大部分集中在埃塞俄比亚，还有小部分居住在邻国肯尼亚北部以及索马里的西南边境地区。

奥罗莫是一个有着上千年历史的古老部族，有学者认为后来很多东非部族都是由他们发展而来的。奥罗莫人主要属于埃塞俄比亚人种[①]。他们的祖先原来住埃塞俄比亚高原（Ethiopian Highlands）的东南部。14世纪末，索马里人的一支"哈维亚人"向西扩散，奥罗莫人因此被迫四处迁徙，这个过程前后长达200多年之久。他们向北到达埃塞俄比亚高原中部，向南覆盖了埃塞俄比亚整个南部，甚至到达了肯尼亚北部，在此期间，不少人受阿姆哈拉人[②]（Amhara）影响，开始讲阿姆哈拉语、信仰基督教。向中部和东部的一支则覆盖了埃塞俄比亚大多数省份，并到达了索马里，这部分人受索马里人的影响，信仰伊斯兰教。

现在奥罗莫人可以分为两大群体，一部分被称为"Boran"或

---

① 埃塞俄比亚人种，尼格罗人种的一部分。分布于东北非，是闪米特人与黑人的混合。体质上他们中高身材、长头型，与地中海人种相似。

② 阿姆哈拉人，埃塞俄比亚第二大部族，居住在埃塞俄比亚高原中部和北部，是历朝历代的主要统治者，无论在政治还是文化上都占据主导地位。

"Borana",分布在奥罗米亚州南部、肯尼亚北部、索马里部分地区。另一部分被称为"Barentu"或"Barentoo",分布在奥罗米亚州东部。由于人口众多,这两大群体又可按地域和方言细分为若干支系部落。其中有一个"宗族"[1]叫"图拉马"(Tulama),他们以好战闻名,只有三十几个人,然而"麻雀虽小五脏俱全",他们有着一套严格的世袭等级制度,并且拥有自己的奴隶。当然,因为通婚的关系,现在想要严格区分各个部落已经不那么容易了。实际上,奥罗莫人的适应性很强,在自然条件迥异的地区,一旦定居下来,就会遵从当地人的风俗习惯,并且与当地人通婚——这样一来,本族的很多特质就像溶于水的一滴墨一样,渐渐消失无痕迹了。

在传统宗教中,奥罗莫人崇拜自然神灵"Waaq",而现在他们的信仰趋于多元化:48%的人口信仰伊斯兰教,31%的人口信仰埃塞正教[2](Ethiopian Orthodox Church),18%的人口信仰基督教,还有极少数的3%的人口,仍然信仰传统的原始宗教。但必须说明的是,从整体上看,基督教在非洲的传播没有伊斯兰教那样成功,虽然基督教有依赖于殖民侵略的强势,但是它的教义和仪式等并不像伊斯兰教那样符合非洲社会的实际情况[3]。尽管宗教信仰趋于多元化,很多人还是会遵循本族的传统习俗,参加本族的庆典仪式。

95%的奥罗莫人从事农业或半游牧业。他们使用原始的耕种方法,种植小麦、大麦和咖啡豆,饲养长角牛和羊。另外有一些人采矿,因为奥罗米亚州矿藏丰富,尤其盛产金、银。只有少数奥罗莫人在城市定居。

雨季结束了!

历史上奥罗莫人有"同龄结群"的制度,称为"Gadaa"——每个部

---

[1] 宗族,类似于"氏族",是比部落更小的概念(部落又比部族的概念小)。以血缘关系为纽带形成的社会共同体,成员出自同一个祖先。
[2] 埃塞正教,又称埃塞东正教。它属于基督教这个大体系,但严格来说,它不属于天主教、东正教、新教其中的任何一个分支,在教义和仪式上都有自己的独特特征。
[3] 《非洲黑人文明》,艾周昌,舒运国,福建教育出版社,2008。

落内的全体成年男子都要按照一定的年龄范围组成各个团体，不同团体有不同的劳动分工和部落职能。一般每八岁是一个结群年龄段。另外每隔八年，都会举行一次全体大会，会上制定下一个"八年计划"。虽然这个"同龄结群"制度早已不再实施了，但依然有着广泛的影响。

奥罗莫人是父系社会，按父系续谱、居住和继承财产。一般实行一夫多妻制，也存在兄弟共妻的现象，通常来说，经济基础决定娶妻状况——有几个妻子取决于口袋里的钞票有多少。无论男女都要施行割礼。他们早在公元前300年就有了自己的历法，和中国一样，是阴历：以观测月亮和七个星座的变化为依据。奥罗莫人喜欢喝新鲜的牛血，严禁吃鱼。

奥罗莫人传统上在每年九月底有一个非常盛大的庆祝仪式，叫"Eretch"，时间竟长达一个月之久！通常这个仪式的举行标志着埃塞俄比亚高原雨季的结束，因此他们在仪式上赞颂自然神灵"Waqaa"，感谢他赐给人们高原上最珍贵的礼物——水。实际上，这个仪式是非常开放的，不只是信奉原始宗教的人们参加，其他信仰伊斯兰教和埃塞正教的人们也都会加入进来，可以说融入了各方元素，十分欢乐热闹、丰富多彩，因此这个感恩仪式更具有文化色彩。在仪式上人们会向"神树"供奉一些食物作为祭品，比如大米、黄油等。人们尽情地载歌载舞，男人们还会在公牛背上赛跑。

奥罗莫女孩

九 奥罗莫人（Oromo）——他们最早发现咖啡

以拉丁字母书写的语言

奥罗莫人主要讲奥罗莫语和阿拉伯语。奥罗莫语又称"阿方奥罗莫语"（Afaan Oromo），以前叫"加拉语"，现在已经不用这个称呼了。奥罗莫语属于闪含语系（Semito-Hamitic）、库希特语族（Cushitic），是库希特语族中使用人口最多的语言。同时它也是埃塞俄比亚使用人口第二多的语言，仅次于阿姆哈拉语。即使在整个非洲，奥罗莫语也是最主要的语言之一，仅次于阿拉伯语、斯瓦希里语（Swahili）、阿姆哈拉语和豪萨语（Hausa）等。非洲有数以千万计的人讲奥罗莫语，其中95%在埃塞俄比亚，而且主要集中在奥罗米亚州；其他奥语人口主要在肯尼亚、埃及、索马里、苏丹等。

以前奥罗莫语的报刊和广播屈指可数。1974年埃塞俄比亚革命以后，政府开展了传统文字推广运动，自此以后，奥罗米亚语的报刊和广播开始多了起来。1991年，奥罗米亚州成立，更加开始大力推广这门语言，比如把它作为本州的行政语言，以及在小学使用奥语教学。奥罗莫语之前一直使用吉兹字母（Geez）拼写，1991年，奥罗莫民族解放阵线（Oromo Liberation Front）召开会议，有1000多名知识分子参加，讨论奥语应该使用哪种书写方式。经过多个小时的激烈辩论，代表们一致决定由吉兹字母改为26个拉丁字母拼写。

咖啡故乡的人们

咖啡，这种风靡世界的魅力饮料，有多少人"无咖啡而不成活"，甚至著名历史人物拿破仑也是它的忠实粉丝："大量浓烈的咖啡使我保持清醒，让我感觉到温暖和拥有奇特的力量。它是一种令人愉悦的痛苦，我情愿忍受这样的痛苦也不愿变得麻木。"

那么咖啡的故乡在哪里？很多人可能会想到：巴西？哥伦比亚？意

大利？其实以上答案都不是，咖啡的故乡就在埃塞俄比亚，而且这里的咖啡是全世界品质最好的。埃塞俄比亚的咖啡豆产量占全世界总产量的70%，是非洲第三大咖啡豆生产国，仅次于乌干达和科特迪瓦（旧译"象牙海岸"）。咖啡树是埃塞俄比亚最主要的经济作物，占出口总收入的三分之二，全国有四分之一人口从事咖啡树的种植。埃塞俄比亚海拔在1600～1800米，大多数地区属于热带雨林气候，拥有咖啡树生长的绝佳自然环境。在无污染的绿色环境中，这里的咖啡豆味道非常浓郁，醇厚之中更有淡淡的红酒香味，闻之使人精神立刻为之一振。埃塞俄比亚东部的哈拉尔（Harrar）则是至今全世界唯一生长野生咖啡的地方，那里珍贵的野生咖啡每年都要运到伦敦去高价拍卖。

在埃塞俄比亚，几乎各家各户院子内、房屋旁都种植着咖啡树，咖啡已经融入了他们的日常生活。家庭主妇每天起床第一件事，就是点着炭炉，把陶制咖啡壶坐在炉上慢慢烹煮，让袅袅的蒸汽带着咖啡的浓香伴随她们忙碌的身影。无论什么时候路过主人家门口，你都会被邀请与主人共饮咖啡。埃塞俄比亚人有着特殊的咖啡烹煮方法，称为"咖啡道"（coffee ceremony），其讲究程度比中国人熟悉的茶道有过之而无不及。

笔者曾多次参加过这种"咖啡道"。在秋天一个阳光明媚的下午，一个埃塞女孩为我们演示整个炒咖啡、煮咖啡、饮咖啡的过程。原来这种咖啡豆在未炒制之前是绿色的！在火上慢慢炒制之后则渐渐变成我们熟悉的棕色，香味也开始四处飘散开来，空气中顿时弥漫着咖啡豆的浓郁醇香，还没品尝就已经让人陶醉了。然后是在阳台上用一个小小的炭火炉子煮咖啡，需要用扇子不停地扇火，这让我们体会到埃塞妇女每天的辛劳。咖啡前后需要煮三次，每次的味道层次都稍有不同。第一道咖啡最浓、最苦，很多中国人如果不加糖的话恐怕不会习惯；第二道咖啡是我们最熟悉的、最能接受的味道，再配以埃塞风味的干果小吃，绝对是百分百的"埃塞 style"；第三道则味道淡了很多，仿佛在无声地提醒人们：美好的时光总是特别短暂，这次惬意的"咖啡道"就要接近尾声了。三道咖啡，三味感受。我们的生命历程何尝不是如此，感受百般滋味，就

九 奥罗莫人（Oromo）——他们最早发现咖啡

像台湾作家三毛所说，"人生有如三道茶，第一道苦若生命，第二道甜似爱情，第三道淡如微风"。秋天午后明媚的阳光、醇香浓郁的咖啡、三五知交好友，构成了悠闲美好的下午茶时光。

而奥罗米亚州其实是咖啡的源头之一，奥罗莫人正是全世界最早食用咖啡豆、最早发现它具有提神醒脑功效的人们！在5世纪左右，他们就已经懂得采摘咖啡豆，捣碎后混合动物脂肪，揉成小球状，将它们作为珍贵的"补品"，专供那些即将出征的战士享用，作为他们行军途中的"大力丸"。如果当地有巫师死去，奥罗莫人习惯在其坟头种上咖啡树——他们相信第一株发芽的咖啡树是上帝为巫师留下的眼泪。

现在咖啡树是奥罗米亚人最重要的经济作物。当地有一个"奥罗米亚小农户合作社联盟"，在它的官网上有这样的介绍，"奥罗米亚地区的咖啡种植面积占整个埃塞俄比亚咖啡总种植面积的65%。对于当地人来说，咖啡是饮料，是食物，还是贸易的重要内容。'奥罗米亚小农户合作社联盟'的成员包括当地所有小种植户合作社。通过这种组织形

奥罗米亚咖啡小种植户

式，小农户们的咖啡就能够直接被出口销售，从而为农户们带来更多的利益。"①

顺便说一下，人们是怎么发现咖啡豆可以煮、作为饮料喝呢？原来故事发生在埃塞俄比亚南部一个叫作"Kaffa"的小镇。一个广为流传的说法是，公元6~8世纪，一个牧羊童"卡尔弟"在山间放牧，有一天忽然发现羊群在争抢一种红色的野生小果子，吃了小果子以后羊群顿时欢蹦乱跳，反应异常兴奋。牧童以为他的羊吃了什么有害的东西而彻夜提心吊胆，谁知道第二天羊群竟然安然无恙。他觉得事有蹊跷，于是也采摘了一些"红色野果"品尝，结果意外发现它们醇香无比，吃完后精神异常兴奋。有一天，附近一位清真寺的长老经过这里，发现牧童和羊群像中了邪似的蹦蹦跳跳，非常有精力，询问之下半信半疑地也试吃了几颗，结果身体如真气贯顶，元气百倍！长老回到寺庙后在晚上祈祷，不经意间睡着了，做了一个梦，梦到穆罕默德告诉他这种红色野果可以在水煮之后饮用。长老醒来后照做，分给寺庙的僧侣们喝，当作夜间祈祷时提神的饮料。众人喝完之后果然神清气爽、倦意全消……这种神奇的"红色野果"就是咖啡豆。从此人们开始大面积栽种咖啡树，而"Coffee"的名称就是由这个小镇的名字"Kaffa"演变而来，小镇也因此被人们称为"咖啡的故乡"。

小女孩的大梦想：阿米娜的故事

阿米娜（Amina），肯尼亚奥罗莫族人，个子高高的，是一个在华留学的奥罗莫女孩，目前在北京航空航天大学、航空技术及飞行器设计专业读大三。2013年10月，她应邀来到笔者工作的北京物资学院，为选修《非洲社会与文化》课程的中国学生做了一番感人至深的演讲，讲到家乡奥罗莫人的过去和现在，讲到她自己的经历和梦想，在场的听众无不为之动容。

① 来自 Oromia Coffee Farmers Cooperative Union 官网。

笔者蒋春生（左）与奥罗莫女孩阿米娜

阿米娜兄弟姐妹共十一人，三男八女。她说如果根据传统的标准，她家是很富有的，因为非洲人的婚俗一般是男方要准备一大笔聘礼，而女方则花钱很少，所以女儿确实是"千金"，堪称家里的摇钱树，女儿越多，礼金越多。

在肯尼亚，人们以农业为主。阿米娜说，在过去土地是很重要的，一个男人可以没有文化，但是他可以用高大、健壮的身体在田间劳作来养家糊口，就不用接受政府的救济。但是随着时代的发展，现在的情况已经有所改变，人们的生活状态和思想观念开始和以前不同——"世界改变了，我们再也回不到以前了"。

具体来说，在白人到非洲之前，非洲人过得简单而快乐。他们有房子、有土地、有食物、有可以呼吸的新鲜空气、有基本的生活必需品，他们过得很满足，不会坐下来想太多事。

但是白人到来之后，他们认为自己是奴隶主，而非洲人是奴隶，"你必须照我说的话去做"，很多非洲人对白人说的话深信不疑。白人为了更顺利地对非洲进行殖民统治，他们开始传教，但非洲人缺少教育是读不了圣经的，于是他们开办了很多学校，让非洲人上学、读书、写字、学英语、读圣经，灌输给非洲人一些思想观念。虽然接受教育是好事，但是非洲人也开始想得复杂，不再像以前那样单纯快乐了。

白人被赶出非洲之后，非洲人终于重获了自由，可是他们再也回不到从前了。一些人学会看书、写字，他们开始觉得祖父祖母教给他们的东西没有太大用处。他们开始追求物质上的东西，想要大房子、想要汽车、想要孩子受教育，然后出国去看看，因此他们现在主动地学英语，这就是成功的文化殖民。

对于这一点，阿米娜看得很清楚，她认为这是时代发展的必然结果，"一切都在变化，而我们不得不变，必须去适应它，这才是积极主动的态度"。

除此之外，阿米娜也谈到了自己的经历和梦想，关于为什么选择"航空航天"的飞行专业。她说这和小时候一次经历有关，她的父亲在她十岁那年给她买了一台笔记本电脑，作为考试成绩的奖励。"当时我觉得这很令人惊讶，因为我十岁就有了笔记本电脑，而且我还是生活在非洲的。我意识到这让我与众不同，因为我能够接触世界了。从此之后，我开始意识到'哇哦，学这些东西的人好酷啊，他们只是坐在那里敲敲电脑，就能和全世界的人联系上'！"

阿米娜说，有一次父亲要外出旅行，在去送他的时候，她第一次见到了飞机。当时她就告诉父亲，"等我长大以后，我也要让飞机飞起来"。

其实在肯尼亚北部边远的奥罗莫部族中，由于接触的环境不同，有阿米娜这样梦想的同龄女孩不会很多，或者说不一定有她这样良好的家庭环境和受教育的机会。

阿米娜说："我在拿到第一台电脑的那一刻起就意识到世界改变了；而我的奶奶、妈妈那代女性没有机会也觉得没有必要和世界接触，她们局限在一个小地方放牧牛羊，她们认为自己的一切都在自己身边，这样就足够了。而我意识到世界的变化，我们需要改变。之前我们是被殖民的，是被动地接受东西，而现在我们需要主动去跟上世界的潮流。这就是我要学习科技的原因。我们要解决社会问题和提高科学技术。作为女孩，我也特别想让社会接受女子，提高女子的社会地位。我希望我可以成为一个很棒的工程师甚至飞行员，改变世人对非洲女性的看法。我希望为我的国家作些贡献，激励女性找到属于自己的前进方向。"

2014年6月8日，在一次温馨的聚会上，笔者又一次见到了阿米娜。

九 奥罗莫人（Oromo）——他们最早发现咖啡

她和上次一样穿戴着很有特色的非洲服饰，这次衣服和头巾都是搭配协调的富贵大气的紫色。谈话中她经常主动提到自己所学的飞行技术专业，开玩笑说学成以后要开飞机回到肯尼亚，可以看出她很以自己的专业为荣，对它由衷地喜爱。

关于奥罗莫族，阿米娜说她的家乡人并不是拒绝接受改变，尤其年轻人很向往外面的世界，渴望尝试新鲜的东西。也就是说，非洲人不像我们想象的那样，对自己的部族传统是那么的坚持。尤其现在社会发展得很快，西方文明对他们的影响很大。所以第一他们向往羡慕外面的世界，第二他们也必须做出改变，以适应时代的变革和发展。

阿米娜说，自己现在是在中国留学、学习高科技的"洋"学生，讲外语，而回到家乡以后，家乡人看到她时会有点惊讶，奇怪她怎么还是十足的奥罗莫装扮，还保持着自己的部族特色，也就是说，家乡人都以为她出国留学，会像许多外面回来的年轻人一样西化——牛仔裤、T恤衫。奥罗莫女孩阿米娜，不愧为非洲部落女孩中集传统与现代于一身的典范。

只有短短两次的接触，阿米娜却给笔者留下了深刻的印象，这是一个有思想、有智慧的女孩。当天晚上在整理谈话的时候，笔者忽然想到一句歌词："A big big girl in a big big world"（大世界中了不起的女孩）。阿米娜是个平凡的奥罗莫女孩，却有着不平凡的梦想，她敏锐地捕捉到这个世界的变化，并且愿意积极地融入世界的潮流。她热爱自己的部族，热爱自己的国家，诚意希望通过自己的努力让家乡和同胞变得更好。

让我们一起祝愿阿米娜的梦想早日实现，祈祷奥罗莫人的明天更美好！

埃塞俄比亚谚语

Coffee and love taste best when hot.

咖啡在滚烫的时候最好喝，爱情在热恋的时候最甜蜜。

十、桑人（San）

——开启人类文明的先驱

当舞蹈进入高潮时，舞者会神情恍惚，他们会觉得自己变成了狮子，跑进了丛林；有时会感到有狮子变成了人，人兽同体，来回变换。

在非洲南部这片神秘的土地上生活着这样一个族群：

他们拥有人类最古老的基因图谱，被称为人类的活祖先；

他们曾经是天才的狩猎者，后来却成为可以被合法捕杀的猎物；

他们曾经有着令他们自己自豪也令世界震惊的文化，但在如今的生存困境中，这一文化却无法得到保护与传承；

当现代文明席卷世界，他们面临着更多的生存困境，只能等待来自其他文明的救援；

他们就像是孤独地开放在寂寞角落里的野百合，无奈地期待着春天；

他们就是生活在非洲南部的古老部族——桑人。

沙漠中的丛林人

桑人，又叫布须曼人（Bushman），意思是丛林中的人。看过《上帝也疯狂》的人都对布须曼这个称呼不陌生，"布须曼"是17世纪荷兰殖民者在建立聚居点时对桑人的称呼，带有轻蔑的意味。因为当时的荷兰殖民者看到的桑人都生活在卡拉哈里沙漠（Kalahari Desert）的灌木丛中，

因此这样称呼他们。桑人更愿意被称为巴萨瓦人（Basarwa），意思是"没有牛羊的人"。不过，不管是"布须曼"还是"桑人"，因为都已经是全世界通用的名词了，今天的桑人也并不十分在意。

今天桑人数量大约不超过10万人，主要分布在非洲西南部卡拉哈里沙漠中部和北部[①]。据考证，桑人是非洲这片土地上最早的居民，他们已经在这里生活了3万多年。

现代的基因科学证明桑人拥有人类最古老的基因图谱，他们使用的语言也是人类最早的语言之一，据考证，其发声方法产生于人类的发音器官还没有完全形成之时，许多发音靠舌尖与口腔唇齿摩擦而成，发出不同的击打声。[②]

桑人最早生活在南部非洲沿太平洋和印度洋的海岸而并非环境恶劣的卡拉哈里沙漠，15世纪初，欧洲殖民者垂涎非洲大片的土地，在非洲西部和南部海岸建立了定居点，这些欧洲早期的定居者自称为南非白人（Afrikaners）或布尔人（Boers），他们侵占了桑人世代狩猎、采集的土地，修建了大

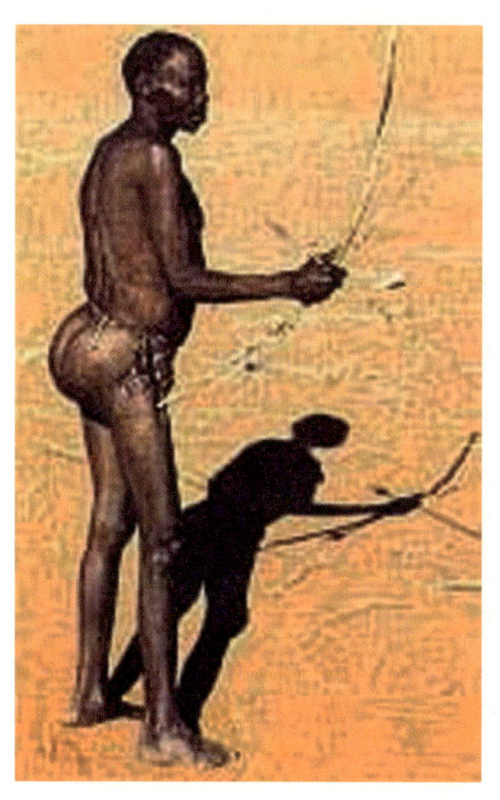

丛林猎手

---

① 现存布须曼人的具体数目没有人知道,但据英国一个研究人类生存的组织（Survival）在强调布须曼人的现状困境时公布了一组数字，非洲南部共有90500布须曼人，其中8000人生活在安哥拉，45000人在博茨瓦纳，33000人在纳米比亚，2500人在南非，1500人在赞比亚，还有500人在津巴布韦。

② 布须曼语属于科伊桑语系（Khoisan family），科依桑语系是霍屯督人和布须曼人以及非洲南部其他非班图人使用的一组语言，较集中地分布在非洲南部。

片的农场，为来往开普敦好望角的船队提供补给。桑人逐渐开始由南部海岸向北部沙漠迁移。

随着欧洲殖民者不断侵入，以及班图部族的统治，桑人被迫远离非洲的南部和北部，到 18 世纪，桑人的生活地也被迫越来越深入到卡拉哈里沙漠。

桑人身材普遍矮小，平均身高仅有 1.5 米，女人还要稍稍矮些，最矮的女人只有 1.38 米左右，但男人通常最高也不超过 1.60 米。桑人的皮肤并不像常见的非洲黑人那样黝黑，而是呈黄色或黄褐色，他们长着高高的颧骨，头发浓密而卷曲呈颗粒状，臀部很大，英语中有一个词叫"布须曼翘臀"（Bushman bum）就是指他们的这种体型特征。18 世纪末期著名的"霍屯督维纳斯"①事件也从侧面映衬了他们的身体特征。有些历史学家认为，桑人有可能是班图人的一部分，但班图人皮肤稍黑，体型也更高更壮些。还有一部分历史学家认为，桑人有可能是古埃及原始人种的一部分。至于桑人种族的真正归属，到现在还是一个谜。

与狮共舞的天才狩猎者

在非洲的南部，有多种地形地貌、自然气候和动植物。早期的桑人是非洲这片土地上唯一的居民，他们自由生活在这片广袤的土地上，足迹遍布非洲靠近大西洋和印度洋海岸的地区、德拉肯斯堡山脉（Drakensberg Mountains）、非洲大草原以及卡拉哈里沙漠。狩猎和采摘是非洲这片神秘的土地以及丰富的动植物赋予他们的独特生存本领。他们可以通过极其稀疏的植物来寻找到水源，可以通过常人无法辨认的动物足迹判断动物的行踪。

数万年来，桑人世世代代就这样一直依赖着与自然和谐共处的独特技能过着简单的狩猎、采集生活。

---

① 霍屯督维纳斯（The Hottentot Venus）并不是一件艺术品，而是一个叫做萨拉·巴特曼（Sarah Baartman）的霍屯督女人。18 世纪末期，年仅 21 岁的萨拉因体型特殊、臀部肥大，被两个白人诱骗到伦敦，随后在欧洲各国进行裸体展示。

在桑人部落中，男人负责外出狩猎，所捕获的动物在本家族和相邻家族之间分享。女人们则负责采集,她通常采集一切可食用的植物的根、茎、果实以及昆虫、蚂蚁或者蜂蜜。布须曼妇女有着在恶劣环境中生存所独有的技能。她们可以通过一堆烂泥或一些看似没有任何区别的稀疏的植物来推测出下面是否有大块的根茎。女人们外出采集时，一些年老的男人和女人就照看孩子，也有一些妇女用布兜把孩子绑在身上外出采集食物。布须曼妇女采集的食物占到食物总量的70%～80%，而男人狩猎得到的肉食仅占20%～30%，这也决定了布须曼妇女在集体和家庭中拥有比较重要的地位。

男人们最主要的狩猎对象是各种羚羊、兔子等。布须曼男人具有忍受疲倦、困苦和饥饿的本领。在荒漠中，他们可以找到一切可以食用的东西，甚至湿土里面的水，也能用芦苇插进沙土内将它吸吮出来。他们在狩猎中尤其以擅长追踪猎物著名，他们是天才的狩猎专家。他们能分辨出受伤动物与健康动物的足迹，而他们一旦发现动物的足迹就会执着地跟踪下去。无论地形多么复杂，环境多么严酷，他们都不会放弃。他们的耐力和奔跑速度也相当惊人。据说，一个桑人可以忍耐十几天不喝水，还可以日夜不停地追逐猎物，速度赛过大羚羊和跳羚。

桑人擅用弓箭，弓箭是用动物的骨头或树枝制成，而箭头是由尖利的骨头或硬石制成，弓箭和箭头可以灵活地拆分开。在捕猎大型猎物时，桑人会在箭头上涂抹毒药，当弓箭射中猎物后，箭上的毒药会随着猎物的血液进入到身体，猎物就会被麻痹倒地。桑人的天才捕猎技巧还体现在他们可以准确无误地使用毒药，他们从植物的汁液、蛇毒或一种叶甲壳虫的幼虫中提取毒液，这种甲壳虫的幼虫有一层坚硬的管状的茧包裹，桑人在提取毒药时，会用手指来回搓动茧壳，但不损坏外面的硬壳，然后在茧的一头打开一个小洞，挤压虫卵，把汁液均匀地涂在箭头上。在捕杀猎物时，他们可以根据猎物的大小来选择用毒，他们的毒药用量非常精确，精确到既可以杀死猎物，又不会使毒药残留在猎物中影响他们食用。

河马也是桑人的猎物之一。体型庞大的河马虽然是食草动物，但在捕猎时仍然会有很大的危险。在准备捕获河马前，桑人通常要在河马出没之处挖一个巨大的陷阱，里面布好尖锐的弓箭，并用毒药涂抹，一切就绪后，捕猎者就去挑逗河马，当河马被激怒起身追赶时，就意味着这个猎物上钩了。河马很快就会被引到了陷阱边并掉进陷阱，身中毒箭，这时，桑人就一起围上来捕杀河马。

桑人捕猎的动作很多是模仿其他动物，如狮子，他们是与狮子共舞的天才猎人。他们把一种特制的植物披在身上，这种植物发出的味道会让狮子不会攻击他们，于是当狮子捕食时，他们就悄悄而又耐心地跟在狮子后面，狮子这时候就像是他们狩猎时带出来的一只"大猎犬"，当狮子捕获了猎物准备享受美味时，桑人就在旁边燃起一堆火，把狮子惊走，这样他们就获取了这个"大猎犬""孝敬"来的猎物。

有时他们也会利用计谋来捕捉鸵鸟。他们会用鸵鸟羽毛化装起来，拿着一头弯曲的棍子，模仿鸵鸟那样动着，尽力接近鸵鸟群，再用箭射中鸵鸟，或者把鸵鸟吸引到别的地方后，获取鸵鸟蛋。

在旱季猎物不很充足的情况下，他们也会捕捉飞禽，如珍珠鸡、野雁，或者用夹子或一头有钩子的长木棍来捕捉一些兔子、蛇和生活在洞穴里的动物。

因为食物稀少，桑人把捕获物的每一部分都充分利用，他们用动物皮做衣服，或制成装饰物和烟叶的皮囊，用大张的皮制作皮铺盖、皮带或弓弦，甚至

钻木取火

大猎物的骨头也要敲碎，把骨髓和肉一起烹煮。

　　桑人传统中仍然使用钻木取火，他们钻木取火的技术很娴熟，用一根木棍压在一堆干草上，其中一人拿另一根对准下面木棍上的洞，使劲搓，让两根木头相互摩擦，大约五分钟后，一缕青烟从孔中冒出来，这时旁边的另一个人会捧起垫在下面的干草，放在嘴边吹气，越吹烟越大，接着就冒起火来。在如今的现代文明中，桑人的这种技能仍然保留着。

神圣的生命礼赞

　　生命的诞生对于桑人来说并不显得很重要。妇女生孩子也不像我们现代人一样去医院。据说，准备生产的布须曼女人会蹲到灌木丛的后边，自己把孩子通过挤压生出来。也有人说，桑人在生产后，使用一种叫爪钩草[①]的草药，内服或外敷在患处，一小时后体力就可以恢复正常。但事

迎接新生命

　　[①] 爪钩草：一种多年生灌木，其花朵为红色，果实上有勾爪部分的覆盖，其根部为茎根状，具有抗菌、消炎、镇痛的作用，多被用于减缓疼痛。

实上，桑人妇女生孩子时自己的母亲等家族成年女性会陪在身边，帮忙照料。桑人文化中流传下来的一个《阴影鸟》(Shadow Bird)的故事就是讲述了一个桑人妇女生孩子难产，向一个老妇求救。所以，事实上生产对于桑人妇女来说并非传言中那么容易。

孩子出生后通常会受到整个家族的关爱，但在条件非常恶劣的旱季出生的孩子，可能面临的命运就不同了，在食物水源都很稀缺的旱季，尤其是多灾的年份，母亲身体本来就羸弱，或者还有一个未断奶的孩子，为了避免新出生的孩子将来遭受更多的磨难，母亲会放弃新生儿的生命。

桑人并不像我们一样，要庆祝很多传统节日，他们没有节假日或特殊日子来庆祝，他们只为日常生活中自然发生的事情举行仪式，或曰庆祝，或曰祈福，如孩子成人、狩猎成功、干旱祈雨，等等。

成人礼是桑人生活中较为隆重的一种庆祝仪式。女孩的成人礼通常在13岁左右，在举行成人礼时，族人会建造一个特殊的草棚来进行这一仪式，即将步入成人的女孩住在草棚里，只允许女性来拜访探望。每晚，族里的女性们要围着草棚跳舞，舞蹈动作大多是模仿非洲尖角大羚羊的动作，因为这种动物在桑人中被认为是最美丽的动物。在成人礼的最后一晚，男人们也加入到舞蹈队伍当中，他们头上戴着羚羊的角，装扮成大角羚羊，共同庆祝这个家族中的女孩步入成年。

相比较女孩的成人礼，桑人男孩的成人仪式要更具有挑战性。当一个男孩可以独立制作弓和箭时，这意味着他即将步入成年。男孩一般在14岁左右举行成人礼，他们要猎杀一头大羚羊，然后带着猎物回到族里，并且独自待在草棚里，不允许和任何女人接触。族人要把他猎回来的大羚羊烤熟，不能用烹饪其他食物的火，而是要单独生一堆柴火烤熟。族人们分享着猎物，但男孩不能吃自己首次猎杀到的猎物。要想获得族人对自己已经步入成年男子队伍的认可，男孩必须要分别杀死一头公羚羊和一头母羚羊。

举行了成人礼后，男孩女孩们就可以婚配了。早期的桑人女孩在7～9岁，男孩在12～14岁就可以婚配了。桑人的家庭通常是一夫一妻，

但允许一夫多妻，可是一夫多妻的家庭却很少，因为稀少的资源让一个男人养活两个妻子成为一件很困难的事。准备婚配时，男孩把自己打到的猎物中最好的那部分肉送到女孩的父母面前，如果女孩父母接受，就意味着同意婚事了，越出色的猎手越受到青睐。在举行婚礼前，男孩女孩之间不允许有性行为。桑人的婚礼通常很简单，他们认为结婚是个人的事，除非是特殊的原因，否则他们不会邀请宾客来参加婚礼。婚礼结束后的几个月里，新婚夫妇要和新娘的父母家人一起生活，几个月后，就要搬回到新郎父母家。这种父系家庭聚居的生活方式称为父系合居。

没有族长的族群

历史上，桑人曾居住在岩洞中，有时他们也会搭建草棚临时居住，搭建草棚的地点很有讲究，既要依水而居，又要与水源保持一定的距离，以避免野兽的搅扰。桑人从来不会建造长久的居所，因为一到旱季，他们得四处迁移寻找水源。

桑人的族系很松散，没有固定的族长，也没有法官，大多是以家庭为纽带联系到一起的，家庭中的父亲通常维持这个家庭的秩序，在雨季时，几个聚居的家庭会选出一个临时的族长来管理这几个家庭的事务，聚居家庭的人数在50人左右，族长是根据狩猎技术以及管理家庭的能力来选择的，而说到管理，其实更主要的是协调围猎、安排采集等事务。当旱季来临时，由于食物水源的稀缺，原来聚合的几个家族又都分散开来，各自寻找不同的领地，新的聚居家庭得以重新组合。

桑人死亡后，族人会把他的尸体用动物的脂肪混着一种红色的粉末包裹，这种混合物体会防止尸体腐烂，就像木乃伊一样。涂抹好混合防腐物之后，尸体会被团起来，直立地放在墓坑中，这种姿势，不由让人想到佛教中的一个词"圆寂"，人出生之前在母腹中的姿势就是团成一个圆团，死了依然是团成一团回到土里。在下葬时，族人通常把死者生前用过的武器也一起下葬。

桑人不会选择埋葬过死人的地方居住，如果有人葬在这里，他们会举家迁移，搬往其他地方居住。如果碰巧居住点有墓地，他们会抓起地上的石头抛向空中，然后对着坟墓轻声说一些多有搅扰，请求亡灵原谅之类的话。他们不允许站在坟墓上，因为他们相信，尽管肉体死了，但灵魂一直居住在坟墓中。

螳螂也是神

桑人相信万物皆有灵，在他们的信仰中，神没有固定的名字，没有固定的形象，他们既信奉动物，如蝗虫、羚羊等，即现代人类学家所谓的图腾崇拜，同时也信奉月亮、死神以及超能力神。在他们的信仰里，神先创造了自己，然后创造了食物、水和空气。通常状况下，这些神都是好神，可以保护人类免受病痛和伤害；但是，神在生气时，也会降一些厄运。

桑人根据神灵具有的不同威力，把他们区分开来，如次神（lesser god）被认为是厄运和疾病的制造者；死神则为了招去更多的灵魂，会把死亡和疾病洒向人间。与非洲其他一些部族一样，桑人敬畏逝去的祖先，他们坚信祖先虽然逝去，但灵魂依然生活在他们身边。

桑人信仰的神中有一个叫"刚神"（Cagn），早期的人类学家把它译为"螳螂神"。它其实就是无所不在的自然界的别称。在桑人的眼里，螳螂神就是个具有魔法的人。桑人故事里有一个讲述螳螂神创造桑人始祖的故事。因为桑人生活在沙漠里，水对于他们来说有着无比的吸引力和魔力。在故事里，整个大地都被水覆盖着，被誉为智慧之神的蜜蜂载着螳螂神飞越汪洋大海，蜜蜂越飞越累，它想寻找到一块陆地来歇歇脚，但遍寻无果。就在它实在无法坚持的时候，它看到水的中央有一朵花，于是它把螳螂神放在花上，同时还把一粒人类始祖的种子一起放在里面，蜜蜂坚持不住，沉入水里淹死了。螳螂神醒来后，看到花里的人类种子已经变成了人。

螳螂神并不只存在于桑人的宗教信仰里，在非洲其他部族中也有把螳螂神当作上帝的。希腊人也认为螳螂拥有魔力。螳螂这个词在希腊神

话里就是神圣的意思。世界上很多民族的传说中，都能找到螳螂的身影。布须曼的岩画中就曾有桑人的身体，螳螂的脑袋，半人半兽的图像。螳螂神并非孤独一个，他有一个大家庭。他的妻子叫黛西，是一只蹄兔[1]，他有一个儿子和一个收养的女儿。儿子也是一只螳螂，女儿叫波库派恩，她的生父是一个让人恐怖的恶魔。女儿后来嫁给了彩虹之子，并生下了两个儿子。这种很生活化的宗教传说与希腊神话中的宙斯以及中国宗教中的玉帝有很大的相似处。其实桑人信仰的各个神，正像人类学家所说的那样，就是一个自然。而桑人在历史的长河中，也最好地做到了天人合一，道法自然。

千年的岩画，万年的历史

格罗塞在《艺术的起源》[2]中多次提到桑人，谈及他们的岩画艺术，谈及他们的配饰，格罗塞认为，桑人对艺术的表达与诠释丝毫不逊色于拉斐尔和米开朗琪罗在罗马教堂和皇宫里所画的壁画，而且他们受到族人的称扬赞许的快乐，恐怕也和那两位意大利名画家从教皇、诸侯和全世界所受到的差不多。

一般人都认为岩画最早是从欧洲人开始的，时间大约在4万年前左右。这个说法的根据，是在法国和西班牙的大溶洞里面有着丰富的岩画。这些洞穴的入口坍塌后，里面的东西就被保留了下来。在西欧发现的大量岩画，曾经使人们相信人类最早是在这里开始了艺术创作，并成为真正的会思考的现代人类，不过这个说法一直受人质疑。[3]

桑人的岩画从古代一直持续到20世纪初，直到近期桑人仍有着在洞穴和岩石上绘画的精湛技艺。格罗塞描述说，桑人的岩石雕刻和绘画，

---

[1] 蹄兔：为陆栖或树栖的小型兽类，因有蹄状趾甲而得名。喜嚎叫，又名啼兔。
[2] 格罗塞：(Ernst Grosse, 1862～1927) 德国艺术史家、社会学家, 现代艺术社会学奠基人之一。
[3] 按照最新的人类进化理论, 人类的共同祖先大约在15万年到20万年前都生活在非洲, 而欧洲的岩画却只有4万年历史。因此人类学家认为, 人类在非洲的这十几万年里面没有任何的艺术创作, 这似乎不大可信。

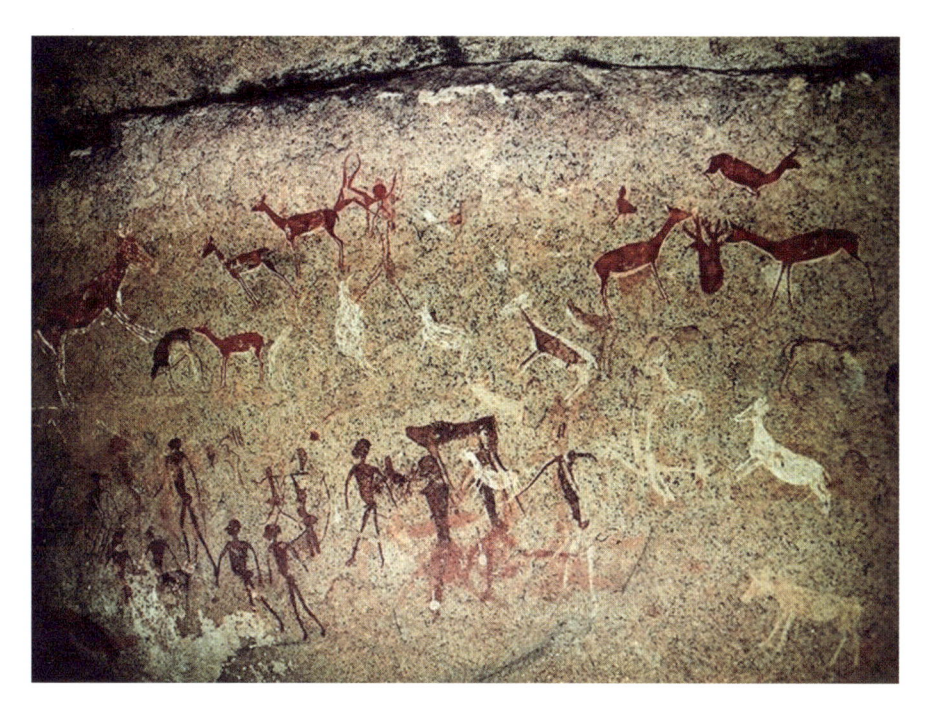

岩画上的捕猎场景

在南部非洲非常之多。从好望角起,在德拉青堡(Drachenberg)桑人所住过的岩洞中,墙壁上全有各种图画。其岩画技法特别,有些图形是拿坚硬石头在灰黑的岩石上刻画出白线而成的,这些图画通常都是彩色的,他们所使用的颜料,通常只有鲜红、棕色、黄色和黑色,偶尔也有绿色。颜料通常是用动物的脂油混合血液制成,再用羽毛或树枝来涂抹。岩画的题材通常是日常生活中常见的,或者感兴趣的事物。

包括各种风俗习惯以及生活内容,有些岩画描绘族人猎杀一群野兽的情景,还有的岩画呈现出一群兽头人身的宗教景象。岩画中表现最多的是动物,有象、犀牛、长颈鹿、羚羊、水牛、鸵鸟、土狼、猿,而且还有狗、牛、马等家畜。在各种绘画中,还有一些人物图形,比如拿着弓箭的桑人,提着长枪的卡斐人①,带着宽边子帽拿着火枪的布尔人②。在

---

① 卡斐人:Kaffer,南部非洲的土著居民。
② 指居住于南非的荷兰、法国和德国白人移民后裔形成的混合民族的称呼,这个词来源于荷兰语"Boer"(农民)一词。现已基本不用该词,改称阿非利卡人(Afrikaner)。

十 桑人(San)——开启人类文明的先驱

151

这些岩画中,有一幅岩画是桑人与卡斐人的作战图。这幅岩画是在距离赫蒙(Hermon)教会两公里的岩洞里被发现的。画面上,一部分桑人驱赶着牛群,大部分则手握弓弩转身抵御后方拿着枪矛和盾牌追逐的卡斐人。在桑人的岩画中,有些是近代创作的。记录了白人殖民者的历史,有一些甚至记录了与白人的战争。

桑人的绘画作品除了表现的题材以及创作方法外,他们对自然界的观察以及表现也非常的敏锐精准,令很多人类学家赞叹不已。如在表现人物狩猎场景时,人物的影像异常逼真和活跃。很多原始族群的绘画艺术中都没有配景,但桑人的岩画却是例外,有很多的岩画都表现出了配景法的基本原理。在图中距离较远的图形,就画得比较小些,较近处的就画得比较大。

没有故事的故事会

就像每一个部族都会有自己世代相传的故事一样,桑人流传下来的故事也是世界文学艺术中的瑰宝,尽管有些现代文明人也许会认为这些故事毫无逻辑,不成系统,甚至无法称之为故事,但就是这些充满了幻想的"无厘头"的讲述带着我们更深入地了解了桑人的生活。

桑人讲故事能力高超,他们可以模仿自然界任何动物的声音来增加故事的生动性。在桑人的故事里,蝗虫是一切故事的中心,这也许和他们的宗教有很紧密的联系。语言学家布莱克[①]整理的桑人的故事中,有这样一段故事:"蝗虫获得了一只鞋,他把那只鞋变成一只大羚羊,蝗虫把那只大羚羊藏在芦草中当作玩物,并且用蜂蜜喂养它。为了搞清楚蝗虫为什么不带蜂蜜回家,猫鼬去查看究竟;当蝗虫想从芦草中唤出大羚羊的

---

① 布莱克:Wilhelm Bleek,德国语言学家。1850年来到南非研究当地各部落语言。后来布莱克说通了南非当局,将被囚禁在开普敦监狱的布须曼人卡布——一个讲故事高手和他的另一位同伴接了出来,名义上这两位"罪犯"将成为布莱克的佣人并由他看守,实际上他们成了布莱克的桑语老师。布莱克去世后,他的大女儿也成为桑语专家,他们档案中的采访记录多达13000页,现在都保存在南非岩画艺术博物馆中,是全世界各地的学者研究所依据的资料。这些记录从桑语被翻译成英文,讲述了布须曼人的文化和传统,生活和传说。

时候，猫鼬却把它关在一只口袋里，羚羊就依祖父的忠告，在袋里咬穿一个孔。猫鼬把大羚羊从芦草中叫了出来，将它射死了。蝗虫发现他的同伴死了，哭得很伤心，就沿着羚羊的踪迹一路寻找，他发现两只猿猴正在吸食羚羊的血，这时，其中一只猿猴看到了蝗虫，把他抓住，狠狠地摔在死羊的角上。但是蝗虫却钻进羚羊的胆囊里，躲了起来。天黑后，他就逃回了家。那两只猿猴把羚羊的肉撕成一条一条，连同他们的武器和衣服，一起挂在树上。到了夜间，他们熟睡的时候，那株树生长起来，慢慢蔓延到蝗虫和猫鼬的住处，等这两个猿猴醒来时，他们的财物已经全部被蝗虫和猫鼬拿走了，只剩下一条带子，其中一只猿猴就把这条带子拿来充当尾巴了。"①

　　羚羊和鸵鸟也是故事中经常出现的角色。在这个故事中，羚羊长相难看，灰色皮毛，没有角，卑微丑陋；而他的邻居鸵鸟则是正好相反，他有一件黑白相间的斗篷，优雅的长脖子，和一对美丽修长的角。羚羊非常嫉妒鸵鸟，于是设计了一个圈套，他提出要和鸵鸟赛跑。羚羊说："我跑得比你快多了，但是为了公平，我可以帮你带着那个沉重的角，不过这对我来说，是小事一桩，我带着角和斗篷也依然可以快步如飞，我一样会打败你。"鸵鸟无法忍受平时那么卑微的羚羊在此刻的嚣张，他觉得，如果没有角和厚重的斗篷，打败羚羊应该是件很容易的事，所以他立刻爽快地答应了。他把那对沉重的角和斗篷都给了羚羊。

　　开始比赛了，羚羊率先冲了出去，他专门挑选那些布满坚硬而锋利的岩石和石块的地方跑，他坚硬的蹄子非常适应这样的地形，但这种路对鸵鸟来说，简直就是折磨，他柔软的脚蹼根本无法应付这些又硬又不平的石子路，很快，他就一瘸一拐地跑不动了。

　　鸵鸟气急败坏，他抓起地上的石头不停地朝羚羊扔过去，但羚羊丝毫不受影响，很快就跑到了石子路的尽头。羚羊露出了胜利者的微笑，得意地带着那双美丽的角和黑白斗篷跑远了。羚羊与鸵鸟好久都没有再

---

① 本节的桑人故事引自语言学家布莱克的一本书：Bleek W.&L.C. Lloyd, G. McNamee；2001, The Girl Who Made Stars：And Other Bushman Stories. Daimon Verlag；De Luxe edition.

153

碰面，羚羊很为他的新斗篷和那对大角自傲，而鸵鸟在这段时间里，开始觉得不背着那个沉重的角和斗篷也挺好。

然而，当他们再见面时，鸵鸟出于骄傲，想争夺回他被骗去的财物，但是羚羊却比他狡猾多了，最后，鸵鸟只好垂头丧气地认输了，但心里却暗暗松了口气，他从此再不用背着那些虽然好看但却沉重的角和斗篷了。"也许我们应该成为朋友，这样，羚羊就可以用我的角来保护我了。"他这样想着。这就是人们经常看到羚羊和鸵鸟在一起的原因。

类似这样讲述的桑人的故事还有很多，虽然格罗塞认为有一些故事杂乱无章，没有逻辑性，但毋庸置疑，在超凡的想象力背后影射出来的是桑人的生活、文化、宗教、信仰以及性格，而这一切都借着桑人高超的讲故事技巧和出色效果体现了出来。

人兽同体的灵魂之舞

在桑人的世界里，食物喂养着身体，舞蹈则滋润着灵魂。当夜幕降临，桑人围坐在篝火旁，这是他们一天中很重要的时刻，也是他们灵魂自由释放的时刻。桑人在南非的黑人部落中，虽然很落后，但是他们却是最通灵的，很多其他部落里面的祈雨师、巫师，都是桑人。

桑人的舞蹈既是一种舞蹈，也是一种疗法，同时也是一种与另一个世界沟通的方式。他们把领舞的人称作"医生"。他们相信在舞蹈中，他们可以接收到灵魂世界赋予的治愈疾病的超能力。当空地上的篝火点燃后，女人们围着火堆席地而坐，击掌唱歌，男人们则开始围绕着女人跳舞，他们的舞蹈动作多是模仿某种动物，有的模仿非洲旋角大羚羊（eland），因为大羚羊跑得快，所以通常被认为可以治愈人腿脚的疾病，如果病人头痛，舞者会模仿长颈鹿的动作，因为长颈鹿被认为可以治愈头的疾病。有时候，这种舞蹈被直接以动物的名字命名，如长颈鹿之舞。整个舞蹈场面中，没有乐器，只有击掌的节奏和和着节奏的歌声，舞蹈的人群随着节奏围绕着篝火一圈圈移动着步伐。

模仿羚羊奔跑的舞蹈

当舞蹈进入高潮时，舞者会神情恍惚，他们会觉得自己变成了狮子，跑进了丛林；有时会感到有狮子变成了人，人兽同体，来回变换。在桑人的眼里，聪明矫健的胡狼常常被看作是桑人的化身。

格罗塞在《艺术的起源》中写道："桑人不到他们食饱的时候是不跳舞的，食饱了以后，就在月光之下到村庄的中央跳起舞来。他们的舞蹈动作包含不规则的跳跃，如果我们借用本土的风情来作个比较，他们就是一群小小的舞牛。他们会呼出千万种的叫声。他们表演的动作是极具难度的，以至于一会儿这个人，一会儿那个人，跌倒在地上，浴于源源而出的鼻血当中。"

被合法猎杀的猎人

桑人性格平和，不擅争斗，他们部族之间在数万年的历史中向无争斗，他们也没有所属物、私有财产等概念。16世纪，欧洲白人的航船在好望

角停留，一开始只是添加补给，后来停船的时间越来越长，白人开始在开普敦定居，继而向南非的内陆蔓延，一路强占土著居民的土地、水源，对他们进行残酷的打杀，其中，桑人受到的打击最大，原本以猎物为生的猎手——桑人则成了被殖民者猎杀的对象。

他们逐渐把桑人驱赶到贫瘠荒芜的半沙漠地带。这些天生的狩猎者，被侵入他们家园的欧洲殖民探险家当成了捕杀的猎物。他们把桑人看作是介于人类和猩猩之间的动物，允许个人猎杀。桑人可以射杀大山羚羊和长颈鹿的毒箭头，却没能敌过荷兰人的枪口；桑人擅长奔跑，光着脚板可以日不停歇地穿过非洲大陆，但却逃不脱荷兰人的快马。大约18世纪的时候，定居的白人农场主们经常进行狩猎，而猎物就是桑人。曾经有一个农场主宣称杀死了2700名桑人，而记录据说是3200个。历史记载，直到1936年，南非殖民政府还在为来自欧洲的打猎爱好者发放猎杀桑人的许可证。这样，经过两个多世纪的残杀，桑人所剩无几了。

从原始的纯真走向现代的失落

当现代文明席卷了全世界，桑人部落也逐渐从原始的纯真世界走向失落。几千年来的传统文化在现代文明的漩涡中徘徊。正如人类学家所说，如果一个民族的生活方式被殖民主义摧毁，保留自己的传统文化必将成为一种奢望。

随着西方殖民者的入侵，桑人的传统生活彻底发生了改变，他们的居住范围越来越小，而当地政府为了开采钻石，开发旅游地，把桑人驱逐出家园，集中在政府圈定的安置地，并且下发了一系列的法规，如保护野生动物，禁止桑人捕猎等，桑人被迫改变了原有的生活方式，他们的传统文化，也像沙漠中的湖水，在干旱愈烈的今天，水域越来越小。生活在博茨瓦纳、纳米比亚、南非和安哥拉的桑人总数约有9万人，可是仍然保留着传统生活方式的人已不足万人。

不仅桑人的传统，他们的生存也面临着挑战，现代的桑人被迫辗转

被驱离家园的桑人

于各个农场寻找工作,他们中的大多数人都处在失业状态下,即使工作,也是为班图、科伊桑或布尔的农场主充当牧人或者是剪羊毛工,他们没有生活保障,没有医疗福利,也无法跻身到社会的上层以拥有话语权。因为长期的殖民统治留给了桑人难以医治的伤害,他们中的很多人都有一些不良的癖好,如饮酒,不醉不停;除了孩子,所有人都不停地抽烟,就连刚生下婴儿的母亲也抽。抽烟酗酒是殖民者带给这个族群的噩梦,现在已经成为他们难以戒除的恶习。纳米比亚政府曾经对桑人的孩子实行免费和优先入学政策,但很多桑人并不愿意被束缚在学校,而很多公立学校也不愿接受他们。在贫穷和困境中,他们中的很多人被迫消融到非洲的其他族群中。

今天,对许多桑人来说,传统文化已属于回忆中的往事,一些更古老的习俗已经被遗忘,对浸染在现代文明中的大多数桑人来说,传统甚至在某种程度上已经停留在表演的概念里,他们可以赤身裸体地为其他文明的猎奇者表演他们的文化,但表演结束,他们依然会穿着现代文明

十 桑人(San)——开启人类文明的先驱

157

非洲部族 文化纵览（第一辑）

的服饰在人群涌动的街边吃着薯条，看着来往奔流的汽车。也许能本色地表演出他们本族传统的生活方式对现在的这一代还不算难事，但是，他们的下一代呢？当这一代桑人的孩子长大后，他们还能保留住本族的语言与文化吗？

笔者孙丽华（左）在卡拉哈里沙漠桑人安置点与美国志愿者交流

相比在现代文明的道具——汽车旁和购物中心里为各色游人表演传统歌舞，也许桑人更愿意在卡拉哈里沙漠中自由奔跑，追逐羚羊；在摇曳的篝火旁心无旁骛地自由欢唱。

在我们享受现代文明时，别忘了，在南部非洲寂静的沙漠周围，游走着一群群孤独的桑人，也许在现代文明人的眼中他们微不足道，然而他们却记录着整个人类生存发展的轨迹。他们的生活习俗与"现代文明"格格不入；走出沙漠丛林，走入高楼林立、车水马龙对他们恍若隔世，他们已身心疲惫。人类灵魂的荒原亟待拯救，桑人是否还能等来属于自己的春天？

非洲谚语

Until lions tell their tale, the story of the hunt will always glorify the hunter.
除非狮子开口讲话，否则打猎的故事永远在颂扬着猎人。

十一、斯瓦希里人（Swahili）

——东非海岸的跨界居民

中华文明与斯瓦希里文明的往来堪称繁荣，相互之间影响也越来越大。有些西方考古学家甚至说："中世纪的东非历史，其实是由中国的茶叶与瓷器写成的。"在这数百年间，斯瓦希里人生活的东非海岸国家因为进口中国的瓷器多，以至于被西方旅行家们称作"瓷器海岸"——这是一条见证古代中国与非洲国家友好交往的文化、商贸海岸。

沿着非洲东部漫长的海岸线以及中部广大内陆地区，生活着一个独特的部族——斯瓦希里。在那里，"斯瓦希里人"是一种值得骄傲的身份，尤其在坦桑尼亚的桑给巴尔岛（Zanzibar），那里的人们认为自己是"最正宗"的斯瓦希里人。

东非海岸的跨界居民

"斯瓦希里"既是部族和该部族所用语言的名称，又表示中世纪在东非海岸形成的一种文明类型。斯瓦希里是非洲东部和中部地区信仰伊斯兰教的穆斯林部族之一。"Swahili"这个词源自12世纪的阿拉伯语，由"Sawahil"一词演变而来，阿拉伯语拼写为"سواحل"，意为"海岸""沿海居民"。因为古代来访东非的阿拉伯人用"Sawahil"称呼非洲东部海岸，于是它成了这种语言和讲这种语言的人们的名称。

斯瓦希里总人口有200多万，是一个规模庞大的跨境部族，主要分

布在坦桑尼亚（占部族总人口64%）、肯尼亚东部（占13%），莫桑比克北部沿海地区、科摩罗以及附近岛屿（占15%），另外还有一些支系散居在索马里南部沿海、卢旺达、马拉维、赞比亚、扎伊尔、乌干达、布迪隆、马达加斯加等十一个国家。这个部族的构成十分复杂，简单来说他们是非亚经济贸易往来和文化交流的结晶。斯瓦希里人是黑白混血，属于埃塞俄比亚人种①，即尼格罗人②（Negro）与欧罗巴人③（European）的混合类型。他们主要由东非沿海地带、桑给巴尔岛、奔巴岛（Pemba）、马菲亚岛（Mafia）的当地班图人、大湖地区④的内陆班图人和纪元后陆续迁来的印度尼西亚人、印度人、巴基斯坦人、阿拉伯人、波斯人等长期混血而成。他们一般皮肤呈古铜色，腭凸不明显，头发大多是黑色波纹状。

海纳百川的文明

斯瓦希里文明具有多元性的特征，它以黑人文明为主，同时吸收了各种外来文化的影响。斯瓦希里的历史、宗教、文化三者是紧密联系、息息相关的。斯瓦希里文化覆盖的地域范围十分广阔，大致上沿非洲东部海岸由北向南延伸有数千公里。从纵向来看，它的覆盖范围北部起于索马里，中部经肯尼亚和坦桑尼亚沿海，向南一直抵达赤道以南的莫桑比克和马达加斯加岛的北部。从横向来看，它由东非沿海一带渗透到中部内陆地区，远处一直抵达世界上最大的盆地——刚果盆地（Congo Basin，又称扎伊尔盆地）和非洲南部的内陆国家津巴布韦。

斯瓦希里文化的形成相当复杂，它大体上形成于公元七八世纪左右，

---

① 埃塞俄比亚人种，分布于东北非，是闪米特人与黑人的混合。

② 尼格罗人，世界三大人种之一，泛指世界各地的黑人，也特指分布在非洲大陆撒哈拉沙漠以南的黑人。体质特征为皮肤黝黑，头发卷曲，体毛极少，鼻扁唇厚，腭凸明显。

③ 欧罗巴人，或称高加索人种，俗称白种人。一般发色较浅，眼睛为褐色、灰色或蓝色，鼻梁高而窄，嘴唇薄，头发柔软，体毛发达。主要分布在欧洲、北非、西亚和印度北部，16世纪随着欧洲殖民扩张扩到美洲和大洋洲。

④ 大湖地区，非洲中部、东部东非大裂谷周围的一些国家：刚果、肯尼亚、卢旺达、苏丹、坦桑尼亚、乌干达和赞比亚等。因为东非大裂谷的形成，使得该地区湖泊众多，故得此名。

公元12～18世纪达到繁荣，近代以后由于西方殖民主义的入侵日趋衰落。20世纪后期非洲国家陆续获得独立后，斯瓦希里文化重获新生。直到今天，它依然是东非海岸坦桑尼亚和肯尼亚等国的主流本土文化，在索马里、莫桑比克、赞比亚、科摩罗、乌干达、布隆迪、卢旺达、马达加斯加等国，也有一定的影响。

斯瓦希里女子

翻开厚厚的历史书，从有文字记载的公元6世纪甚至更早的时候，一向头脑精明、善于经商的阿拉伯人便漂洋过海来到了东非沿海地带，并逐渐进入中非内陆地区。他们陆续建立了一些居民点，并引入伊斯兰教。后来陆续到来了波斯人、印度人、巴基斯坦人和印度尼西亚人，这些来自西亚、南亚和东南亚的商人、冒险家、传教士、旅行者们同东非沿海及岛屿的本土黑人通婚、融合，通过长期的共同生活，互相影响、互相融合，逐渐形成了新的斯瓦希里部族。他们的商船带来玻璃、香料和纺织品卖给非洲人，带走的则是贵重的黄金、木材和象牙。但是他们最大的暴利还是来自贩卖用暴力挟持而来的黑人，桑给巴尔岛曾经有个非洲海岸最大的奴隶交易市场，约有400万黑人被锁链捆绑着在这里被挑选、交易，送往中东、欧洲、印度和美洲。斯瓦希里人所在的这些东非沿海国家是当时非亚贸易中心之一，与中国也早有往来，在我国宋代的史书中被称作"层拔国"或"层檀国"。

十一 斯瓦希里人（Swahili）——东非海岸的跨界居民

从16世纪开始，斯瓦希里人先后受到欧洲殖民者葡萄牙、德国和英国的侵略、分割和统治。19世纪他们同英国人联合，赶走了葡萄牙人。1882年，亚洲西南部的阿拉伯国家阿曼苏丹国的国王赛德·赛义德迁都桑给巴尔，使伊斯兰教在斯瓦希里人中又得到了很大发展。1935年，一个伊斯兰教派在坦桑尼亚的塔波拉（Tabora）建立了一个宗教点，把《古兰经》译成斯瓦希里语，并加以注释，使伊斯兰教得到进一步传播。

斯瓦希里人信奉伊斯兰教，属于逊尼派[①]（Sunnite）的沙斐仪教法学派[②]，并保持阿拉伯国家的文化和生活方式。除了深受阿拉伯文化的影响之外，同时也汲取西亚、南亚和东南亚的文化成分，形成了具有自己独特魅力的斯瓦希里文化——这是非洲化的伊斯兰文化，也是伊斯兰化的非洲文化。斯瓦希里文化在肯尼亚的影响尤其深远，游客在肯尼亚的海滨地区很容易沉醉在浓浓的斯瓦希里文化氛围之中。

总之，斯瓦希里文化是一种具有"世界性色彩"的海洋文化，是一种多元交织的、开放包容的文化。它以印度洋海上贸易为载体，以伊斯兰教信仰为纽带，以思想、文化、生活方式、风俗习惯等交织融合为内容。它借助了古代横跨印度洋的亚非地区贸易力量的推动，在融合非洲黑人文化、阿拉伯文化、波斯文化、印度文化、东南亚文化甚至中国文化的多种元素基础上，逐渐形成了这种混合型的"亚非文明"，具有自己的独特魅力与浓郁风情。

"郑和村"与"瓷器海岸"

虽然相隔着一个印度洋，但神奇的是，遥远的距离并没有阻隔斯瓦

---

① 逊尼派，伊斯兰主要教派之一。被认为是伊斯兰教的正统派别，信徒人数约占全世界穆斯林总数的85%以上。"逊尼"是阿拉伯语的音译，意思是"遵循传统者"。中国的穆斯林大多都属逊尼派，遵奉该派的哈乃妻教法学派。

② 沙斐仪教法学派，伊斯兰教的教法学派，逊尼派四大教派之一。创始人为沙斐仪。该学派形成于开罗和巴格达，在伊拉克和伊朗盛行一时。后来传至埃及、阿拉伯半岛南部和巴勒斯坦，并流行于几乎整个东南非、中亚部分地区，以及印度部分地区，后来又扩展到印度尼西亚、马来西亚以及东南亚其他地区。

希里人与古代中国人进行贸易往来。古代中国人将东南亚一带称为"南洋",印度洋沿岸称为"西洋",后来又一度将日本称为"东洋",这种东西南北的划定,自然是以当时中国人看世界的角度和方式来确定的。这其中与"西洋"文明组成部分之一的东非斯瓦希里文化的交流,是中国古代自唐宋以后对外交往的重要内容。不过,唐代时期中国与非洲国家的交往还是以间接形式为主。在这一过程中,一向善于经商的埃及和阿拉伯半岛的商人成为中非贸易往来的中间商。头脑精明的阿拉伯人很早就与东非海岸进行贸易,同时又与中国进行贸易往来。由于埃及和阿拉伯人所处的优越地理位置,加上又有娴熟的航海技术、精明的商业头脑、丰富的贸易经验和传统的商业信誉,因此他们在环印度洋各国家之间有着很强的中间商人的能力。他们将中国的丝绸、瓷器等货物运往非洲,以换取各种当地的土特产。另外在与中国进行贸易时,将非洲黑人带来中国。唐朝和宋朝以后,中国与非洲国家的直接交往开始出现,相互认知也逐渐扩大。

《宋史·层檀国传》[①]中曾经提到了"层檀国",记载了从该国到中国的航线:"层檀国在南海傍,城距海二十里。熙宁四年始入贡海道便风行百六十日,经勿巡、古林、三佛齐国乃至广州。其王名亚美罗亚眉兰,传国五百年,十世矣。人语音如大食。地春冬暖。贵人以越布缠头,服花锦白氎布,出入乘象、马。……谷有稻、粟、麦。食有鱼。畜有绵羊、山羊、沙牛、水牛、橐驼、马、犀、象。药有木香、血竭、没药、硼砂、阿魏、薰陆。产真珠、玻璃、密沙华三酒。……元丰六年,使保顺郎将层伽尼再至,神宗念其绝远,诏颁赉如故事,仍加赐白金二千两。"另外在《宋会要辑稿》[②]中也记载了"层檀国"两次派使者访问中国的情况。

---

① 《宋史》,二十四史之一。于元末至正三年(1343年)由丞相脱脱和阿鲁图先后主持修撰。全书有本纪47卷,志162卷,表32卷,列传255卷,共计496卷,约500万字,是二十四史中篇幅最庞大的一部官修史书。

② 《宋会要辑稿》,清代徐松根据《永乐大典》中收录的宋代官修《宋会要》加以辑录而成。全书366卷,分为17门,内容丰富,十之七八为《宋史》各志所无,是研究宋朝法律典制的重要资料。

历史学家们认为，这里的"层檀国"就是现在坦桑尼亚的桑给巴尔岛。

到了元代，更有了中国人亲自到达东非海岸诸国的明确记载。民间航海家、被西方人称之为"东方的马可·波罗"的汪大渊[①]在1330～1339年间两度下西洋，乘商船到达过"层拔国"（也就是《宋史》中提到的"层檀国"）。《马可·波罗游记》中也有忽必烈曾经派遣使节访问马达加斯加岛的记载。

到了明代，斯瓦希里人生活的东非海岸诸国更是当年郑和远航到访的"西洋文明"的一部分，"郑和七下西洋"是古代中国与东非国家的友好关系史中影响最为深远的事件。在第四次到第七次下西洋的过程中，郑和的船队已经到达东非沿海地区，最远可能已经到达今天莫桑比克的索法拉（Sofala）和马达加斯加岛。索马里北部一个名为"郑和村"的村落就是为纪念郑和访问而命名的，相传郑和使团曾经到过此地，有当地人自称是郑和下西洋时中国船员的后裔。明代已有非洲国家使者来中国访问。位于现在肯尼亚境内的东非麻林国国王哇来曾经访问过中国，他在抵达福州时去世，遗体安葬在福建闽县。

在此之后，中华文明与斯瓦希里文明的往来堪称繁荣，相互之间影响也越来越大。有些西方考古学家甚至说："中世纪的东非历史，其实是由中国的茶叶与瓷器写成的。"在这数百年间，斯瓦希里人生活的东非海岸国家因为进口中国的瓷器多，以至于被西方旅行家们称作"瓷器海岸"——这是一条见证古代中国与非洲国家友好交往的文化、商贸海岸。其实，瓷器只是当时中非贸易诸多往来商品中的一种。即使到了18和19世纪，在兴起于东非海岸的阿曼—桑给帝国，那些权势显赫的阿曼苏丹和阿拉伯王公贵族们，依然将收藏中国的丝绸、瓷器和绘画作品，作为他们显赫地位和荣耀身份的象征。

[①] 汪大渊（1311～1350），南昌人，元朝著名的民间航海家。至顺元年（1330），年仅20岁的汪大渊首次从泉州搭乘商船出海远航，历经海南岛、占城、马六甲、爪哇、苏门答腊、缅甸、印度、波斯、阿拉伯、埃及，横渡地中海到摩洛哥，再回到埃及，出红海到索马里、莫桑比克，横渡印度洋回到斯里兰卡、苏门答腊、爪哇，经澳洲到加里曼丹、菲律宾返回泉州，前后历时5年。

拉穆古城与石头城

位于肯尼亚东部的拉穆古城（Lamu Old Town），是一个濒临印度洋的小岛，它正是斯瓦希里文化的发源地。拉穆古城是肯尼亚最古老的城镇，东非最古老、保存最完善的斯瓦希里人居住地之一，也是联合国教科文组织评定的世界遗产所在地。它有着悠久而灿烂的文明，最早可以追溯到公元12世纪，至今仍然拥有许多具有斯瓦希里文化特点的传统建筑①，风格相当独特（主要以石头筑成），当地人也仍然保留着传统的生活方式。拉穆古城的斯瓦希里文化正是一种海上的商业文明，早在14世纪，小小的拉穆岛就已经是印度洋上的商贸中心之一，对外贸易开阔了居民的眼界，而异域文化，特别是阿拉伯文化更深深影响着拉穆古城。斯瓦希里语也正是在这里诞生。

拉穆古城

---

① 撒哈拉沙漠以南非洲有以下三种建筑风格比较突出：埃塞俄比亚高原的阿克苏姆式建筑、东非沿岸的斯瓦希里式建筑和中南部非洲的大津巴布韦式建筑。

踏上这个颇具异域风情的小岛，俨然到了一个阿拉伯世界，你很难想象这是在非洲大陆。这个岛其实很小，从一端走到另一端只需要40分钟。另外，来到这里你会有一种穿越时光隧道的感觉，因为这里大多数建筑的历史都可以追溯到古老的中世纪，它们至今仍然保存完好，其中的珊瑚石建筑尤为独特。港口边矗立着几个世纪前的大炮，工匠们在一斧一凿地雕琢着花纹繁复的木门和百叶窗。数百年来，岛上唯一的交通工具就是毛驴，狭窄曲折的街道恰好只能供行人和驴子来往通过。岛上居住着2万多名居民，他们都是清一色的穆斯林教徒，男人戴着帽子、穿着长袍，女人则用黑边布把自己全身上下包裹得严严实实、密不透风，只露出一双眼睛。

另外一座具有浓厚斯瓦希里文化特色的是桑给巴尔岛上的"石头城"（Stone Town），这座海滨商业城市是斯瓦希里文明的重要发源地，有着上千年的历史，同样被列入世界文化遗产名录。石头城至今完好无损地保留了古代的城镇建筑——有以前阿拉伯人的苏丹王宫（现在是博物馆）、石头城堡（现在是旅游纪念品市场）和前英国领事馆；肃穆的清真寺、印度庙与基督教堂（兼有哥特式和阿拉伯风格）并存；同时也有喧闹的集市和装饰得富丽堂皇的阿拉伯式房屋。钻进其中纵横交错、曲径幽深的窄巷，可以看到道路两旁一座座造型精美、风格各异的东非、阿拉伯、南欧、印度、葡萄牙式的老房子，其中华丽的阳台格子窗和图案复杂的雕花木门更是风情浓郁、别具特色。市区建筑物的高大木门上布满铜钉，华丽的图案精雕细刻，具有典型的阿拉伯风格。总之，"石头城"中的一草一木、一桌一门无一不体现着历经千年演变的斯瓦希里文化，古老而又独特，令人心醉神迷。桑给巴尔岛上的斯瓦希里人有一种格外的优越感，他们以自己的斯瓦希里身份与本土的非洲黑人区分开，认为自己有阿拉伯与波斯血统并最早皈依伊斯兰教，因而优于非洲黑人。他们的语言，尤其是其中的温古贾（Kiunguja）方言，更被认为是东非海岸最纯粹的语言。

Amani：用斯瓦希里语呼唤和平

2013年3月25日，中国国家主席习近平在坦桑尼亚尼雷尔国际会议中心发表演讲，就使用斯瓦希里语进行开场问候。据媒体报道，坦桑尼亚总统基奎特首先致欢迎辞，当他说到请习近平主席作现场演讲时，习近平开场就用斯瓦希里语"Habari!"问候"大家好"，引发现场一阵轻松愉快的会意笑声。

提到斯瓦希里语，我们可能会感觉有些陌生，但其实它在世界流行文化中经常出现。比如在华特·迪士尼公司出品的经典卡通动画片《狮子王》中，有部分词汇就是来自斯瓦希里语，比如：主角的名字"辛巴"（Simba）的意思是"狮子"；"拉非奇"（Rafiki）的意思是"朋友"。另外，香港摇滚乐队 Beyond 有一首广为流传的呼唤和平的歌曲"Amani"，其中的一句歌词"Amani, Nakupenda, Nakupenda Wewe"就是"和平，我们爱你"（"Amani"在斯瓦希里语中的意思是"和平"）。而中国国际广播电台也有专门对非洲的斯瓦希里语广播，到现在已经开播 50 年之久。

早在 20 世纪 70 年代，著名相声表演艺术家马季就在他的名作《友谊颂》里巧妙地运用了很多斯瓦希里语的常用词汇，给听众留下了深刻印象，激起了他们对非洲这块神秘大陆的无限好奇和向往。其中，这段相声中也提到了"拉非奇"（Rafiki，朋友）一词。

现在就让我们来了解一下这门美丽而奇妙的语言。它以非洲本土的班图语[①]（Bantu）为基础（词汇量占 65%），同时吸收外来的阿拉伯语（词汇量占 30%），形成了这门独特的语言。虽然在非洲以斯瓦希里语为母语的只有 200 万人，但是目前使用斯瓦希里语的总人数多达 8000 万，它是非洲三大本土语言之一，更是非洲联盟的工作语言之一。斯瓦希里语有 20 多种方言，以其中流行于桑给巴尔诸岛的温古贾方言是现代斯瓦希里语的标准语，通用于坦桑尼亚、肯尼亚和乌干达。

据东非颇具权威的《语言研究学报》报道，不少语言学家根据语言发展的趋势推测，认为斯瓦希里语极有可能成为整个非洲的通用语言。

[①] 班图语，尼日尔—刚果语系，包含约 600 种语言，有约两亿母语者。在整个非洲中部和南部都很普及，尽管在中非和南非国家官方语言一般是英语、法语和葡萄牙语，但是班图语是这些国家中最普及的语言。

斯瓦希里语是坦桑尼亚的国语——唯一的官方语言；在肯尼亚、刚果和乌干达，它与英语并驾齐驱，是官方语言之一；肯尼亚的学校同时向学生讲授英语和斯瓦希里语，多数肯尼亚人至少会讲三门语言：本部族语言、斯瓦希里语和英语。肯尼亚还有不少用斯瓦希里语播音的广播电台。同时斯瓦希里语也是中非、东非十几个国家和地区的通用交际语——比如赞比亚、卢旺达、布隆迪、莫桑比克、索马里、津巴布韦等。

斯瓦希里语传统上被认为是源于阿拉伯统治下桑给巴尔岛的语言。阿拉伯商人至少从6世纪开始就和东非沿海居民有着密切的贸易往来，伊斯兰教也至少从9世纪开始在东非海岸传播，这两者都极大促成了斯瓦希里语的发展。10世纪开始用阿拉伯字母书写，后来由于欧洲对非洲殖民的影响，19世纪中叶逐渐改用拉丁文字书写，自此之后它的发音有所简化。在奴隶贸易和欧洲殖民势力深入东非内陆期间，斯瓦希里语作为商业语言扩散于中非和东非的大湖地区。斯瓦希里语的词汇库是个大熔炉，体现了这个地区历史上亚、非、欧不同文化密切交融的状况，其中吸收最多的是阿拉伯语词汇，此外也有很多印欧语系的外来词。

1886年，在德国控制了坦噶尼喀（现在坦桑尼亚的大陆部分）后，它注意到斯瓦希里语的广泛分布，很快制定它为殖民地区域的官方行政语言。在临近的肯尼亚，英国殖民当局虽然没有马上这样做，但是也非常重视这门本土语言。德国和英国都需要在一个居民使用多种语言的殖民地上发布各种通告法令，因此殖民当局都需要选择一个单一的本土语言，并且使本地人能够易于接受。而斯瓦希里语正是唯一合适的选择。

第一次世界大战之后，德国战败，坦噶尼喀落入英国的掌控中。英国当局在基督教传教士的帮助下，积极在东非殖民地（乌干达、坦噶尼喀、桑给巴尔和肯尼亚）推广斯瓦希里语，用它进行初等教育和基础管理，而大部分中学教育、大学教育和较高层次的政府管理仍然使用英语。推广斯瓦希里语的关键一步是创造一个统一书写的语言。1928年6月，在一次会议上，流行于桑给巴尔诸岛的温古贾方言被选为标准斯瓦希里语的基础。20世纪后半叶，东非和中非各国相继独立，由于官方的重视和广泛采用，斯瓦希里语得到很大的发展，有成为整个东非和中非地区通用语言的趋势。

讲故事的高手

斯瓦希里人按父系传承，一大家子人其乐融融地住在一起，类似中国传统的四世同堂。一夫多妻的现象很普遍，多妻必然多子女，而多子女意味着家里劳动力的充足。在所有妻子中，第一个妻子占主导地位，在家庭事务中有较大的发言权，当然主要的决策和管理权还是由家族的男子掌控。女性的传统服装是"坎噶"（kanga），用一整块颜色艳丽的布包在身上，在不同的时间和场合需要选择不同的色彩。坎噶上面有时印有不同的文字，妻子可以通过这些文字的内容巧妙地向丈夫表达自己心情的各种变化。

斯瓦希里人的饮食文化特色十分鲜明。通常大豆和玉米是主食，常吃的有椰奶米饭、咖喱鱼或肉。女人们做完饭后，得让家中的男人们先吃饭，或者女人们在一旁单独吃。客人来访时，女主人用水壶为他们浇水洗手，洗手的顺序按主次和长幼为先后。鱼眼睛要献给客人或族中长者，妇女和儿童要等到最后吃。

斯瓦希里人继承了阿拉伯人和非洲人的口头文学传统，酷爱并且擅长讲故事，无论是日常交流还是开会讨论，他们都会以讲故事的形式将自己的问题或观点表达出来，不仅出口成章而且声情并茂。另外，家族中的长者有一个很重要的责任，就是要口头向儿孙传授本族的历史、要人、故事、诗歌和祖传的训诫，如此文化遗产代代相传下去。几个世纪以来，讲故事的传统使斯瓦希里人具有惊人的记忆力和绝佳的口才。

长久以来，在奔巴岛的斯瓦希里人信奉巫术，那里有许多知名的、令人敬畏的巫师。而现在，人们生病以后，可以选择去看巫师还是去正规的医院治病。当发生意外或遭遇偷盗、抢劫时，有的人找警察，有的人则求助于巫师，希望他们能帮助自己出入平安、无病无灾。

十一　斯瓦希里人（Swahili）——东非海岸的跨界居民

结　语

　　充满异域风情的拉穆古城、风景秀美的桑给巴尔岛、造型精美的斯瓦希里式建筑、色彩斑斓而神秘的"坎噶"……这些是否让你怦然心动了呢？如果有机会，去东非海岸追寻它们的踪迹吧，到那里感受海纳百川的斯瓦希里文化。

斯瓦希里谚语

When two elephants fight, it is the grass that gets trampled.

两只大象打架，脚下的草地遭了殃。（城门失火，殃及池鱼。）

十二、聪加人（Tsonga）

——穿越黑与白的种族藩篱

聪加族的传统村落的居屋通常呈圆形尖顶式，以酋长的居屋为中心向周围延展开来，四周环绕的是田野和牧场。房屋大多是圆锥形茅草屋，这种屋顶直冲向上的建筑风格不禁让人想到哥特式建筑。当年索松加改变了很多聪加人原有的生活方式，但唯独没有改变这些建筑风格，就是在这美丽而独特的茅草屋里，聪加人世代繁衍。

在非洲众多的部族中，他们只是其中的沧海一粟；他们在18世纪前的生活一直充满神秘色彩，没有定论；他们曾被征服，并与征服者一起在他们生活的土地上创造过辉煌，如今他们的生活乃至血脉中仍留有这些征服者的印记；他们后来的生活颠沛流离，一度被禁锢在贫瘠的黑人保留地，在不断的被征服与抗争中，他们试图挣脱种族的藩篱；他们就是班图语系[1]中的一支——聪加族。

聪加族[2]，又名松加族（Shangaan），或西川加那族（Xichangana）。聪加这个名称来自莫桑比克语"Ronga"，意思是"来自东方"。他们现在主要分布在莫桑比克南部沿海平原、津巴布韦和斯威士兰的部分地区以及南非，而南非是他们较集中的聚居区。据南非驻华大使馆的官员介绍，

---

   [1] 班图语系：主要由四大群体构成，梭托、恩古尼、松加—聪加和文达，其中细分的一些小部族包括：梭托族（北梭托、南梭托、茨瓦纳）、恩古尼族（祖鲁、科萨、斯威士和恩德贝勒）。

   [2] 聪加是一个泛称，是指文化近似，且都是用聪加语的多个班图语族的合称，主要包括松加司族（Tsongas）、汤加族（Tonga）、松特加族（Thonga）和一些更小的族群。

到20世纪晚期,聪加人口约为460万,其中约70万住在南非的北方省份,还有100多万分布于南非其他地区。

加沙帝国的昔日辉煌

今天的聪加人也许还会从那些部族老人的讲述中依稀忆起昔日的辉煌,他们曾建立过强大的加沙帝国,尽管创建帝国的第一任国王并非聪加人,而是祖鲁人,但随着历史车轮的前移,聪加人早已把混居在一起的种族融合看作了自然而然的事,这也许能更好地解释为什么聪加这个部族名称仅是一个泛称,聪加族更像是一个多种族的融合。

对于聪加人早年在非洲的生活轨迹,考古学界一直没有定论。有学者说他们是16世纪从亚洲迁移来的人,但这种说法也一直没有得到业界认可。有确实记载的聪加人历史始于18世纪。

18世纪初,在赞比西河土地肥美的河岸低地,生活着一群聪加人,他们最早定居在德兰士瓦地区①,过着安宁平静的生活。两岸肥沃的土地滋养了这些不擅争斗、平和的聪加人。他们以家庭为单位,在这里种植庄稼,过着自给自足的农耕生活。除了耕种,他们有时也会顺河而下,与其他部族的人进行贸易,用布匹、珠子来换取象牙、铜和盐。

到了19世纪初,非洲南部地区一些发展较快、规模较大的族群开始大规模扩张,祖鲁族②即是其中之一。祖鲁的沙卡国王,派将领索松加·马努库斯(Soshangana Manukosi)攻打当时位于德兰士瓦地区的聪加人。索松加率领的军队所向披靡,一直攻打到莫桑比克,占领了迪拉果阿湾,伊尼扬巴内和塞纳地区③。为了改变被奴役的命运,很多聪加氏族开始向内陆迁移,一些氏族成功地脱离了索松加的统治,而另一些则在抵抗失败后被祖鲁征服。在征服过程中,雄心勃勃的索松加看到聪加人不擅争斗,易于管理,而且他们居住的河岸一带风景秀丽,土地肥美,于是决定不

---

① 德兰士瓦地区:即现在的莫桑比克。
② 祖鲁族:属于班图语系的一个分支恩古尼族,18世纪时势力较为强大。
③ 迪拉果阿湾,伊尼扬巴内和塞纳地区,当时是葡萄牙早期殖民者的定居点。

把这片土地交给沙卡，而是建立了属于自己的王国——科瓦加沙恩古尼王国（Nguni kingdom of Kwa Gaza），又名加沙帝国（Gaza Empire），加沙是随他祖父的名而来。

在随后的几年里，索松加不断扩大帝国的领地，历史上加沙帝国的领土范围包括现在津巴布韦的东南部、莫桑比克以南地区、索法拉、马尼卡省、伊尼扬巴内省、加扎和马普托省的一部分，以及南非的周边地区。

加沙帝国建立后，索松加用自己的名字给当地的聪加人命了名——松加，意思是国王的子民。事实上，当时只有被征服的那部分聪加人被称为松加族，其他未被征服的聪加族仍然使用聪加这个称呼。现代的聪加人在追溯自己祖先的时候，通常会有两个分支，一支是当年的征服者——祖鲁族的战士，另一支则是那些原本独立的聪加氏族。

索松加建立自己的加沙帝国后，推行了一系列的改革，他知道国家的强盛一定是和战士的战斗力有密切的关系，于是他效仿祖鲁国王沙卡的军事统治制度，在当地聪加人中征集士兵，并教会他们用祖鲁人的方式进行战斗。此外，他还让两个部族相互配合，取长补短，就这样聪加族和当地的祖鲁族很快融合在一起，加沙帝国的实力也增长起来。

新帝国的建立让祖鲁国王沙卡非常生气，他派遣将领丁卡尼和马兰卡尼（Dingane and Mhlangana）率军攻打索松加。但攻打的过程并不顺利，两位主将总是意见不一致，他们互不相让，因此他们的军队被索松加分割成两部分；此外，由于从祖鲁到德兰士瓦路途遥远，军队需要长途跋涉，但补给却不足，士兵们常常饿着肚子打仗，又加上疟疾横行，最终，加沙帝国的军队轻松打败了前来攻打他们的祖鲁人，沙卡国王的两位将领也战死沙场。

随着加沙帝国的兴盛，其他种族，如文达族、夸祖鲁族等也陆续来此定居，与当地的种族融合在一起，安定的局势以及各种族的融合促进了经济的发展，加沙帝国进入了空前强盛的时期。1856年，加沙帝国的开国皇帝索松加离世，临终前他把王位传给了他第二位夫人生的儿子穆祖拉（Muzila），但他最宠爱的第三位夫人生的长子穆维为（Muwewe）

却认为自己才是王位的最佳继承人。于是穆维为在一些帝国元老的支持下发动了战争，妄图夺取王位。这场战争持续了六年，最终，穆祖拉和他的拥护者们打败了穆维为，并把他驱逐到莫桑比克外德兰士瓦的索特潘斯伯格山脉地区（Soutpansberg Mountains）。

穆祖拉即位后，与南荷兰省的葡萄牙副领事若昂·阿尔巴士尼（João Albasini）来往密切，阿尔巴士尼给他提供了很多经济与政治的支持，在这些支持下，穆祖拉几次挫败了穆维为的进攻。最后一次在 1862 年，穆维为被打败后，逃往斯威士兰，在那里，他向葡萄牙国王姆斯瓦蒂一世寻求帮助，在斯威士兰北部边境与加沙地带交界处定居下来。

穆祖拉去世后，他的儿子恩古古亚恩（Ngungunyane）继承了王位。恩古古亚恩是一位非常仁义的国王，他不仅亲自带兵打仗，身先士卒，而且在促进种族融合方面做了很多工作。在穆祖拉与穆维为争夺执政期间，很多聪加人和文达人为了逃避战乱，迁移到了南非等地。战争结束后，穆祖拉曾迫使这些已迁移走的部族回到加沙，但恩古古亚恩即位后，并没有像他父亲那样强迫这些人回来，而是公布了一些法令，承认他们的国家身份以及政治地位，来保障他们的权利。正因为此，直到今天，聪加人提到恩古古亚恩时，都坚定地把他看作聪加历史上最后一位杰出的国王。

恩古古亚恩执政期间，欧洲各国殖民者在非洲的掠夺正愈演愈烈，加沙王国也没有逃脱厄运。1895 年在对抗葡萄牙殖民者的战争中，恩古古亚恩率领的军队被打败，他本人连同家人、他唯一的一个叔叔以及众将领一同被俘虏。恩古古亚恩向葡萄牙殖民者提出，只要释放其他人，他愿意接受一切制裁。于是殖民者释放了他的家人，但把他和他的儿子押回了马兰卡兹（Mandlakazi，即今天莫桑比克的加沙省）囚禁起来。恩古古亚恩的叔叔被释放后，并没有像聪加人期望的那样勇敢地承担起家族的使命，带领人民继续战斗，而是选择带着家人离弃了国家，藏身于密林中，只留下一员大将曼吉瓦纳·豪萨（Magigwana Khosa）带领着剩下的军队坚持战斗了将近两年。最终，曼吉瓦纳战死，1906 年，恩古古亚恩也死在狱中，后被葬于马兰卡兹。

随着恩古古亚恩的去世，以及皇族家庭核心成员的逃离，加沙帝国的最后一个国王消失了，加沙帝国至此灭亡。

加沙帝国灭亡后，一部分聪加人沦为了殖民者的奴隶，还有一部分当时随恩古古亚恩的叔叔向西部迁移，定居在布市巴克利（Bushbuckridge），即现今的姆普马兰加（Mpumalanga）。

自给自足的小农经济

早在加沙帝国建立初期，索松加就开始推行祖鲁族所属的恩贝尼语族的文化，他不仅让聪加人学习祖鲁语，而且在生活习惯上，也模仿祖鲁人，他们穿兽皮，把鸵鸟羽毛插在头上，恩贝尼语族的文化随着时代的演变已经融入了聪加族的生活，成为聪加人深及血脉的一部分。

聪加族传统村落的居屋通常呈圆形尖顶式，以酋长的居屋为中心向

聪加民居式酒店客房

周围延展开来,四周环绕的是田野和牧场。房屋大多是圆锥形茅草屋,这种屋顶直冲向上的建筑风格不禁让人想到哥特式建筑。当年索松加改变了很多聪加人原有的生活方式,但唯独没有改变这些建筑风格,就是在这美丽而独特的茅草屋里,聪加人世代繁衍。

像其他以农耕为主的部族一样,聪加族在很大程度上也保持着自给自足的小农经济,土地对于聪加人来说就是财富,聪加人虽然也保留着非洲传统部族中男权制的习俗,但已婚妇女在丈夫的家族中也拥有土地。他们种植的农作物主要包括木薯、高粱和玉米,此外还有其他一些蔬菜和水果。家族中的成员都会参与劳作,男人们通常会从事一些较为繁重的体力活,如耕地、捕鱼、守护家园等;女人们则收割庄稼、打柴、担水、酿制啤酒、做饭;而孩子们则会在庄稼快成熟时,到地里驱赶飞鸟或其他动物,防止它们来糟蹋粮食。

在莫桑比克,由于河流较多,鱼类成为日常饮食的主要部分,当地的聪加人主要以捕鱼为生。他们通常会在河口拦一道河坝,把捕鱼的篮子放在洼口处,鱼随着涨潮升起的水游到这里,退潮后,鱼儿就会被困在篮子中。男孩们会更直接一些,他们用弓和箭来射击捕鱼。

除了耕种、捕鱼,聪加人也会饲养一些山羊和鸡,但他们很少养牛,据说,这是因为他们多在沿海低地聚居,那里采采蝇众多,这种昆虫会给牛传染一种致命的疾病。

聪加人也会收集一些树叶、浆果、草药和药用植物,他们用果实或当地的植物做成美味的漆树果仁啤酒和姜果棕榈酒[①]。这些酒是聪加人各种仪式上必不可少的特色饮品。

如今的聪加人也进行一些简单的商业活动,南非湿热的气候使得土地丰富多产,聪加农民会种植西红柿、香蕉、芒果、鳄梨、菠萝、荔枝、橘子、木瓜、玉米、棉花、坚果和烟草等,并在本地销售这些产品。妇女们会制作一些生活用品,她们用草编制睡垫和各种篮子,也会编制酿造啤酒用的滤网,她们还会用土烧制陶壶。男人们也很心灵手巧,他

---

① 非洲当地产的一种棕榈制成的酒。

们会制作一些木质品，如家具，其中用玉米秆制作的各种家居用品最为出名。

多样的部族结构

如前所述，聪加族更像是一个种族的大杂烩，多年的种族融合也造就了聪加族独特的社会结构。与其他一些主要部族相比，聪加族的部族结构比较复杂，有以家庭为基本单位的部族结构，也有以血统和族系为基础的部族结构。那些可以确认为是同一个宗族的人都生活在一起，按照谱系再分为氏族，包括同一个祖先繁衍下来的所有后代。但主要来说，聪加族是以氏族为纽带，即以父系血统构成的氏族。一个大的氏族由不同层次的家庭组成，聚居在各个氏族的领地。氏族里最小的稳定单位是"核心家庭"，包括丈夫、他的几个妻子，以及孩子。

男性在聪加传统文化中占主导地位，在传统婚姻中，一个男人可以娶多个妻子，每个妻子都拥有自己独立的小屋居住，他们通常会生很多孩子。这些核心家庭再组合成一个大家庭。正是因为有了这种一夫多妻制，所以，在聪加传统社会结构中，一户"大家庭"就组成一个村落的情况很多见。这个"大家庭"通常包括几个"核心家庭"，由选出的家族族长共同管理。当大家庭中的男孩结婚后，就会独立出去建立一个新的"核心家庭"，新核心家庭包括这个男人、他的妻子们和他们的孩子。如果核心家庭中，男孩子数量超过两个，那么最小的儿子即使结婚了，也不能分出去，他要和他的"核心家庭"一直留在家中陪伴父母。

在传统的社会结构中，几个大家庭联合后构成氏族，几个氏族联合后就构成了一些各自独立的酋长国。聪加语中世袭的酋长被称为豪萨（hosi），他是氏族中的最高级成员，通常拥有最高贵的血统，在南非，部落酋长的职权依法得到政府认可。酋长的权利通常由兄弟而非儿子继承。如果家族中需要继承酋长职位的人还没有成年，他的叔父通常会代理职位。这种王位传兄弟不传儿子的继承方式是聪加族一个独特的部族特征。

这在中部非洲许多部族中比较常见，但在南非部族中并不多见。

如果家族内部起了冲突，家族的额族长会在内部解决，如果氏族间有了矛盾，就会由部族联盟法院来协调解决，通常状况下，最容易引起冲突的就是对土地和其他一些稀缺自然资源——比如水源和牧场的争夺。

生命的旅程

聪加族有很多重要的仪式，如出生仪式。婴儿出生后，在取名之前就要进行洗礼，婴儿出生后大约一个月后就可以取名了，如果是男孩，就要以祖父的名字命名，如果是女孩，就要用祖母的名字了。

女孩在六岁时，会开始承担一些简单的家务，如做饭、打扫家、挑水、打柴、锄地，随着年龄的增长，她们承担的家务会更多。女孩的母亲会教她很多东西，并教导她如何成为一个好妻子。而男孩在七岁以后，就随父亲进行一些捕猎鸟类的活动，孩子的父亲会让他们通过观察来增加对植物和动物的认识。这些训练不仅增加了男孩的体能，更重要的是让他们了解部族的生存历史以及作为一个已婚男人必须承担的责任和义务。

聪加人有在脸部划出疤痕的习俗。孩子们进入成年期后，就会在脸部烙上不同的疤痕图案。据说，早先，这是为了震慑贩卖奴隶的阿拉伯奴隶贩子，后来这种疤痕被聪加人视为美的象征。

女孩和男孩进入青春期就可以谈婚论嫁了，到了谈婚论嫁的年龄，男孩必须有自己的收入，两个大家庭必须都同意，没有正当理由，父母不能逾越孩子替孩子做主。男孩的父亲要把结婚彩礼送到女方父亲手中，随后，新娘就会被送到新郎家。婚礼会按照当地的婚俗进行。在现代，在教堂举办西式的婚礼也很流行。

聪加族通常是在本氏族内进行通婚，但也会有氏族间通婚的现象。传统聪加人还盛行着古老的妻姐妹婚，即一个男子在与某家的长女结婚后，可以娶妻子妹妹，但这个女孩必须要达到结婚年龄。妻姐妹婚这个词源于拉丁语"soror",即姐妹,这种婚俗多在原始社会一夫多妻的部族中保留。北美四十多个印第安部落中都有类似的群婚现象,我国少数民族独龙族,在新中国成立前,也有类似的婚姻现象。在妻姐妹婚盛行的制度下,丈夫凭自己的意愿可以同时娶两到三个姐妹为妻子。婚礼结束后女方要随丈夫居住在男方父母家一段时间,直到生下儿子,儿子三个月大后,丈夫就会带着妻子搬出去另立门户,但家族中最小的儿子则会一直留在家中照顾父母,并继承父亲的土地。

在莫桑比克和南非,一夫多妻的家庭通常拥有几座房屋和牛圈。妻子们都独立而居,其住处会根据结婚的先后顺序不同来排列,首先娶到家的妻子通常是正室,不仅妻子的地位不一样,每个孩子的地位也都不一样,孩子之间的排名差异是由性别、年龄、母亲的等级决定的。但所有男孩的地位都高于女孩。正室的长子通常继承牛圈和一些配套物品包括牛、犁耕等;剩下的一些小物品会分给其他小家庭。如果一个核心家庭中丈夫去世了,那么在分财产时,会先把财产分给寡妇,或那些尚未出嫁的女孩,以保证她们日后的生活,但父亲的房子要由儿子来继承,妻子无权继承。

聪加人也会有离婚的现象,离婚时只要双方家庭中父母等主要家庭成员都同意,而非夫妻双方个人协商,就可以离婚。如果双方无法达成协议,就要到氏族法庭上诉。离婚后,双方的职责义务就全部终止了。如果是女方的原因导致了离婚,女方的父亲要归还全部的彩礼。离婚的女人会回到家族里,她的父亲继续拥有她的监护权。但如果是男人的原因导致的离婚,则男人无需承担任何不利的后果。这也反映出非洲地区较为普遍的男权思想占统治地位的状况。

家族中男性族人死亡后,通常被埋在牛圈,这时族人会宰杀牛来帮助死者的灵魂早日归到祖灵的行列。死后进入灵魂世界是聪加人完整的生命过程中一个不可缺少的重要阶段。人去世后,其家庭成员要举行欢迎仪式来帮助逝者的灵魂进入属于他们的世界。家族成员的死亡也使整个家族不洁净,所以族人都要参加一系列祭祀洁净仪式。这些仪式通常

从死者去世那天开始，一直延续到随后的几个月里，不同仪式要在不同时间段进行。在仪式中，一家人聚集在一个专门用于祭祀祖先的地方，并准备一些食物和酒来感谢祖灵带给他们的一切。

祖灵也是至高神

在班图文化里，特别是在聪加文化里，人们都信奉一个至高无上的神，但他们也同时信奉祖灵。在聪加人的眼中，世界就是一个包括活人和死者的统一整体，人都是既有肉身，又有灵魂，这样才能同时赋予一个人不同的特征。莫亚（moya）是灵魂，当人出生时，他也跟着进入身体，当人死亡后，莫亚会离开人的肉体进入灵魂世界。恩族迪（ndzuti）是人的影子，反映了人的性格特征，人死亡后它也会离开人的身体。聪加人不仅坚信人死以后灵魂继续存在，他们还相信，祖先的灵魂会与他们的生活紧密相连。

聪加人认为祖灵会生活在埋葬酋长的某个神圣的墓地，每个氏族里都有几个这样的墓地。祖灵有时会在族人的梦中显现，有时会变换成鬼魂。祖灵发怒时，会给氏族带来疾病、灾难，甚至死亡。每到此时，巫师会代表整个氏族来祈求祖灵的庇佑。族人要把啤酒和牛肉摆在墓地献祭，祈祷并安抚祖灵。在祈求仪式上，所有的人都要小心翼翼，因为一不小心触犯了祖灵，会招来更大的灾难。

为了表示对祖先的尊敬，聪加人给孩子取名时多用祖先的名字，这同时也保持了家族的延续性。

他们既信奉那些庇佑他们的祖灵，也相信邪恶灵魂的存在。好的神灵会给族人带来降雨，带来好运，而邪灵是由邪恶的巫师控制，它们会带来疾病和厄运，有时候它们会为了一些邪恶的目的而用魔法来伤害族人。如果氏族中不断有人得病，或者整个氏族厄运不断，那就表示邪灵出现了。聪加人相信，偶尔生病是正常的事，但如果病情严重或厄运不断，则必须由巫医来向祖灵寻求帮助了。巫医通常会通过抛掷骨头、贝壳或其他一些东西来断定厄运产生的原因，并给出解决方案。

巫师有时会使用魔法和一些草药来治疗病人。聪加人认为一切物体，包括人类，都具有特殊的能力，这种能力附着在有形的物体上，并随着这些可见的形体发生转移，所以，植物或动物的器官都可以做成药，这样，那些本来存在于这些物体上的超能力就会随着这些物体转移到人身上。现代的聪加人也会在国家开设的正规医院或诊所看病，但他们更多时候会去找传统巫师治疗。

部族精神的传承者

聪加传统中，年长的妇女很受尊敬，她们为族人提供精神食粮，她们既是部族传统以及历史故事的讲述者格兰格尼（Garingani），也是部族精神的传承者。

每次开始讲述故事前，她们都会以这种方式开头，"我是讲述者"，"我是讲述者的女儿"，说过之后，众人一起欢呼"讲述者格兰格尼（Garingani）"。每讲完一个故事，人群就高喊一次她们的名字。

传统祥和的聪加村落

从格兰格尼们的口中,我们听到了这样一个有关卡里巴湖(Lake Kariba)河神的故事。

在聪加人的聚居区,有个卡里巴湖,这个湖实际上是一个大水库,位于赞比亚首都东南,横跨赞比亚和津巴布韦两国边境。传说那里曾居住着河神恩亚旻亚尼(Nyaminyami),他长得像蛇,身围有三米粗,没有人知道他到底有多长。当它游过湖面时,湖水会变成红色。听聪加的老人讲,以前曾经有人见过河神,但自从白人入侵了这片土地,并修建了卡里巴河坝,河神就再也没有显现。

当地人都说,湖上的大坝使河神和他的妻子分离,这惹怒了河神,会给当地带来灾难。但这种说法从未被白人重视过,他们曾嘲笑过有关河神的故事,但这种嘲笑,后来却变成了一把利剑,悬在那些嘲笑者尤其是修建大坝之人的头顶,令他们不寒而栗。

大坝修建前期的实地考察工作在20世纪40年代末开始,实地考察工作没开始多久,在1950年2月15日晚,一股印度洋刮来的飓风席卷山谷,这对于这个既不临海也不靠洋的内陆地区来说,是从未有过的事。在飓风的侵袭下,仅仅几个小时,降雨就达到了十五英寸,当晚湖水涨起七米高,许多村庄被洪水冲走。当救援队终于在三天后赶到时,眼前的景象让他们终生难忘,洪水冲毁了村庄,所到之处满目疮痍,羚羊等动物的腐烂尸体悬挂在树顶,到处可见,空气中弥漫着腐尸的味道,而调查小组的成员也全部失踪,搜救队搜遍了整个山谷,但踪迹全无,调查小组成员的家属坚持要找到他们亲人的踪迹,哪怕是一具具尸体。百般无奈之下,他们找到了村里的酋长,请求帮助。酋长说,这是河神发怒了,必须要献祭才能平息他的怒火。于是,酋长在河边举行了仪式,他们杀了一头牛犊,把牛肉抛到了河里。很快,调查小组成员的尸体在河岸的山坡下找到了。

经过了这件事,聪加人以为河神已经让那些白人们惧怕了,但是,白人们认为这不过是一次偶然事件,依旧坚持大坝的修建工作。格兰格尼每每讲到这里,总会伴随着悲哀的叹息。族人的反对以及河神的惩戒没有抵过白人殖民者膨胀的贪欲，他们在 1955 年开始正式修建大坝。

在这一年圣诞节前夕，又一场前所未有的洪水侵袭了山谷，冲走了围堰的地基和刚刚建成的浮桥。洪水达到顶峰，退去，然后再次达到高峰。这种情况以前从未发生过，这一次，白人们也开始议论，也许真的是河神在发怒了。

河神第三次发怒是在 1956 年 11 月。当时一场大雨下了整整一个月，突如其来的山洪使得大坝的修建工作停滞下来。赞比西河及其支流的水位一晚上就上涨了约一米。大雨蔓延了很大一片区域，而大部分的水被囤积在赞比亚的洪泛区以及安哥拉的森林地带。到了第二年的 1 月，萨尼亚蒂河（Sanyati River）在快要汇入赞比西河、最接近新修建的大坝时，突然像骑兵冲锋般倾泻而下，河水在一天的时间里上升了将近六米，汹涌着漫过围堰。当时在修建工地的一台最大的挖掘机卡车，瞬间就消失在洪水里。大坝遭到了严重的毁坏。经过陆续两个多月的修缮，被损毁的大坝才开始一点点整修，直到 3 月，涨起的河水才开始消退。据说，这样的洪水平均每一千年才有可能发生一次。

河神第四次发怒是在 1958 年 1 月，这一次洪水的来势更加汹涌。不管你是否相信，那年发生的洪灾是有人类有史以来近万年才发生过的一次。当时洪水以每秒 1600 万升的速度摧毁了吊桥，咆哮着冲下河床，一路肆虐，河岸的北塔倒塌，河上的桥被水拱起像个巨大的弓，新修建的桥脊骨碎了三处。洪水过后，破碎的桥梁就像是河神愤怒抗争失败后被虐待过的残骸，无奈而又凄凉地留在被人类侵占的家园。

卡里巴水坝最终在 1958 年 12 月完工，胜利的人们沾沾自喜地看着这片被征服的水域，也许他们心里偶尔会有些许的愧疚，愧疚他们侵扰并带给了这个神秘而原始的河流不尽的愤怒和屈辱。

据格兰格尼讲，河神现还住在河坝下，族人也不会轻易去扰乱河神的生活。也曾有人驾船到过河坝，但都以船沉人亡而告终。水坝附近的礁石就像是一个个陷阱，诱使着到这里来的一艘艘船触礁沉没，保卫着

十二 聪加人（Tsonga）——穿越黑与白的种族藩篱

河神最后的安身之所。在聪加语中，陷阱就是卡里瓦（Kariwa），正因为此，这片湖也被称之为卡里巴湖（Kariba）。如今，卡里巴湖附近仍然时不时会有轻微的地震，聪加人坚信那是河神想探望他的妻子，但大坝已经阻隔了他们，他无法穿越大坝，就会愤怒地扭转身体，震动大地。

另一个有关传统占卜师的故事也和河神有着紧密的关系。据格兰格尼们说，聪加人最早的占卜师是海之牛和翻滚的水花。海之牛叫恩科马威·温德尔（Nkoma We Lwandle），是个女人身；而水花则是一个男人身体，叫邓加·门子（Dunga Manzi）。有一天，他们突然被一个蛇形的河神恩尊祖（Nzunzu）拉进湖里，训练了几个月后，就变成了占卜师，帮助族人占卜治病。

在聪加的传统故事里，蛇的形象占据了很大一部分，两个故事中的河神都是蛇的外形。蛇在西方文化传统中通常与邪恶、贪婪划等号，而对于非洲丛林中的聪加人来说，蛇更多的代表着力量以及智慧。在上面的故事中，水这一文化符号所表现出的表征意义，对于人类来说，就像是母体子宫中供给营养的羊水，沉入水中的人类，就像在子宫羊水中呼吸的胎儿，而再次显现的这一情节，其实更像是对重生的预表。

这让我们联想到阿诺德理论中很经典的模式：分离——显现——聚合。人消失在湖里，意指从日常生活中分离出来，沉入另一个世界里，几天后从水中显现，预示着重生，而聚合则是两种不同属性能力融合后产生的超能力，就像科马威·温德尔和邓加·门子的故事中完整的蜕变情节一样。

格兰格尼们就是通过一个个迷人的故事讲述了本部族的发展史，也使得本部族的精神在族人中延续。

黄金矿工的生命之舞

音乐对于聪加人来说非常重要，他们很注重音乐的享受。他们会演奏各种弦乐、吹管及敲击乐器。聪加族的各种仪式中都少不了聪加鼓，它形状像小手鼓，用鼓槌来演奏，通常只有男人才可以演奏。聪加人还制作了一种独特的乐器"法乙"（fayi），就是一种粗短的木笛，在葫芦的两头，绑上一根细长的皮条，并用力拉紧，吹奏时会发出尖利的、令人难忘的声音。法乙通常是一群男孩子在一起打发无聊的长途旅行而演奏的。

聪加族的舞蹈有很多种，木抗告罗舞（Muchongolo）是老年男子和女子们跳的舞，西固卜舞（Xigubu）是年轻人的舞蹈。但在众多舞蹈中，橡胶靴舞最为有名。这种舞蹈通常会配合鼓、号角以及各类乐器，如姆比拉（mbila）来演奏。橡胶靴舞蹈是集现代音乐与传统的橡胶靴步子组合而成的一种舞蹈形式，通常由男子在各类仪式上表演。

南非是一个美丽的国度，那里盛产黄金，但在19世纪的南非，当地的黑人们却过着痛苦的生活。他们被抓来充当黄金矿工，脚上带着镣铐干着又脏又累又危险的工作。在多雨的南非，挖出的黄金矿坑经常有恶臭的积水，这些积水会导致矿工们脚部感染，影响劳作。金矿老板们发现，要把水排干再进行劳作会浪费很多钱，于是，他们采用了更便宜省事的一种方法，给每个矿工发一双膝盖高的沉重的黑色雨靴，这样，既可以节省资金，又可以防止污水直接接触身体而导致疾病，耽误工期。又脏又差的劳动环境，非人的待遇以及长期超负荷的劳作使得工人们纷纷反抗。为了防止工人们造反，金矿老板们严禁矿工们相互交谈，但是矿工们自己开发了一个相互通信的方式，能在黑暗的矿山里沟通。他们跺着脚，让脚上厚重的靴子发出声响，配合脚链碰撞声，产生出一种类似莫尔斯电码[①]的沟通方式。

到了后期，橡胶靴舞蹈除了沟通，还成为矿工们喜欢的一种娱乐方式。他们逐渐编出这种包含撞击声和跺脚动作为一体的独特舞蹈。矿业公司老板起初不喜欢橡胶靴跳舞，但最终他们开始鼓励宣扬这种舞蹈，并会

---

① 莫尔斯电码是美国人萨缪尔·摩尔斯于1844年发明的，最早的莫尔斯电码是一些表示数字的点和划，数字对应单词，需要查找一本代码表才能知道每个词对应的数，用一个电键可以敲击出点、划以及中间的停顿。

组织一些类似的舞蹈比赛。

如今的橡胶靴舞已经飞越了南非的国界扩展到非洲各地，并且超越了传统的舞步，加入了很多现代音乐以及舞蹈的元素。今天的游客们到南非可以看到橡胶靴舞蹈的表演，可以体会到这种历史悠久的舞蹈形式。在南非首都约翰内斯堡的胜利剧院，人们可以观看到"橡胶靴舞蹈"的演出活动。

加赞库鲁的种族隔离

加赞库鲁[①]（Gazankulu）是南非政府实行种族隔离政策的一个产物，它更像是强加在聪加人身上的桎梏。在1910年，南非白人的统一政权建立后，他们对南非境内的黑人推行了种族隔离政策，即规定"南非各个种族要在其指定的地区分别发展"。这个指定的地区就是保留地制度[②]，非洲黑人只能在划定的保留地内生活、劳作，除了保留地外，禁止他们购买、租借或用其他手段来使用土地。白人政府为他们划定的保留地通常地处偏远，土地贫瘠。为强化种族隔离制度，南非白人政权又抛出了以"黑人家园"政策为核心的"分离发展"计划[③]，又称班图斯坦制度，即黑人在保留地按部族形成中央政府直接控制的"班图自治区"，又叫"班图斯坦"，亦即"黑人家园"[④]。加赞库鲁就是南非白人政权为聪加族设立的

---

① 加赞库鲁（Gazankulu）是南非推行的"黑人家园"（原称"班图斯坦"）的产物。南非白人当局对非洲人采取的一项分而治之并最终剥夺非洲人南非国籍的种族隔离计划。其炮制者是南非前总理维沃尔德。"黑人家园"于1959年开始实施。白人当局把占南非土地不到13%的原"土著人保留地"定为"黑人家园"，而其余87%的土地归白人。占人口75%的非洲人按部族划归10个"黑人家园"，聪加人就被隔离在了南非最北部的一小块贫瘠的土地上，称为加赞库鲁。

② 保留地制度系由《土著土地法》（1913年）和《土著人托管和土地法》（1936年）确定。

③ 1959年白人政权通过《班图自治法》规定：黑人在原来聚居的保留地按部族组成自由人中央政府直接控制的"班图自治区"，分阶段逐步建立"地方当局""立法会议""自治政府"，最后发展为"独立国家"。

④ 1964~1975年南非当局人为地拼凑了10个以部族为基础的黑人家园：特兰斯凯（科萨族）、博普塔茨瓦纳（茨瓦纳族）、西斯凯（科萨族）、加赞库鲁（聪哈族）、坎瓜内（斯威士族）、夸恩德贝莱（恩德贝莱族）、夸祖鲁（祖鲁族）、莱博瓦（北索托族）、夸夸（南索托族）、文达（文达族）。

一个种族藩篱，它包括两个德兰士瓦——北德兰士瓦，即今天的林波波省，以及东德兰士瓦，即现在的姆普马兰加省。南非白人政权还设定，这些"版图斯坦"要分阶段逐步建立起"地方当局""立法会议""自治政府"，最后发展为"独立国家"，凡居住在"白人地区"者，都只具有本独立国的国籍，而非南非国籍。

加赞库鲁在1971年成立自治政府，但除了南非政府外，这个傀儡政权从未得到国际上任何国家的承认。白人种族主义政权就是要通过剥夺黑人部族的南非国籍，从根本上剥夺他们对整个南非具有的权利，以达到永久占有南非的目的。

在种族藩篱的桎梏下，聪加人被迫同其他黑人部族一样进行种族鉴定，登记人口，发放表明其所属种族和外貌特征的身份证。每个年满16岁的黑人必须携带统一配发的内容详尽的身份证，否则要处以罚款甚至监禁。这种身份证成为他随时接受检查的通行证件之一。

由于居留地的土地贫瘠，很多聪加人无以为生，只得辗转沦为白人的劳工，但南非的白人政权又规定，寻找工作的黑人在一个城市里的逗留时间不能超过72个小时。通行证法既是控制黑人劳动力的一种残忍手段，又能剥夺黑人的迁移、旅行、居住、求职、辞职等一切行动自由。

1980年，在部长哈德森·塞维斯（Hodson Servais）的带领下，加赞库鲁政府成立了由68人组成的议会，议员多为聪加族的酋长。酋长们反对加赞库鲁独立，但赞成加入南非联邦，他们也反对南非对他们土地使用权的规定，理由是当地的经济会受到影响。与加赞库鲁接壤的塞索托语家园是属于莱博瓦的黑人聚居点，这两个贫困家园的居民经常会因为政治以及经济问题发生冲突。这些类似的冲突会经常被南非的白人政权作为种族冲突的例子，来宣扬一定要继续实行种族隔离政策，否则南非将会被这样的种族冲突导致分崩离析。

在南非黑人领袖们的不断共同努力下，1994年，加赞库鲁重新归属于南非。如今，聪加人居住的地区主要是克鲁格国家公园和德拉肯斯山脉之间，在南非的姆普马兰加省和北部省。自1964年开始，南非政府开始

帮助聪加人重新修建了一些村落式定居点，每个村子大约能容纳二百到四百户人家。这些重新修建的定居点给聪加人的生活带来了很大的变化。

非洲谚语

Every woman is beautiful until she speaks.

女人一开口，美丽全没有。

十三、茨瓦纳人（Tswana）

——为自由国度而战

茨瓦纳人的饮食很有特色，他们最传统的烹饪方式是先将玉米粒或高粱米做成米饭，然后把家禽，或者野兽的肉切成碎末，再佐以蔬菜制成一种肉酱，拌着米饭，吃时再撒一些食盐和辣椒面等调味。

在非洲南部高原地带，风景秀丽、群山密布，其中有一座名为茨瓦蓬山，因为其位于群山之间，这里形成了一种独特的气候，孕育了各种稀有的动植物，这座山上的岩石距今已有1.8亿年，它见证了人类自石器时代至公元19世纪的各个发展阶段，同时也见证了茨瓦蓬山下历经沧桑与磨难、为自由而奋战的人——茨瓦纳人。

顺势而生的茨瓦纳人

现今，在南部非洲，生活着约400万茨瓦纳人，其中300万生活在南非，100万生活在博茨瓦纳。

茨瓦纳人[①]，旧称"贝专纳人"（Bechuana）[②]，属班图语族。需要特别注意的是，茨瓦纳人不等同于博茨瓦纳人（Batswana或Motswana），茨瓦纳人指的是属于茨瓦纳族群的人，而博茨瓦纳人是指博茨瓦纳国的

---

① 茨瓦纳人：主要分布在奥兰治河以北的内陆高原和德拉肯斯山脉的西部，分属博茨瓦纳、南非、津巴布韦和纳米比亚。

② 这个称呼是19世纪欧洲人对贝专纳区域以及那里居住的茨瓦纳人的共同称呼。

公民。

茨瓦纳族并非是由一个大酋长管理的统一部族，也非几个有血脉关系而联合起来的氏族联盟，虽然这些小的氏族都有共同的语言和生活方式，但他们却各自独立，每个氏族都有自己的名称以及酋长，酋长只管理本氏族的人，主要解决氏族内部的纠纷，保障族人的安全，管理财物，有的酋长还要承担祈雨的职责。

茨瓦纳族的这种酋长制管理方式使得他们的部族历史中充满纷争和断裂，因为部族中有不满意酋长统治的，就会带领本家族的人离开原部落，到其他地方定居，而通常带领家族出走的那个男人的名字就成为新部落的名称。

根据茨瓦纳族老人们口口相传留下来的故事，他们最早生活在东非大湖地区的南部，当时各个氏族也都各自独立，但后来由大酋长曼洛浦（Chief Malope）统一了这些氏族，带领族人共同生活。曼洛浦酋长既是一个优秀的军事家，又是出色的外交家。他成功地把众多氏族统一起来，击退了祖鲁军队的攻击，此外，他与祖鲁国王沙加成功地达成了协议，后者承诺，绝不会再去攻打茨瓦纳族。

后来曼洛浦（Chief Malope）酋长为了躲避白人的入侵，带领茨瓦纳人开始由东非大湖地区向南迁徙，在迁移过程中，由于人口不断增加，气候的干旱，食物的稀少，曼洛浦的三个儿子分别带着一部分人从大部落中分离出来，形成了主要的三个分支：莫莱波洛莱（Molepolole）、坎耶（Kanye）以及塞罗（Serowe）。随着时间的推移，族群逐渐分散，形成了现在大大小小将近三十多个分支。

在曼洛浦酋长带领族人从东非向南迁徙的漫长过程中，茨瓦纳人最懂得顺势而生，他们总是能随着迁徙地的环境来改变自己的生存方式，让自然的生存环境为他们所用。

与其他大多数非洲部族一样，往昔的茨瓦纳人主要依靠狩猎和采摘为生，他们能在茨瓦蓬山上多样化的植物中采摘可食用的树叶、果实，在水草丰美的洼地，他们会过着游牧的生活，放牧牛羊；而在土地肥沃的

笔者孙丽华（左）在博茨瓦纳驻华大使夫人（右）珠婚庆典上

高平原地带，他们会种植易于培养的作物，如高粱、豆类、南瓜、甜瓜和葫芦。据说玉米就是由茨瓦纳人最早培植，由葡萄牙人引入到国内。

茨瓦纳人一直过着与自然和谐相处的生活，当欧洲殖民者入侵非洲后，茨瓦纳人的生活发生了巨大变化。在1885年，他们生活的贝专纳地区沦为英国殖民地，被称为"贝专纳保护地"。

随着博茨瓦纳共和国于1966年9月30日开始独立，占该国总人口近80%的茨瓦纳人迎来了自己部族史上的重大转折，得益于国家经济发展、社会和谐稳定，他们过着衣食无忧的生活。博茨瓦纳，这个属于茨瓦纳人的国度，凭借自身丰富的大矿藏和畜牧业生产，由过去非洲最穷的国家之一，一跃成为著名的"非洲小康之国"。

生命的起源

在茨瓦纳人的故事里，生命是这样诞生的。

有一天黎明时，神创造了第一个男人，给他命名为陶投那（Tauetona）。

十三　茨瓦纳人（Tswana）——为自由国度而战

神接着又造了他的兄弟和其他一些动物,并让男子给这些动物起名。

我们在《圣经》的创世纪中也读过类似的叙述,我们是否可以从这点上再次证明,所有的人类拥有一个共同的祖先。随着岁月的流逝,人们已经忘记了过往的一切,唯有这些故事与传说中体现出的灵魂深处的集体无意识才清晰地烙印出人类曾经的足迹。

神在造了人和动物后,把这个土地称为"赛亚版纳",意思是男人之源,这里一切都安静美好,动物们和平安乐,唯独男人们不快乐,因为他们没有妻子。他们整天都很忧伤和愁苦。上帝看到这一切,就派一个名叫"谨慎行事"的变色龙给男人们传话:"男人们都会死去,但以后他们可能还会回来。""谨慎行事"花了很长的时间,终于把这个令人费解的消息传达到了男人们手中。

在此期间,众神决定,他们应该派另一只快腿蜥蜴去送一个更明白的信息,于是,第二条信息"你的精神将永远存活,但你的肉体会像其他动物一样死去"。此外,信息里还声称男人们将会生孩子! 收到消息后,男人们一片哗然:"这怎么可能呢?这里一个女人都没有啊!"男人们不知道的是,神已经在不远处的山谷里创造了妇女,那个地方被称为"妇女之平原"。

有一天,陶投那(Tauetona)在追踪猎物时,突然发现了一些奇怪的脚印,既不是四只脚的动物,也不是猴子的,与他自己的形状非常像,但却小了很多。"这些是什么动物的脚印? "他问鬣狗。鬣狗看了看这些脚印,说"我不知道",其实鬣狗是对这种大型动物不很感兴趣,因为它可吃不了这么大的动物。男人又问长颈鹿:"你那么高,一定看得到这种动物,他们是什么啊?"长颈鹿四处张望,看到了那个山谷和一些奇怪的两足动物。聪明的长颈鹿立刻猜到,这些可能就是女人,这可是男人们渴望拥有的妻子。于是,它对男人们说:"我能看到那些动物,我去请她们跟我回来。"于是长颈鹿就去了山谷里,对女人们说,它可以带她们去一个地方,那个地方有一群年轻的男人在热切地等待着她们。于是,女人们跟着长颈鹿,一路唱着歌颂母亲的歌来到了赛亚版纳。同时,神的老母亲用含羞草的子做了一种药水，把它涂抹在每个男人的舌头上，让男人能够开口讲话，让他们向女人们求婚。

独特的家庭成员构成

传统茨瓦纳社会包括男人、妇女、儿童和"已逝去的祖先"。父亲承担照顾家人和部落的责任，妻子和孩子必须服从父亲。茨瓦纳族的妇女在结婚前要顺从自己的父亲，结婚后则要顺服自己的丈夫，甚至家族里的其他男性，如丈夫的父亲或者叔叔。

现代社会，各种文明的交融使得茨瓦纳的传统也发生了一些变化，据博茨瓦纳驻华大使馆的教育官员介绍，现代茨瓦纳族群，基本上是以小家庭为单位独居，妻子在家里也拥有一定的话语权。

在传统的茨瓦纳部族中，男性的主要工作是狩猎、放牧，而收拾房子、耕地等活儿则以女性为主。狗在茨瓦纳人的传统中占据很重要的地位，有一个茨瓦纳的故事说，在个村子里，住着一个女孩叫赛慈恩（Saitsane），当村里年老的妇人去地里干活时，狗要品尝家里面那些年轻姑娘们做的饭，狗就是通过舔嘴和摇尾巴来评判是否对饭菜满意。有一次，赛慈恩不让狗吃她做的饭，狗就大怒，拼命狂吠，把邻村的狗都引来了，这些狗得知原委后，一起跑到赛慈恩妈妈耕种的地里，把她家的高粱地全都毁坏了，赛慈恩被妈妈狠狠地打了一顿后，委屈地逃走了，最终一家富人收留了赛慈恩，并把她许配给了一个王子。女孩的家人最后找到了女孩，王子给了他们很多高粱来作为补偿。

在茨瓦纳部族中，允许一夫多妻制。丈夫娶了多个妻子后，孩子也会按照母亲的地位来确定继承权。通常正室的长子可以继承父亲的大部分财产，主要是牛，而其他妻子生的儿子则会少很多，女儿只会给很少一部分财物，很偶尔会分给她头牛，女儿出嫁，分得的财物会随她一起转给丈夫。女儿还继承母亲做饭用的器皿等。夫妻双方在婚姻中的地位不对等决定了妻子和孩子的不平等地位。

据茨瓦纳的一个民间故事讲，有一个丈夫，他的第二个妻子为了让自己的孩子继承丈夫的财产，于是设计要谋杀第一个妻子的两个孩子。她开始劝说丈夫让他杀了那个孩子，但丈夫拒绝了，于是她开始预谋怎么在晚上杀死那个孩子，她的继女听到了计划，于是到了晚上，她把亲弟弟和继母的亲生儿子两个人睡觉的地方偷偷地交换了，结果，继母杀死了自己的儿子，继女带着自己的弟弟跑到了外祖母的家中，男人知道后，恼怒妻子的凶残，休了她。

这些故事不仅仅提到了一夫多妻制中财产继承的不平等，也暗示了婚姻双方对于终止婚姻的主动权方面的不平等。

缺啥也不能缺牛

茨瓦纳族奉行严格的等级制度，部族各个支系由酋长来管理，这种等级制度除了体现在酋长权力的特殊外，也体现在拥有的财产上。茨瓦纳族人把拥有牛的多少，作为身价和地位高低的象征。酋长、地区首领、长老等上层拥有大量牧畜，而大多数家庭只有几头或十几头牛。

在现代社会，情形也类似，如在博茨瓦纳，人均占有牛的头数在非

类似的牧场随处可见

洲国家位居榜首。在这里,一个人的财富同饲养的牛数也是成正比的:牛越多,越富有,其社会地位就越高。商行老板、大企业主和那些高级官员拥有数千头牛,在当地并不是一件令人奇怪的事情。饲养万余头牛的农场主在这个国家为数不少。人们将自己的财富以牛的形式"储存"起来,手头有钱就买牛,缺钱花就卖几头牛。

即使是在大城市生活、工作的人,在近郊或老家农村也都有自己的牧场,在那里养着牛。据说在博茨瓦纳,牛性情温顺,只要有草有水,它们吃饱喝足后就在原地休息,一般不会走散,甚至很少走出主人的牧场范围。即使某一头牛走失了也不会丢失,因为牛角上挂着写有主人姓名、地址、电话的小木牌,届时总会有好心人打电话通知主人或者将牛送到主人的牧场。在首都哈博罗内市,每到周末之际,一辆一辆的小汽车从机关大院或居民住宅区驶出来,经过市区,奔向郊外。车内或是一家人,或是单身汉,他们都是利用周末去牧场探视自己的牛群,其中不乏各级官员,甚至包括政府部长。他们到达牧场,便一头一头地查看自己的牛。到了晚上,皓月当空,繁星满天,寂静的草原上吹拂着阵阵凉爽的微风,人们喝着啤酒,谈着高兴事,欣赏着牛群,其乐融融。博茨瓦纳人将周末同牛在一起度过视为人生最大乐趣和享受。来到牧场,天广地阔,空气清新,远离闹市区的喧嚣,避开工作中的烦恼,尽情地享受着人生中的欢乐。更为重要的是,自己的全部财产——牛浮动眼前,使人产生一种异乎寻常的满足感。星期天下午,这些探牛者又风尘仆仆地赶回城里,准备第二天继续干自己的本职工作。

在博茨瓦纳,到处都可以感受到牛的存在,总统府和议会大厦上方挂着的巨大国徽中央是醒目的牛头像;大街小巷的商店的商标广告上画着牛的图案,人们穿的服装印着牛的彩图,流通的货币上也铸着一头公牛。就是你行走在路上,也会时不时地被一群群膘肥体壮的牛挡住。在博茨瓦纳,有一个很著名的节日,是在每年7月举办牛的博览会,很多人会从全国各地赶来进行牛的展览和评比活动。而庆祝节日或者举办某项传统仪式,茨瓦纳人更是离不开牛,会杀牛来庆祝,在一些隆重的庆典仪

十三 茨瓦纳人(Tswana)——为自由国度而战

式上,甚至要宰杀近百头牛,号称"百牛宴"。

以牛为礼的婚俗

当地流行这样一句话:"在博茨瓦纳,青年人没有牛是娶不到媳妇的。"这恰当地反映出牛与民众的生活是密不可分的。青年男女订婚,男方要给女方送去一定数量的牛作为彩礼;女儿出嫁,如果娘家比较殷实,父母也会给女儿数头牛作为嫁妆;正式举行婚礼的那一天,男方家要宰杀数头牛,筹办别具一格的"牛肉婚宴"。

按照当地流行的风俗,凡是有人家举办婚礼,四邻好友便牵着一头牛前来祝贺。前来祝贺的人越多,主人家会越高兴,因为这样一来就会收到更多的贺礼。在农村地区,"牛肉婚宴"的地点一般选择在部落村庄的广场上,时间选择某个吉利日子的下午开始。席间,主人给每一位来宾送上一只盘子,里面盛着撕成丝状的牛肉,上面浇有带着辣味的佐料,还有青豆和米饭等。众人围成一个一个圆圈,席地而坐,左手托着盘,右手抓着食物往嘴里送,吃得津津有味。人们边吃着牛肉,边谈论着那些感兴趣的话题,不时地向新郎新娘说几句表示祝福的热情话。主人发现客人盘中的食物快要吃完时,马上又给添加一些。只要稍加注意就会发现,来宾手中的盘子里,男性的是牛肉,女性的是牛杂碎。这也是当地的一种习俗,很大程度上是因为茨瓦纳族是男权社会的原因。

夜间,无数的火把将婚宴现场照得通明,人们酒足饭饱后,新郎新娘邀请来宾们唱歌跳舞,婚礼仪式达到高潮。当一个人引吭高歌时,众人放开嗓门相和,身体晃动、动作粗犷的舞蹈震动大地;嗓音豪放、节奏欢快的歌声响彻夜空。直到次日清晨,人们才尽兴离去。

但并非每个年轻人都能举行这样的仪式,很多人因为没有牛或羊做聘礼就只能把婚姻当做一个努力为之奋斗的梦。茨瓦纳的新娘通常也要牛来作嫁妆。在举办传统婚礼仪式前,很多年轻人会偷偷住在一起。我们认识一个当地的小伙子 Shakes,他是一个勤杂工,因为他和女友拿不出婚礼需要的牛，所以两人不能举办婚礼，只能偷偷来往。根据茨瓦纳的习俗，没有举办婚礼的年轻恋人可以偷偷幽会，但不能住在一起，但如果他们有了孩子，并且孩子已经出生，则两人就可以光明正大地住在一起了。Shakes兴奋地说，他的儿子已经半岁了，他和他儿子的妈妈可以正式住在一起了，他要努力工作，等赚够钱就举行一个正式的婚礼仪式，把老婆娶回家。Shakes告诉我们说，根据茨瓦纳的传统，在他儿子半岁前，他们不允许见面。很多人只是先到国家的婚姻机关登记，或在教堂举行个简单的仪式。等手头宽裕了，才补办婚礼，这样的情况在茨瓦纳人中很常见。

奇异美食之树虫

高粱或玉米面粥是茨瓦纳人餐桌上的主食，配菜有白菜、菠菜或各种野菜、豆类等，当然少不了牛肉。茨瓦纳人除了牛肉外，他们食物的类别主要取决于他们的居住环境。

现代社会中，居住在城市的茨瓦纳人的饮食方式已经越来越西方化了，他们的主食有面粉和盐加水制成的饼类、蔬菜以及肉食，很偶尔也会有野菜，如籽粒苋、白花菜等，这些野菜生长于杂草中，养育了传统的茨瓦纳人，但现代的年轻人已经不吃这些东西了，因为他们认为这些是低等食物。这些传统的富含营养的野菜被贴上贫穷菜的标签，尽管35岁以上的茨瓦纳人还会买一些这类食物，但他们更多时候是从超市以及便利店买蔬菜。在贫民聚居区可以看到这些生长于野外的叶类食物。

茨瓦纳人的饮食很有特色，他们最传统的烹饪方式是先将玉米粒或高粱米做成米饭，然后把家禽，或者野兽的肉切成碎末，再佐以蔬菜制成一种肉酱，拌着米饭，吃时再撒一些食盐和辣椒面等调味。

在当地多树的环境里，茨瓦纳人还会食用一种虫子。这种虫子叫"莫帕内树虫"（mopane worms），生长在非洲一种叫莫帕内的树上，食树叶为生，长约5厘米，身体是绿色，浑身长满软刺般的毛，繁殖能力极强。

每年三四月份，是这种毛虫大量繁殖的时候，它们寄生在树干上，这时当地人就会把它们捉来，有的当地居民一天可以捉到几千条。这时候，这些毛虫就会成为餐桌上的美食。茨瓦纳人会把一部分虫子掏尽内脏，洗净后用油炸、火烤或者盐水煮，据说吃起来味道鲜美，营养价值很高，有的人一顿就能吃数百条。剩下的虫子茨瓦纳人会用盐水煨煮后晒干或者烤干，以便于长期保存。

周而复始的生命礼赞

茨瓦纳人在一生中要举行很多次仪式来纪念生命中的重要时刻，如新生命的诞生仪式、三个月的产后坐月子结束仪式、结婚仪式、新娘的陪嫁仪式和死亡仪式。当孩子从少年步入成年时，茨瓦纳人要举行精心准备的成人礼，这个仪式通常在冬天举行，而且持续几个月，在举行成人仪式时，男孩被带入丛林中，举行割礼。

女孩通常在家里举行成人仪式。仪式包括舞蹈、化妆舞会以及"纹身印记"。纹身通常在大腿内侧，女孩在成人礼期间，除了要纹身，还要学会耕种，以及有关男人和性方面的知识。

葬礼是这其中最主要的关乎生命周期的仪式。茨瓦纳人认为，死亡具有自然和超自然的两种原因。传统上，部族的成年男人去世后要被埋葬在房屋周围。未成年的孩子被埋在屋子里。现代社会，虽然越来越多的茨瓦纳人使用墓地，但在边远的乡村还是有一些茨瓦纳人选择传统的埋葬方式。葬礼上通常会宰杀牲畜，如牛，做成食物后招待参加葬礼的人。祭司和传统治疗师会主持葬礼，葬礼是为了帮助活着的人生活，使他们不会因为失去亲人而悲痛欲绝。通常老人去世后，会成为祖灵，那些害怕死亡的人会变成鬼，他们的灵魂会在墓地停留，晚上出来活动。

传统上的葬礼通常是在亡者刚去世就要举行，但在现代，因为有了殓尸房，所以葬礼可以延后举行以便于充分准备。茨瓦纳人越来越重视葬礼，所以在棺材的选择，来参加葬礼的人员，以及现场的安排等方面他们会投入大量的时间、精力以及金钱，相比较传统的茨瓦纳族葬礼来说，现在的葬礼变得越来越昂贵，葬礼的时间有时会长达一周。无论对亡者家属来说，还是对来参加葬礼的宾客来说，葬礼已成为族群联系的主要方式之一。

此外还有一些和农业生产有关的仪式，如开始播种、祈雨、第一批收获的水果仪式，这些仪式都不定期地举行。

神奇的丁加卡

南部非洲有着丰富的天然药材，许多茨瓦纳人对草药有一定了解，丁加卡（dingaka）是治疗疾病的魔法家。丁加卡是一个统称，指的是许多不同类型的巫医，其中尤其包括祈雨、疗伤、诅咒以及妇女生产。在茨瓦纳的传统仪式上，丁加卡会应村子里族人的要求主持一些仪式，帮助这些村子得到神灵的启示。需要进行仪式的村子会给丁加卡和他的助手提供一头牛，丁加卡会把一串牛骨抛向天空，通过骨头掉落的方式来解释病人患病的原因，并给出解决的方法。茨瓦纳传统里的邪灵被称为巴姆洛伊（bmoloi），他是邪念的操控者，在白天或晚上出来活动。当它在晚上出来时，这些邪灵会聚在一起，而且会经常变成动物，诱使人做一些坏事，因为他们具有邪恶的力量，所以被诱惑的人通常会患病或遭遇不幸。非洲独立教会里的人，如先知或牧师，也会治疗疾病，据说，他们的训练比丁加卡还要严格。

多神信仰与至高神

茨瓦纳是一个多神信仰的部族。茨瓦纳既信奉基督教，天主教，也信奉当地的至高神"摩蒂默"（Modimo）以及祖灵。19 世纪初，博茨瓦纳就有基督教传教士，今天博茨瓦纳境内的宗教大多数属于一个教会，这些传教士教会茨瓦纳人识字，并把西方的学校以及价值观带入了茨瓦

纳的生活中。传统的茨瓦纳人还信奉一个至高神"摩蒂默",他是万物的创造者,掌管人类的命运。他通过不同的天气,如大风、冰雹、雨、干旱来表达他的情绪。当摩蒂默表达他的不满时,一些不可抗的自然灾害就会发生。当这种不满达到一定程度,就会有死亡。大的灾难通常是因为人类的嫉妒和贪婪引起的。

茨瓦纳人在处理日常事务时,会更依赖祖灵(Badimo)。在茨瓦纳的传统里,成年人死亡后,他们的灵魂会离开自己的身体,与其他祖灵一起庇佑族人。族人通过仪式和祷告来与祖灵沟通,祖灵在茨瓦纳的生活中起着重要的作用,他们通常可以保护族人,但是当他们认为族人中有不恰当的行为时,他们通常不再庇佑后代,这时候,他们的后代就会受到疾病困扰甚至发生不幸。

绚丽的时尚之美

随着历史的进程,茨瓦纳族服装服饰也发生了很大的变化。传统上,茨瓦纳人穿着动物的皮革制成的衣服,现如今,更多的元素加入到他们的服饰中,在传统中更多了一些时尚之美。一般来说,茨瓦纳人的服装与现代其他地方的人一样,穿牛仔裤和衬衫,在博茨瓦纳,他们对公务员的着装很严格,他们不准穿短裤、紧身裙或T恤,男士必须穿上长袖衣服——即使在很热的天气。

很多茨瓦纳人接受了现代教育后,把本民族的传统服饰与现代元素相结合,创造出绚丽时尚的服饰,一些甚至销往欧盟和美国。

非洲谚语

Cross the river in a crowd and the crocodile won't eat you.
混在队伍中过河,鳄鱼就吃不了你。

十四、约鲁巴人（Yoruba）

——西非的能工巧匠

他们还认为：只要商加从天上往下扔雷石（thunder stones），就会发生电闪雷鸣的自然现象。约鲁巴人迷信这些石头有特殊的力量，因此每次闪电过后，祭司们就会四处寻找雷石，然后把它们放在商加的庙宇中供奉起来。

虽然一直以来都知道尼日利亚是非洲第一人口大国，但是听了尼日利亚在华留学生 Iyogun Mineze Paul 的介绍，笔者才对这个国家有了更多感性认识：它不但人口众多，而且大大小小的族群超过250个，其中，豪萨—富拉尼族（Hausa-Fulani），约鲁巴族和依博族（Ibo 或者 Igbo）是尼国三大部族，分别占总人口的29%、21%和18%。据统计，在拥有1.67亿人口的尼日利亚，大大小小的语言总计有521种之多。

约鲁巴是西非的一个部族，主要分布在尼日利亚西部和西南部，还有少数分布在贝宁、多哥和加纳三国。根据美国联邦调查局2013年发布的世界各国概况（CIA World Factbook），约鲁巴族的总人数超过3500万，是非洲人口最大的部族之一，绝大多数生活在尼日利亚。约鲁巴人属尼格罗人种的苏丹类型。约鲁巴语属于尼日—刚果语系（Niger-Congo），既是尼日利亚的一种官方语言，又是约鲁巴人的母语。

绝大多数约鲁巴男人务农、种植木薯、芋类、黍类等主食；芭蕉、花生、豆类和豌豆等辅助食物；可可和油棕是他们的主要经济作物。约鲁巴妇女不经常下地干活，很多人都做买卖，她们的生意头脑在西非地区声名远扬。

她们的地位独立于丈夫的社会地位，主要由自己的经商能力和职位高低来决定的。她们还纺纱织布、编织筐篮，并且从事印染工作。自古以来，约鲁巴人就是非洲大陆上最心灵手巧的手工艺人，不但技术精湛，而且产量很高。他们从事很多不同的工种，包括铁工、织工、皮革工、玻璃工、象牙雕工和木雕工等。早在13世纪和14世纪，约鲁巴人就已经创作出精美绝伦的青铜人像。由于历史上各地的约鲁巴居民都有在王宫周围修盖民房的风俗，加上商业发达等因素，他们的市镇发展较早，城市化程度较高。伊费（Ife）、奥约（Oyo）、伊巴丹（Ibadan）、阿贝奥库塔（Abeokuta）等城镇均有百年以上的历史。

从伊费古城到奥约帝国

在从冈比亚河口沿几内亚湾至喀麦隆火山的滨海地带上，生长着茂密的热带森林。受这种自然条件的制约，这里的约鲁巴人很少与外界联系，创造出别具特色的伊费—贝宁文化。位于尼日利亚西南部的伊费城[①]历史悠久、内涵丰厚，自古就有"圣城"的美誉，一直都是当地约鲁巴人的精神家园。时至今日，它仍然是约鲁巴大地的精神首都，人们称它"主啊，伊费"。在尼日利亚的神话故事中，伊费是世界的中心。约鲁巴人相信，上帝奥罗伦在伊费城创造了人类。

早在远古时代，约鲁巴人就在今天尼日利亚的西部和西南部地区繁衍生息着。他们的起源目前还不十分明确。普遍的一种说法是：公元8世纪前后，约鲁巴人从上埃及地区迁徙到伊费。在伊费和上埃及地区发现的一些石刻、丧葬时包扎死者的方式以及包扎用的布料都极其相似，它们为这种说法提供了重要的实物证据。考古学家对从伊费城内的伊塔—耶莫遗址中出土的木炭进行放射性碳素测定，其结果表明：木炭形成于公元960～1160年，是约鲁巴所有城市废墟中出土的年代最久远的木炭。

---

① 伊费又称"伊勒—伊费"(Ile-Ife)，是尼日利亚西南部一个历史悠久的约鲁巴城市。人们在这里发掘出公元前7世纪人类居住的痕迹。在约鲁巴人心目中，伊费就是人类诞生的地方。

因此可以断定，伊费城确实是约鲁巴人最早的定居点。

据说，伊费的开国君主奥杜杜瓦（Oduduwa）以身作则，带领人民开荒种地、建设城市、烧制陶器，国势日渐强盛。奥杜杜瓦一共有15个孩子，他要幼子奥兰密延王子（Oranmiyan）留在身边，将其他14个子女全部派遣出去开拓疆土。他们缔造了一系列约鲁巴城邦，包括奥伍（Owu）、贝宁和奥约，等等，伊费城是其中的宗教中心，其他城邦和它构成松散的臣属关系。

考古发掘证明，古伊费城的建城工作不会晚于公元9世纪，有可能早在公元6世纪就开始了。根据赤陶雕塑、青铜国王雕像以及砖铺道路的发展变化情况判断：该城邦在10～14世纪达到鼎盛时期。在香戈奥尼统治时期，约鲁巴人的政治中心转移到了旧奥约城（约鲁巴人居住区的最北部）。从16世纪下半叶起，因为经济持续发展，特别是由于同北方之间的贸易往来日益频繁，奥约国势一日千里。从17世纪初开始，依靠国王"阿拉芬"（Alafin）建立的强大骑兵部队，奥约开始不断向外扩张。在18世纪上半叶，奥约同达荷美王国[①]（Dahomey）之间展开了一系列战争。最后，达荷美战败，从此以后向奥约称臣纳贡。这时的奥约帝国（Oyo Empire）领土辽阔，其版图北达博尔古、南邻大海、东抵尼日尔河、西至莫诺河。大约在16～19世纪，奥约成为约鲁巴的政治中心。

约鲁巴族建立的是一种古老、传统的城邦社会，城市化程度很高。这些城邦的规模通常都不大，由大小不等的若干城镇组成，其中最大的城市就是首都。牢固的城墙环绕在城市四周，外面还有土墙和壕沟。城邦的统治者是"奥巴"（Oba）或者"阿拉芬"。伊费国王被称为"奥尼"（Ooni），地位在其他城邦国王之上。各城邦都得向伊费国王进贡，而且未经他的许可，不可以加冕称王。

在18世纪末至19世纪，由于约鲁巴部族的各城邦之间不断发生纷争，

---

① 达荷美王国是西非埃维族的一支阿贾人于17世纪建立的封建国家。国家全名为"达恩·荷美·胡埃贝格"，简称"达荷美"。1899年为法国所灭。

再加上达荷美的丰人①（Fon）和富拉尼人（Fulani）不断入侵，奥约王国以及其他一些国家相继衰落。约鲁巴人传统上的诸多国王虽然保留下来，但是其政治权力已所剩无几。

从19世纪开始，约鲁巴人遭到英、德、法等国的殖民统治，很多人被贩卖到美洲当奴隶。经过长期斗争，从20世纪60年代起，约鲁巴人同当地其他各部族人民一起迎来了各所在国的独立。20世纪50年代以后，随着尼日利亚石油工业的兴起，约鲁巴地区的经济再次获得腾飞。

家庭是基础

在约鲁巴部族的各个支系中，存在着复杂多样的社会组织与政治组织，但也拥有许多共同点：财产继承与继位按照父系代代相传；父系宗族成员在一名首领领导下协同工作；有一些相同的名字和禁忌；供奉本族的神祇；政治权威属于国王"奥巴"和一个酋长会议（Oloyes）；每个城镇都有自己的酋长，所有酋长都受"奥巴"管理；国王还是宗教领袖，神圣不可侵犯。

在约鲁巴族的社会组织中，家庭起到了至关重要的作用，可以说，约鲁巴族政治文化的发展起源于他们的家庭单位。古代约鲁巴地区的家庭一般指大家庭，即家

约鲁巴新娘

---

① 丰人是贝宁的主要部族，讲达荷美语。他们多保持传统信仰，主要从事农业生产。丰人的木刻和骨雕在西非地区享有盛誉。

族或父权制大家庭，单个家庭只有依附于家族系统，才能获得生存和发展的机会。一个部落组织就是一个扩大了的父系血亲系统。约鲁巴各城邦发达的酋长制度正是在家庭的基础上发展起来的，所有组织结构的权利和权威也发源于家庭。约鲁巴人以世代相传的血亲纽带和亲缘关系以及家庭集团为基础建立起部落国家。

百神之族

传统上，约鲁巴宗教有一套复杂的神祇系统，上有造物主，下有400个左右等级不同的小神（Orisha）和精灵，他们与其自身的宗派及祭司密切相关。

约鲁巴人称上帝为"奥罗伦"（Olorun，意思是"天的主人"）或者"奥罗伦莫"（Olodumare，意思是"全能的"）。奥罗伦被视作"万物的创造者、全能者、全知者、生命的给予者，并且是人类最后的审判者"。奇怪的是，约鲁巴人既没有庙宇也没有祭司来供奉他们的上帝，人们从来都不祭奠他。约鲁巴人在日常生活中对他也完全置之不理。奥罗伦可能是早期的伊斯兰和基督教传教士创造出来的一个概念，以对应伊斯兰教的安拉或者基督教的上帝，然而约鲁巴人却认为"在全能的上帝面前，人们手足无措，而且他遥不可及"，因此在他们心中，奥罗伦不具有现实感。

约鲁巴族的风暴神"商加"（Shango）、他的四位妻子以及彩虹和霹雳这两位随从一道受到尊敬。人们认为他善于用石头作战，因此尊称他为"投石手"或"神弹手"。他们还认为：只要商加从天上往下扔雷石（thunder stones），就会发生电闪雷鸣的自然现象。约鲁巴人迷信这些石头有特殊的力量，因此每次闪电过后，祭司们就会四处寻找雷石，然后把它们放在商加的庙宇中供奉起来。据说，商加是奥约帝国的第四代首领。他有超能力，能够请来闪电。可是，由于他的一个小小疏忽，全家人遭雷击身亡。他因此懊悔自责，最后上吊自杀，死后变成了神。尽管有些人认为商加是他们的至高神，但是约鲁巴人并不认为商加是诸神当中最强大或最重要的神。应该说，在西非地区频繁发生的龙卷风经常造成巨

大的人身和财产损失，人们出于敬畏之心，因此格外尊敬他。商加共有四位妻子，每一位都是尼日利亚的一条主要河流。他的大妻子奥雅（Oya）就是尼日尔河。在商加的庙宇里放着好几罐圣水，因为风暴神是"生命之水的主人"。人们相信河中有精灵，如果要过河或搭桥，首先就会安抚河精。因为担心河精会在黄昏时分现身，并且抓走马马虎虎的人，因此，日落时去尼日尔河打水的人心里都七上八下的。

根据约鲁巴人的神话，世界原来呈糊状，非常潮湿，不适合任何生命形态的生存。欧里山拉（Orishanla 或者 Obatala/Orisa-nla）和妻子奥杜杜阿（Odudua）这对神仙眷侣独立于全能的奥罗伦而存在，或者比他诞生得还早。奥罗伦派欧里山拉带一只装满泥土的蜗牛壳、一只母鸡和一只鸽子到伊费把大地弄干。母鸡和鸽子四处泼洒泥土，将这里变成了世界上第一块干燥的土地。创造出宜居的环境以后，其他事情就由欧里山拉和奥杜杜阿全权负责。夫妻俩塑造出人形，奥罗伦赋予他们呼吸。一些地区的人们认为：欧里山拉负责管理一众小神（Orisha），其地位仅次于奥罗伦。

欧贡（Ogun）是其中最重要的小神，他集战神、猎神和铁神的角色为一身。欧贡是铁匠、战士以及所有锻打金属的人的保护神。他还负责掌管合约。在神化传说中，欧贡有一把神圣的弯刀。在约鲁巴人的法庭上，人们通过亲吻这把弯刀的方式来宣誓：自己所说的内容句句属实，绝无半点谎言。约鲁巴人认为，如果不遵守以欧贡的名义签订的合约，违约者就会厄运缠身。

约鲁巴人狂热地崇拜大地，这种崇拜与天花有关，因为他们认为天花是大地的"武器"。在历史上，天花夺去了很多人的生命，人们于是开始供奉天花神绍可珀纳（Shokpona）。过去，约鲁巴人甚至不敢提到他的名字，唯恐会惹祸上身。他们认为，一旦绍可珀纳发怒，人就会发高烧，身上长疖子或痈疽；此外，供奉天花神的祭司具有法力，能够让自己的敌人染上天花。随着现代医学的发展，天花不再对人的生命构成威胁，约鲁巴人对于天花神的敬畏和崇拜就随之消失了。但是他们依然崇拜农神，认为他能够让庄稼丰收、人丁兴旺。在耕种和收获季节，人们会更加虔诚地祭拜他。

在大海中也居住着一些神通广大的神灵。海神奥罗坤（Olokun，意思是"海的主人"）有时是男身，有时又是女身，和他/她的士兵以及美人鱼一起在大海中生活。只有在海边生活的约鲁巴渔民才崇拜海神。因为相信奥罗坤曾经企图利用一次来势汹汹的洪水征服陆地，所以渔民们经常举行各种仪式安抚他，以求海上风平浪静。过去，每当遭遇危难情况，当地人就举行人祭。后来，他们改用牛羊或家禽充当祭品。

非洲大多数地区的丧葬仪式都非常复杂耗时。人们花大量时间和金钱操办丧事，为的是要给死者办个体面的葬礼，这样一来，到了阴曹地府的死者灵魂就不会回家作祟。葬礼结束以后，过一段时间人们往往为了"加固坟墓"还要举行另一次葬礼，也就是所谓的"第二次葬礼"。在约鲁巴人的第二次葬礼上，一些人戴着假面具代表死者到他/她家里，模仿他/她的声音，接受礼物，并向遗孀和孤儿祝福。

今天，许多约鲁巴人已经皈依基督教或伊斯兰教，但传统宗教信仰仍然在方方面面深刻影响着约鲁巴社会以及人们的日常生活。

伊费和贝宁：黑色的雅典

伊费古国是非洲雕刻艺术的发祥地之一。伴随着经济发展，约鲁巴人的手工业也随之发展起来，比如陶器、纺织品、皮革制品、染料、斧子和弯刀等手工业制品都享有盛名。人们经常定制手工艺品，国王还把熟练技工召集起来专门制作手工艺品。公元10世纪左右，尼日利亚先民们在伊费城逐渐建立起一套完善的宗教祭拜制度及仪式，人们的精神世界丰富起来，生活得更加有尊严。一批精湛的艺术佳作应运而生，包括用陶土、黄铜和青铜等材质制作而成的人物雕像、动物雕像和人的头像等。公元13世纪左右，伊费艺术进入鼎盛时期，赤陶头像、青铜头像和青铜器皿成为这一时期的代表作，其中最著名的雕刻作品就是"奥尼头

像"。它用"失蜡法"[①]浇铸而成,现在保存于大英博物馆。雕像的面部和装饰着珍珠的王冠塑造得十分精致,脸部器官比例准确,造型优美协调,富有个性,面部雕刻着纤细的纵纹,嘴唇周围及面颊上有一些小孔,可能是用来安插举行仪式的串珠饰物的。该作品成功刻画出国王端庄安详、神圣不可侵犯的高贵气质。

泥塑作品对于技艺的要求较高。非洲其他地区的陶制品一般都由妇女完成,但是伊费文化中的泥塑作品完全是由男人完成的。他们先是根据铜制品的模型,用手工制成形式复杂而讲究的湿土毛坯,然后将它们烧制而成。在伊费文化中,泥塑作品的烧制过程和一般的制陶方法截然不同,约鲁巴人不用窑,只是把毛坯放在温度高达300摄氏度的篝火上烧制而成。

奥尼头像

除铜塑和泥塑作品外,伊费文化中还有石制作品,由一整块石英石雕成的坐椅是其中最负盛名的作品。伊费文化中的艺术元素百分之百原创于黑非洲,这一点难能可贵。对约鲁巴人而言,头部是最重要的人体部位,因此,在他们的雕塑作品中,头像非常盛行。其人像作品有一个共性:头部和身体其他部位不成比例,普遍头大腿短,好像大头娃娃。在伊费和后来的贝宁文化中,各种雕塑材料都物尽其用,包括石头、木头、兽骨、金属以及黏土,等等。

在约鲁巴族庙宇两侧和回廊上的雕花柱也有较高的艺术价值,这些

---

① 失蜡法(lost-wax casting)是一种铸造工艺。工匠先用陶土制成模坯,在上面浇上一层熔化的蜡,待蜡液冷却凝固后,对蜡模进行加工,然后在外面涂上陶泥,同时在下部留一个小孔。然后对它进行加热,蜡受热熔化后从小孔中流出,再从小孔向里面注入青铜液,待青铜液冷却,敲掉外面的陶土即可。然后在此基础上对铸件进行精雕细琢就大功告成了。

作品不但涂了颜色，而且色彩丰富，有白色、黑色、黄色、绿色、蓝色和深棕红色。

与年代较早的带有魔幻色彩的诺克文化①和近代的约鲁巴部落文化相比，伊费文化无拘无束，充满了具象化的人文气质、艺术感悟和灵性；在形式上讲求采用细致写实的手法进行创作，尽量贴近真实生活，其现实主义创作手法十分成熟，可以和维纳斯相提并论。正因为如此，伊费文化的雕塑作品可以和古希腊的成就相媲美，伊费城堪称"黑色的雅典"。

头大腿短的人像

贝宁城邦位于伊费城的东南方向，建于公元9世纪至12世纪下半叶。1170年，贝宁人民推翻暴君统治，要求伊费国王奥杜杜瓦派人做贝宁国王。他派去了奥兰密延王子。从此以后，只有经过伊费国王的批准，新的贝宁国王才能继位。由于继承了伊费王室的血统，两国关系密切。奥兰密延王子及其继任者始终注意吸收和引进并且弘扬和传播伊费文化。在伊费文化衰退以后，贝宁文化崛起了。它不但继承了伊费文化，而且还将它发扬光大。在贝宁，从事铜雕的工匠在国王指定的生活区里居住，他们的创作活动受国王监督。其作品的主要作用是替国王歌功颂德，以宫廷生活为主要创作内容，因此题材比较狭窄。与伊费文化相比，贝宁文化的作品取材更广泛，不但有赤陶雕像、铸铜雕像、木刻和石刻，而且还出现了骨刻作品。

伊费文化和贝宁文化真实地反映出约鲁巴各族的政治、经济和社会状况，都是约鲁巴各族人民独创的非洲文化瑰宝。它们不但是非洲文明

十四 约鲁巴人(Yoruba)——西非的能工巧匠

---

① 诺克文化是尼日利亚中部乔斯高原及其周围地区从石器时代过渡到铁器时代时的文化，因为20世纪30年代初在乔斯城西南的诺克村首先发现而得名。

的重要组成部分,而且对世界文明也做出了重大贡献。这两种文化和较早的诺克文化一起成为享誉世界的尼日利亚三大文化。

"圣林"与"河神节"

在尼日利亚中南部奥孙州的首府奥索博郊外,有一片被当地人称为"圣林"的森林,这里俨然就是当地约鲁巴人的"万神殿"[1](Pantheon)。

旧时的约鲁巴人习惯在居住点以外选择一处森林来顶礼膜拜奥孙[2]以及其他约鲁巴神灵。在鼎盛时期,几乎每个约鲁巴镇子都有一座专属圣林。但是时过境迁,大多数现在已经无迹可寻,奥索博[3]圣林(Osun-Osogbo Sacred Grove)正是其中的幸存者。林中现存两座宫殿、5处圣殿、9个膜拜点和至少40座神祠,大量雕塑品和艺术作品星罗棋布地分布在树林中蜿蜒的小河边。它是约鲁巴人的精神纽带,1965年,圣林被尼日利亚政府认定为国家级历史遗迹。2005年,它被联合国教科文组织认定为世界文化遗产。

时至今日,约鲁巴人仍然喜欢到林中祈祷。每年七八月间,奥索博当地人和远道而来的朋友,以及慕名而来的游客从四面八方赶来,在圣林中举行盛大的河神节(Osun Osogbo Festival,又名the River Goddess Festival)。它是约鲁巴人最重要的文化象征之一,许多漂泊海外的约鲁巴游子也会专程回国欢度河神节。节日通常持续12天。过节期间,人们盛装出行,敲着热烈的鼓点,成群结队来到林中,祈祷来年能交上好运。由于圣林是女神奥孙的住所,人们相信喝了这河里的水,女人能怀孕,男人的事业会兴旺发达。所以,所有人都要拿着各种容器去林中的河边打水。

节日的最后一天是"阿鲁格巴日"(Arugba,意思是"拿着葫芦瓢的

---

[1] 万神殿位于罗马市中心,是至今完整保存的唯一一座罗马帝国时期建筑,始建于公元前27~前25年,由罗马帝国首任皇帝屋大维的女婿阿戈利巴建造,用以供奉奥林匹亚山上诸神,可谓奥古斯都时期的经典建筑。

[2] 女神奥孙(Osun)是约鲁巴人的爱神、生育女神、财神以及河神。

[3] 奥索博圣林位于尼日利亚中南部奥孙州首府奥索博市郊,该市已有约400年历史,圣林的形成时间稍晚一些。

人"），这也是最重要的一天。一个"阿鲁格巴"拿着盛满食物的葫芦瓢走到河边，其他人紧随其后，祈祷未来一年中万事如意，心想事成。

文学巨匠索因卡

沃莱·索因卡（Wole Soyinka）是尼日利亚剧作家、诗人、小说家、文学评论家。1934年，他出生在尼日利亚西部阿贝奥库塔（Abeokuta）的一个约鲁巴家庭。索因卡先后在尼日利亚和英国接受了高等教育，此后，他在伦敦的皇家宫廷剧院（Royal Court Theatre）工作，后来专门从事文学创作。他是位高产的作家，于1986年荣获诺贝尔文学奖，成为第一位获此殊荣的非洲作家。他的代表作品包括《森林之舞》（A Dance of the Forests，1960）、《强种》（The Strong Breed，1964），以及《孔其的收获》（Kongi's Harvest，1964）等。

丰富多彩的非洲大陆和源远流长的非洲文化是索因卡戏剧创作的源泉。瑞典诺贝尔文学奖评审委员会对他的作品做出了以下评价："在您多才多艺的作品中，您将非常丰富的遗产综合起来，这遗产来自您的祖国，来自非洲的古老神话和悠久传统，也来自欧洲的文学遗产和传统……"他热爱非洲，对自己的祖国尼日利亚有深深的眷恋之情。他正在巴黎参加联合国教科文组织国际戏剧研究所会议时，得知自己荣获了诺贝尔文学奖，他深情地说，"这个奖项不是发给我个人的，颁奖对象应该是我所代表的文学形式，我只是非洲整个文学传统的一部分。"

他的《森林之舞》被称作非洲的《仲夏夜之梦》，其中包括树精、鬼魂、幽灵、神或半神半人等形象，主角是英雄奥根。他是个半人半神，意志坚定，擅长艺术；同时还精通战术和战斗，是一个集创造和破坏于一身的形象。

在1994年10月，索因卡被联合国教科文组织任命为亲善大使，致力于促进非洲文化、人权、言论自由、媒体和传播。

音乐舞蹈不分家

每一个约鲁巴人的日常生活都离不开音乐。从出生到死亡，音乐贯

穿了他的整个人生。

在日常生活中，约鲁巴音乐没有伴奏。人们用手敲击身体打出节拍，同时载歌载舞。在多数情况下，舞蹈比唱歌更重要，在约鲁巴人看来，只有参与、融入才是音乐，单纯听歌算不上音乐体验。伴随着音乐，人们跳起活力四射的舞蹈，将声音与身体、说和唱、音乐与舞蹈、个体和集体完美地融合在一起。他们通过屈伸腰部、扭摆和抖动胯部以及摇晃手腕等动作，释放情绪、表达情感，并且吸引异性的注意。

约鲁巴音乐是约鲁巴人的原创音乐形式，已经成为他们族群认同的重要标志。外族人通过演唱他们的歌曲，能够更有效更快捷地融入到约鲁巴族群当中。

由于西方中心主义的渗透和尼日利亚的城市化进程，在传统约鲁巴音乐的基础上，人们从前扎伊尔音乐、加勒比海地区的卡利普索民歌[①]（calypso）、拉丁美洲的桑巴舞曲以及美国的黑人爵士等多种音乐类型中吸取大量元素后，形成了现代约鲁巴音乐的混合风格。

拉各斯州（Lagos）位于尼日利亚南部，其音乐的多样性闻名西非。这里产生并汇集了多种不同类型的音乐。在拉各斯州有很多文化和艺术中心，包括著名的"黑人与非洲人文化艺术中心"（The Centre for Black and African Arts and Civilization）、"当代艺术中心"（The Centre for Contemporary Art）、"拉格斯大学"（The University of Lagos）以及"尼日利亚国家博物馆"（Nigerian National Museum）等。在拉各斯州还诞生了很多享誉世界的音乐家，如托尼·艾伦（Tony Oladipo Allen）、阿肯·尤巴（Akin Euba）和凯泽阿·琼斯（Keziah Jones），等等。托尼·艾伦被誉为"有史以来最伟大的鼓手"，因为父亲经常听在约鲁巴宗教仪式上演奏的音乐"Juju"，他在孩提时代就对音乐产生了浓厚的兴趣。阿肯·尤巴是位作曲家，他的博士论文题目是《约鲁巴人的顿顿音乐》（Dundun Music of the Yoruba）。凯泽阿·琼斯是位歌手兼作曲家，对他而言，约鲁巴音乐和灵歌是他最重要的创作源泉。

---

① 有爵士音乐特点的即兴讽刺歌曲。

上帝恩赐双胞胎

非洲西部的双胞胎出生率比世界其他地区高出四倍。由英国妇科专家帕特里克·尼兰德（Patrick Nylander）主持的一项研究表明：在尼日利亚西南部，平均每1000个产妇就会生下45～50对双胞胎。

美丽的双胞胎姐妹

其中，孪生子最多的地方当属尼日利亚西南部的约鲁巴小镇伊博—奥拉（Igbo-Ora），但是没人能说清楚为什么这里的双胞胎出生率这么高。在通往小镇的路上有一块巨大的石头，上面刻着"双胞胎小镇"（Twin Towns）。镇上家家户户几乎都有双胞胎。

伊博—奥拉小镇的经济不景气，资源匮乏，农业是很多家庭主要的经济来源。因此，拉扯几个孩子很不容易，但是人们依然对生双胞胎情有独钟，一个男子解释说：家有双胞胎既是一种快乐，也是一种荣耀，因为孪生子是上帝恩赐的礼物。他们因为双胞胎的诞生而欢欣雀跃，因此，许多准妈妈热烈盼望能生下双胞胎。

至于双胞胎出生率为什么会这么高，大家看法不一。一些人认为这是天意，一些人认为家族中有生双胞胎的基因。但是现在，越来越多的人开始认为，是饮食习惯造就了双胞胎。

木薯是约鲁巴人的主食，它的根、叶和花都可以食用。拉各斯大学教学医院（Lagos University Teaching Hospital）针对孪生子所做的研究表明，约鲁巴妇女体内的某种化学物质含量很高，而木薯储藏根的外皮恰

十四 约鲁巴人(Yoruba)——西非的能工巧匠

213

恰富含这种化学成分。该医院的一位妇科医生解释说：这种物质具有促排卵的作用。

非洲人重视婴儿的命名仪式。在男孩出生后第 7 天，女孩出生后第 9 天，约鲁巴人会为婴儿举行命名仪式，如果出生的是异性双胞胎，命名仪式则在第 8 天举行。约鲁巴人认为，应该根据孩子出生时的情况给他们起名。他们相信：双胞胎具有超自然的力量。不管是男是女，先出生的那个孩子总是叫"泰沃"，意为"先出世者"；后出生的孩子叫"克欣杰"，意思是"后出世者"。但人们认为"克欣杰"是老大，因为是他/她"派'泰沃'打听情况，得知没有危险以后，他/她自己才会降临人间"。孪生子出生以后，每个家庭都渴望尽快再生个孩子，不然，按照迷信的说法，他们的母亲可能会发疯。

结　语

从历史上看，约鲁巴族并不是一个单一族群，它其实是一个很大的族群集合体。主要支系包括奥约族（the Oyo）、埃格巴族（the Egba）、伊费族（the Ife）、奥伍族（the Owo）、伊杰布族（the Ijebu）、埃基蒂族（the Ekiti）和翁多族（the Ondo），等等。除了生活在尼日利亚、多哥、加纳和贝宁外，由于从 16～19 世纪，西方殖民者将非洲黑人作为商品劫掠并贩卖到美洲，今天，相当数量的约鲁巴人生活在南北美洲：在古巴的叫做"鲁库米人"（the Lukumi）；在巴西，约鲁巴人主要生活在康得布雷地区（Candomble）；在北美洲，他们主要聚集在佛罗里达州的迈阿密。起初，"约鲁巴"这个名称只是豪萨人对奥约这一支系的称呼而已。19 世纪时，因为基督教传教士的活动，这一称呼开始得到广泛应用。在此之前，约鲁巴人各支系之间并没有民族认同感，认为自己只是奥约人、伊费人、伊杰布人等。另一方面，传教士们创造出约鲁巴语（主要是奥约方言）的书写文字，作为约鲁巴人的标准语言，这也在一定程度上培养了他们的民族意识。在殖民时期（1937～1945），英国人为了便于管理，将约鲁巴人的各部落首领以及其他酋长召集到一起开会，以促进其民族认同感。1948年，约鲁巴族政治精英奥巴费米·科沃洛沃（Obafemi Awolowo）创建了"奥杜杜瓦国王后裔协会"（Egbe Omo Oduduwa），这是约鲁巴民族意识发展的里程碑，自此，民族意识在约鲁巴人之间逐渐树立起来。

约鲁巴族是一个人数众多的非洲部族，曾经创造出灿烂辉煌的文化。虽然目前分布在很多不同的国家，但是其共性成为连接他们的有力纽带，如今，像约鲁巴原创音乐等文化形式，正在日益成为他们族群认同的重要标志。

约鲁巴谚语

Lack of money is lack of friends ; if you have money at your disposal, every dog and goat will claim to be related to you.

没人愿意和穷光蛋做朋友；如果你手头有大把的钱，就连小狗和山羊都想和你扯上关系。

（穷在闹市无人问，富在深山有远亲。）

十四 约鲁巴人(Yoruba)——西非的能工巧匠

十五、祖鲁人（Zulu）
——彩虹之国[1]的"天民"

但实际上这个至尊的祖鲁上帝平时高高在上，并不直接与他的子民交流，也不过问人间的大事小情，子民们对他充满了敬畏。所以祖鲁人日常实际通过"占卜"的方式，与一些各司人间具体事务的、更有亲和力的神灵们以及祖先们交流，以求得他们的庇佑，类似我们中国在老百姓中人缘颇好、极具亲和力的"灶王爷"或"土地神"。

它是南非共和国[2]（以下简称"南非"）最大的部族；
它的聚居地气候宜人，东临大海；
它的历史上涌现过一位成吉思汗式的传奇英雄；
它的族人以热情奔放、英勇善战、能歌善舞著称；
它的名字是"祖鲁"。

---

[1] 南非首位黑人总统曼德拉把南非称为"彩虹之国"。有以下几个理由：南非的气候好，空气洁净度高，天空中经常出现彩虹；正如南非国旗上和谐并存的六种颜色（黑、黄、绿、红、白、蓝）象征的那样，这里的种族、文化具有多样性、多元化，冲破了种族隔离和种族歧视的层层偏见，各种肤色的人们在同一片天空下和平共处；南非是动物的乐园，人与动物和谐相处。总而言之，湛蓝无尘的天空上一道彩虹，自由生长的各类野生动物，各种肤色混杂的熙熙攘攘人群，这种色彩斑斓又和谐融洽就是"彩虹国度"特有的景象。

[2] 南非共和国，位于非洲大陆最南端。素有"黄金之国""钻石之国"之称，是非洲最大经济体和最有影响力的国家之一，其国内生产总值约占撒哈拉以南非洲国家生产总值的三分之一，对地区经济发展有重要的引领作用。并且南非是世界上唯一同时存在三个首都的国家：行政首都茨瓦内（Tshwane），立法首都开普敦（Cape Town），司法首都布隆方丹（Bloemfontein）。

祖鲁（Zulu）一词，在祖鲁语[①]中写作 isiZulu，意思是美丽的"天堂"，而祖鲁人也自豪地自称为"天民"！不由想起一首歌的名字：Bob Dylan 的"Knocking on Heaven's Door"（敲开天堂之门）——这片位于非洲大陆最南端的"天堂"到底是怎样一番景象呢？相信读者也和笔者一样，内心充满了好奇。那就让我们从"心"出发，跨过赤道，越过大海，来到地球的另一端，一起去敲开"天堂"之门，揭开它的神秘面纱吧！

祖鲁，全称"阿玛祖鲁"（amaZulu）。作为南非九个部族中最大的一个，享有相对大的自主权，一直被视为南非本土部族文化的代表。人口大约有 11 亿，其中 800 万左右集中居住在南非东部濒临印度洋的夸祖鲁—纳塔尔省[②]（KwaZulu-Natal），还有 300 万左右分散居住在南非其他地区和邻国，主要是赞比亚、莫桑比克、斯威士兰和津巴布韦。他们有自己的

祖鲁文化村

---

① 祖鲁语，属尼日尔—刚果语系，南非一半人口以上都会说祖鲁语。很多南非文艺作品都采用祖鲁语创作，用祖鲁语演唱的"雷村黑斧合唱团"更屡次斩获美国格莱美音乐大奖。

② 夸祖鲁—纳塔尔省，属亚热带海洋性气候。省内居民主要是黑人（占全省人口 70%）、外来的欧洲人和亚洲人（印度人最多）。另外，它也是南非唯一保留君主制的省份。

语言——祖鲁语。祖鲁语是南非11种官方语言之一,更是南非最大的语言。另外,祖鲁人也使用阿非利康语(Afrikaans)和英语。传统上他们以农业为主,种植玉米为主食;也有畜牧业、狩猎、捕鱼。现在的祖鲁人一半人口生活在农村,另一半人口在城市。

祖鲁族在南部非洲是一个历史悠久、特色鲜明的部族。2013年,我国国家主席习近平就职后首次出访,南非就是目的国之一。3月27日,主席夫人彭丽媛在南非总统雅各布·祖马(Jacob Zuma)的夫人之一邦吉·恩盖马(Bongi Ngema)的陪同下,探访德班音乐学校①,参观了那里的钢琴教室和竖笛教室,欣赏了师生们表演的古典音乐和祖鲁族歌曲,并就音乐教育问题同师生们交流。28日她还参观了距德班市区约35公里的祖鲁文化村,了解祖鲁族文化习俗。那里有颇具祖鲁族特色的圆顶草房,当地艺术家表演了具有浓郁民族风情的祖鲁式传统歌舞,欢迎中国客人。

同龄兵团好处多

翻开史书,祖鲁人原来是班图族②(Bantu)的一支。据说班图人是中部非洲刚果地区一个酋长③(Chief)的后裔,他们在16世纪大规模向南迁徙,一路上可以说是辗转跋涉,历尽千辛万苦才来到南部非洲。

18世纪末到19世纪初,也就是中国清朝乾隆皇帝的时候,班图人处在原始社会瓦解、部落联盟兴起和国家即将产生的历史阶段。19世

---

① 德班音乐学校,南非德班市一家非营利性的民间公益组织,旨在向社会弱势群体传授音乐技能,帮助他们融入社会。现有在校学生400名,很多学生是贫困家庭的孩子,其中一大部分是孤儿或残疾儿童,还有一些是患艾滋病的儿童。德班音乐学校成立十年来为南非培养了众多出色的音乐工作者。

② 班图族,非洲最大的部族之一,主要居住在赤道非洲和南部非洲。

③ 酋长,一个部落的首领,一般是世袭的,在当地拥有绝对的、至高无上的权力,堪称"小国王"。酋长制在撒哈拉沙漠以南的非洲非常普遍,尤其在偏远、落后的农村。非洲国家相继独立后,为了稳定政权、安定局势,以及表示对传统文化的尊重,大多数国家对酋长制采取既限制改造又尽量利用的政策,以保证政府的方针政策能在酋长势力强大的广大农村地区得以贯彻执行。随着时代的发展和社会的进步,酋长和政府之间建立起新型合作关系,古老的酋长制发生了一些新变化。总之,无论过去还是现在,酋长制在非洲政治、经济、文化、社会生活中都有着举足轻重的作用。

纪初，第四代祖鲁王沙卡·祖鲁（Shaka Zulu）(1787～1828)统治的部落逐渐崛起，他以自己氏族的姓氏"祖鲁"给整个部落命名。1817年，沙卡凭借一支纪律严明、作战有力的军队击败祖鲁兰（Zululand）地区的多个部落，建立了在南非历史上声名显赫的祖鲁王国，控制了纳塔尔（Natal）的绝大部分地区。沙卡这位祖鲁王堪称一代枭雄，被西方人称之为"黑拿破仑"，我们姑且把他看作祖鲁的"成吉思汗"。他雄心勃勃，东征西战，四处出击，不断扩大祖鲁帝国的版图。在他鼎盛时期，麾下曾拥有10万名将士，征服了3000多个部落，总人口约为50万人。

沙卡之死也颇具传奇色彩。1828年，他的婶婶发起高层权力斗争，沙卡被他同父异母的弟弟丁干等人暗算身亡，之后丁干继承了祖鲁王位。据说沙卡在被长矛刺中身体时发出一个预言，他说："我父亲的儿子们，在我死后你们将不会统治这块土地，因为它将被从海上来的白人所统治。"沙卡的这番话不幸在以后祖鲁人与荷兰裔布尔人[①]（Boer）的"血河之战"以及祖鲁人与英国人的"英祖战争"（下文中会提到）中被印证，祖鲁人先后战败于布尔人与英国人手下。

沙卡可以说是南非历史上叱咤风云的传奇人物。值得一提的是，南非第二大城市德班[②]（Durban），也就是刚才我们提到的音乐学校所在地，那里的飞机场就是以沙卡的名字命名的。美国好莱坞还刚刚在2012年拍摄他的同名电影《沙卡·祖鲁》，可见其影响力之深远。

沙卡以智勇双全和铁腕统治而闻名，尤其值得一提的是他独家首创的"同龄兵团"制度。男孩们在青少年时期便被国王统一召集在一起（最早是12岁就开始接受军事训练），按照不同的年龄编制成各个"同龄兵

---

① 布尔人，荷兰人在南非的后裔，"布尔"在荷兰语中的意思是"农民"。他们的祖先在17世纪来到南非南部沿海地区，主要为荷兰农民和士兵，从事农业和畜牧业。后来由南部沿海向东部、北部内陆迁徙。后来改称"阿非利卡人"（Africaner），阿非利卡人口总数占南非白人总人口的60%左右，远远高于人数第二的英裔白人（约占南非白人总人口39%），是南非人口最多的白人族群。

② 德班，夸祖鲁—纳塔尔省的一个城市，祖鲁语中是"海港"的意思，被称作"非洲最佳管理城市"，也是著名的国际会议之都。

团"，比如16岁的男孩组成第一团，17岁组成第二团，18岁组成第三团等以此类推。他们被称为"班图武士"，一起接受严格训练，过着军事化管理的集体生活。每个同龄兵团都是军队的一支，他们驻扎在皇家军营中，受国王的直接指挥，只有在国王的批准下，整个"同龄兵团"的士兵才能退役（最晚是35岁）和结婚。在某种程度上，"同龄兵团"有点类似我们国家汉朝时汉武帝统领的"御林军"，又或者明朝朱元璋手下的"锦衣卫"。从小的方面说，英勇顽强、训练有素、纪律严明的"同龄兵团"为沙卡屡屡立下汗马功劳；而从大的方面说，它更削弱了地方酋长的军事势力，加强了中央集权，推动原始部落向统一的封建国家过渡。这样看来，"同龄兵团"体现了沙卡作为一个杰出领袖的深谋远虑，无疑具有历史的进步意义。[1]

然而可惜的是，后来英国殖民者的入侵以及对祖鲁的殖民统治干扰，甚至破坏了这种历史自然发展的正常进程。随着时代的发展，我们开始重新解读历史，修正了一些旧的观点，提出了一些新的观点。例如，可能有人觉得不应该全面否定殖民统治——他们说，英国人不只带来大枪大炮，也带来了先进的近代文明，在一定程度上促进了当地的经济发展和社会进步，废除了一些原始愚昧的陋习，白人对祖鲁的殖民统治使其跃过中间某几个发展阶段，可以先于预期直接到达某一时期，这样更快的发展进程不是好事吗？

确实，很多事不能一锤定音，完全肯定或否定都不恰当。笔者看来，以上观点有其合理之处也有偏颇的地方。首先，历史发展有它自身的规律，滞后发展固然不好，"超前发展"也未必合理，拔苗助长着实无益。其次，殖民统治是一个民族对另一个民族的暴力侵略，为了全方位服务于宗主国的利益，殖民地和殖民地人民势必要被利用甚至被牺牲。这一点从很

---

[1] 《非洲简史》，王飞鸿，吉林大学出版社，2010年。在这本书中，作者对"同龄兵团"给出很高的评价，认为它促进了祖鲁从部族向国家转变，从原始社会向封建社会转变，推动了历史向前发展。另外，书中也提到沙卡独创的"公牛角战阵"，士兵组成这种巧妙的阵型，从左中右三路出其不意地包围敌人。种种这些都说明沙卡绝不是一员鲁莽的张飞式武将，而是一个当之无愧的深谋远虑、善于用兵的智慧型将领。

多非洲国家至今都片面、畸形发展的农业和采矿业就可以看出来——当初殖民者漠视当地居民的需求，只集中发展大面积的农场、牧场、种植园，以便出口农副产品到宗主国；还有很多非洲国家片面发展采矿业，譬如开采黄金、钻石、铜等，而其他工业极不发达。这些遗留问题的负面后果延续至今，又何尝不是非洲人民贫困的根源之一呢？最后，殖民者发起的战争和奴隶贸易更夺去了无数非洲黑人的生命，根据记载，"奴隶贸易使非洲损失1亿人口以上，17～18世纪，非洲人口还占当时世界总人口的五分之一，而20世纪则下降为十三分之一。连绵不断的奴隶贸易和猎奴战争，使原来繁华的城市变成荒凉的村落，商路遭到破坏，整个部落被灭绝。非洲农牧业和手工业完全衰落了"[①]。由此看出，殖民者的这种"破坏性使命"远远大于"建设性使命"[②]。

英祖战争最激烈

17世纪开始，欧洲列强的白人殖民者们开始入侵古老、神秘、广袤、富饶的非洲大陆，尤其以号称"日不落"帝国的英国声势最为浩大。1815年，英国把南非正式据为己有。19世纪末，在英国殖民者威逼胁迫和利益诱惑的软硬兼施双重手段下，祖鲁上上下下的部落酋长们先后屈服，与英国殖民者缔结条约，把大大小小的村庄拱手相让。然而，祖鲁人终究不愿接受外来民族的统治和奴役，1878年12月31日，英祖战争（又称"祖鲁战争"）爆发，持续半年之久。祖鲁人奋起保卫家园，英勇坚决地抵抗外敌入侵。由于地利人和、骁勇善战，他们在战争初期取得了一些阶段性胜利，然而，以弱胜强的例子终究还是少数。毕竟双方军事

[①] 转引自《走进非洲》,袁南生,中国社会科学出版社,2011年。在"寻找非洲殖民遗迹"这一章中，作者提到了奴隶贸易给非洲造成的深重灾难。

[②] 转引自《走进非洲》,袁南生,中国社会科学出版社,2011年。作者提到一条马克思对英国在印度殖民的客观评价："英国在印度要完成双重使命，一个是破坏性使命，即消灭旧的亚洲式社会；另一个是建设性使命，即在亚洲为西方式社会奠定物质基础。"这里的"亚洲式社会"指当时印度所处的封建割据的、小农经济社会，而"西方式社会"则是英国所处的统一的、资本主义工业化社会。

旷日持久的祖鲁战争

实力太过悬殊——一边是原始社会晚期向国家过渡中的土著部落,另一边是走在近代文明前列的发达工业大国。简陋的冷兵器长矛和牛皮盾怎么可能打过先进的步枪、机枪和步兵炮?其实祖鲁方的失败还有其他种种原因:比如错误的战术选择;比如军队经常后方供给不足,得不到有力保障;比如总存在侥幸心理,寄希望于英军自己放弃进攻的打算,然后双方和平谈判。所以他们每次取得暂时胜利后,没有一鼓作气、乘胜追击,而是偃旗息鼓、停止战斗,给了敌人喘息的机会。1879年7月4日,在祖鲁首都乌龙迪村决战(Battle of Ulundi)中,祖鲁军队最终被英军彻底击败。祖鲁就此沦陷,成为英国殖民地,结束了作为一个独立国家的历史。

然而,让人大跌眼镜的是,这场蚂蚁撼大象式的战争也同时严重打击了英国,英国军队为此损兵折将数千人,遭到了19世纪大英帝国在海外殖民地最惨烈的战败,甚至引发国内政局接连动荡。当时的保守党政府成为众矢之的,被迫下台让位于自由党。保守党首相本杰明·迪斯累里(Benjamin Disraeli)说,祖鲁人是"一个多么惊人的民族啊!打死了我们几个将军!"自由党人士承认对祖鲁的战争是"我国历史上最骇人听闻的战争之一"。祖鲁战争成为当时欧洲各国报纸的头条新闻,就连恩格斯也赞扬祖鲁人做到了任何欧洲军队都不能做的事情,"他们没有枪炮,仅仅使用长矛和投枪,在被公认为世界第一的、建立在密集队形基础之上的英国步兵的枪林弹雨之下,不止一次打散英军队伍,甚至使英军溃退……"

英国曾在1964年拍摄电影《祖鲁战争》①(Zulu),也有人译成《战血染征袍》,特别展现这一"蛮夷"对"文明"之战。电影中这场战争声势浩大、惊心动魄、悲壮惨烈,正如电影的译名:无数祖鲁士兵的鲜血染红了英军将领的战袍,恰恰是"一将功成万骨枯"!电影虽然没有刻意贬低、妖魔化祖鲁人的形象,也正面展现了祖鲁将士的骁勇谋略和人性光辉,但同时难免有将祖鲁人展现得简单、平面之嫌,其刻画流于浅薄单调,缺乏深度挖掘。相反,电影将英军阵营中的各色人等刻画得性格各异,个个鲜明突出、生动立体。也许,英国的编导们也苦于不甚了解祖鲁人,在他们眼中,没准那些"蛮夷"彼此没什么不同,只有群体形象,个体特征欠缺。此外,在欧洲白人的优越者视角下,"客观"二字无疑要打个折扣,就像美国人宣扬的"天定命论"②(Manifest Destiny)声称美国人有责任拯救全世界一样,这部电影也注定要为英国的武力侵略辩护,宣扬英国人的"绅士风度",美化英国将士的"英国精神"。

在殖民时期,英国人采取"分而治之"的政策,把祖鲁分为13个酋长国。他们采取不公平的种族隔离③政策,祖鲁人和非洲其他黑人一样,

---

① 电影《祖鲁战争》,由英国导演Cy Endfield执导,曾获得"英国电影学院奖",以及被提名"最佳艺术指导"。场面浩大,英军人物塑造生动、个性鲜明,艺术价值很高,演员表演精湛,值得一看。

② "天定命论",又译"昭昭天命""命定扩张""神授天命"等。这条"警句"对美国的政治、外交政策有深远影响,为它的对外扩张辩护。它源于19世纪纽约一个记者的报纸评论,指美国凭借天命,对外扩张,散播民主自由的信念,即美国扩展疆域是对世界的天生"使命"或"神职"。其中有三个关键词:优越性(美国体制的长处)、使命(广布其体制,从而以美国的观点解救并重建世界)、天意(依天命贯彻)。

③ 种族隔离,指按照不同种族,将人群分割开来,使各种族不能同时使用公共空间或服务。它实质上是一种种族歧视行为,联合国认为它是"对人类的犯罪",历史上最著名的种族隔离发生在南非和美国。种族隔离的法律将人由高到低分为四种:白人、有色人种、印度人、黑人,其中白人的地位最为优越。

受到严重歧视。他们被赶到英国殖民当局在夸祖鲁建立的"原著民保留区",又称"黑人家园"中居住,被列为二等公民。英国人反客为主,做出了种种规定和限制,如黑人出门时胸前要佩戴表明身份的标牌,在街上见到白人要脱帽毕恭毕敬地弯腰行礼,街上走路时要和白人保持一定距离,坐公交车也只能坐在后面指定的位置上。直到后来在1961年南非退出英联邦,取得国家独立时,祖鲁人才和其他南非黑人一样,获得了最宝贵的自由和平等。

这个上帝有点冷

非洲黑人传统宗教的基本内容有:自然崇拜、祖先崇拜、图腾崇拜[①]、部落神崇拜和至高神崇拜。它的核心内容是"尊天敬祖",这里"天"就是自然,"祖"就是祖先。具体来说,自然崇拜,日、月、星辰等一切自然事物都是"天"的体现,有其"神灵"在内。出于生产力低下的原因,他们无法充分地认识自然,因此习惯于把自然现象"神化",比如把雨水看成上帝的"恩赐";而祖鲁人认为风暴是上帝显灵、闪电是上帝在惩罚坏人。[②]祖先崇拜,他们认为祖先可以庇佑后代子孙,因此极为重视祭祀仪式。图腾崇拜,很多部族的图腾都是动物和植物(比如树木),因为他们认为这些生物都是有"灵性"的,可以保护本族成员,并有惩恶扬善的作用。每个非洲黑人民族往往信奉很多神祇,例如,仅约鲁巴人(Yorubas)就传说有1700个神,主要神有401个。这些神都互有血亲关系,并以一个至高神为首。至高神被认为是天地万物的创造者,往往与部落起源的神话有关,或被认为是部落祖先的创造者,因此,对神的信奉有时和敬拜部落祖先结合在一起。至高神被非洲黑人认为是万能的神,其

---

① 图腾崇拜,一种原始宗教信仰。它将某种动物(甚至动物的一部分)、植物、器具等特定物体视作与本氏族有亲属或其他特殊关系。其中以动物居多,如鸟、狼、鹿、牛、熊、狮子、大象等,该动物就是全氏族的神圣标志和禁忌,禁杀、禁捕、禁食,有的甚至禁摸。图腾图案也广泛出现在旗帜、柱子、衣饰、身体等地方,以求得到它的庇佑。

② 《非洲黑人文明》,艾周昌,舒运国,福建教育出版社,2008。

特点是：全知全能、无处不在、无时不在，能给人们提供同情、怜悯、友善、保佑和恩惠，它是天地万物的创造者。在至高神之下有一批和人类生产活动密切相关的神，他们专门负责一项人间事务并保护本部落。每个不同的民族各有其至高神，并有其不同的传说。① 由此看来，他们的"至高神"类似基督教中的"上帝"，后者同样在基督徒眼中是全知、全能、无处不在的。

在祖鲁人的传统宗教中，他们信奉的"至高神"或者说"创世神"叫"乌库鲁库鲁"（Nkulunkulu），这个词"既有'非常伟大者'之意又有'非常古老者'之意，即'最最大的神'，亦即'始祖'。据祖鲁人传说，人类起源于一片被称作'乌恩兰加'的芦苇丛，而把各族解救出乌恩兰加的就是'Nkulunkulu'。所以，他既创造了太阳、月亮等万物，还创造了人类；既是造物主，又是人们最伟大的祖先。祖鲁语中还有另外一个名字即'老天爷'或'天上的酋长'，这可能不是一个正式的名字，也许因为他的名字是禁忌，但除此之外还有一些赞颂他的称谓，特别是提到他在暴风雨中的作用时。"②

但实际上这个至尊的祖鲁上帝平时高高在上，并不直接与他的子民交流，也不过问人间的大事小情，子民们对他充满了敬畏。所以祖鲁人日常实际通过"占卜"的方式，与一些各司人间具体事务的、更有亲和力的神灵们以及祖先们交流，以求得他们的庇佑，类似我们中国在老百姓中人缘颇好、极具亲和力的"灶王爷"或"土地神"。他们深信神灵、祖先甚至巫师都是至高无上、神圣不可侵犯的，必须对他们毕恭毕敬，经常顶礼膜拜。如果有人一旦冒犯他们，就会有噩运上身，招来灾祸。在播种季节或遭遇战争、干旱、饥荒时，由酋长主持庄严的祭祀祈神仪式，向"Nkulunkulu"、部族祖先和各大小神灵祈祷，以求风调雨顺、一切平安。只有酋长才有资格主持这些祭祀祈神的仪式，他们被认为是唯一能与神灵和祖先进行正式交流的人。

---

① 西塞罗，"神话与宗教系列之宗教系列——非洲黑人传统宗教中的至高神"。
② 西塞罗，"神话与宗教系列之宗教系列——非洲黑人传统宗教中的至高神"。

当然，随着西方的殖民统治和文化的冲击，很多祖鲁人也开始信仰基督教了，而且非常普遍。村子里很多人都成了基督徒，平时向上帝祈祷，节假日去教堂做礼拜、唱圣歌。每逢婚丧嫁娶和各种其他仪式，都会有牧师到场主持发言。婚礼办一次传统的，再办一次西式的，很多年轻人都会这么选择。另外，很多人在受洗成为基督徒后，会在原来的姓和名中间加一个西式的名字，如 Alan、Jack、Smith、Wilson 等。如果你到了祖鲁村，有人的名字中间夹了一个英文名，那他十有八九就是基督徒了！

天上的祖鲁上帝叫"乌库鲁库鲁"，人间最大的就是祖鲁王了。祖鲁王是祖鲁最大的酋长，通常是世袭的，拥有人间至高无上的权力。独立后的南非政府保留了祖鲁皇室的地位，给予祖鲁王副总理级别的待遇[①]——这种待遇已经相当高了，夸祖鲁—纳塔尔省也是南非唯一保留君主制的省份。不过，现在祖鲁王的权利已经受到很大限制，他名义上有着至高无上的威严与地位，但手上并不掌握实权，仅限于管理部族内部的文化和宗教事务，并不涉及行政。简而言之，祖鲁王的存在类似伊丽莎白女王之于英国，更多是一种传统文化的代表与象征。

芦苇节上选王妃

随着时代的发展和西方的影响，现在的祖鲁人已经开始慢慢融入现代生活，但城市和乡村的生活面貌还是有很大不同，农村无疑更多得保持了传统的生活方式，尤其在偏远、落后的地区。套用一句名言说，现代的生活方式都是一样的，传统的生活方式各有各的不同。那我们现在就越过城市钢筋水泥的高楼大厦和川流不息的车水马龙，到连绵起伏的山野草原中去，一起领略一下那里淳朴恬静的田园风光吧！

一进祖鲁村，看到的是他们的房屋，他们居住的房屋和我们中国人的农舍有很大不同，非常有特色。一般很简陋，是一种低矮的圆形土坯

---

① 环球时报，特派记者李新烽，"祖鲁王笑谈5个王后"，2003年3月28日第14版。

房，屋顶是圆形的，有点类似蒙古包的形状，屋顶和房屋外壁的表面都覆盖以藤，入口非常之低，大人们需要弯下腰来才能进入，据说过去这样设计是为了抵御外敌入侵。① 还有一种小一点的茅草屋，也是圆形的，不同的是屋顶是圆锥形，覆盖以茅草，同样向下低垂，远远看起来像一只大大的蘑菇。大门两边的柱子上挂着巨大的山羊头骨或牛头角，看上去狂野又特色十足。他们的"围墙"同样很低（和我们中国有一定高度的农家围墙不同），四周象征性地用树枝围起来，这种"篱笆"分明只表明领地界限而没有保护家宅的作用。细细想来，这种弱不禁风的篱笆，一方面没准是因为祖鲁人信奉"No fence makes good neighbors"（没有围墙才能做好邻居），另一方面也说明当地民风淳朴，夜不闭户，治安状况良好。走进屋内，里面的陈设也非常简单，就是最基本的床、桌子、椅子、柜子等。墙上挂着一些常用的武器和劳动工具：长矛、弓箭、拂尘、刷子、勺子等，床头是祖先狩猎的图画，还有一些原始的、貌似图腾的符号。② 祖鲁人很爱干净利落，屋子普遍打扫得干干净净、一尘不染，吃饭时什么样的食物盛在什么样的托盘上也都分得清清楚楚，大有讲究。③

此外，由于南非地处非洲大陆最南端，祖鲁人集中居住的夸祖鲁—纳塔尔省东临印度洋，更是典型的亚热带海洋性气候，气候非常宜人，全年温度一般在14～23摄氏度，夏天温度30摄氏度左右，冬天不会低于18摄氏度。因此，祖鲁人会把很多日常活动放在户外进行。比如，在院子里就地生火做饭。另外，很多人家会在院子里的房屋正前方再搭一个休闲的凉棚，这种凉棚非常简单却很实用。家人们平日茶余饭后围坐其中，纳凉、聊天、打牌，甚至小睡、做手工活等，共享天伦、其乐融融，看上去悠闲而又温馨，这种场景在忙碌的现代都市中是难得一见的！其实，这种安逸闲散的田园场景在祖鲁村随处可见，很符合他们的部族特征，

---

① Best Life·香格里拉杂志，"祖鲁之乡的真实生活"，2009年8月24日。
② 时尚旅游杂志，"怎能不狂野？走进南非祖鲁村落"，黄芸，2008年12月号。
③ 环球时报，"揭秘非洲的神秘祖鲁人"。

更体现了非洲人的"悠感文化"[①]。仔细一想,当地气候宜人,雨水充足,植物生长茂盛,到处郁郁葱葱,四季花果不断,这种得天独厚的优越自然条件很容易使人们安逸悠闲,随遇而安。

祖鲁人被公认为南非最英勇善战的部族,普遍勇猛尚武,男人以身材健壮为荣,越健壮的人被认为越英勇;女人则不喜欢太瘦弱苗条的,他们认为身强体壮才能干好农活、做好家务。据说以前的祖鲁男孩12岁时就开始接受军事训练,到了15岁,要独自捕杀一头雄狮,酋长会交给他一只盾牌,表示认可他进入成年男子的世界。[②]

服饰方面,生活在城市的祖鲁人平日和我们一样,穿现代的便服,比如T恤衫和牛仔裤。当他走在南非城市的大街小巷,行色匆匆的人群中你几乎无法分辨出他的部族身份。只有在参加节日庆典或祭神祈祖的仪式上,他们才会换上传统服装,以示对祖先的尊重。

生活在乡村的祖鲁人则较多保留了传统的服饰。拿女性来说,如果你到祖鲁村观光旅游,基本可以"以衣取人"——根据着装判断她的身份。按照未婚、订婚、已婚的不同身份,祖鲁女子分别有不同的装扮。未婚少女留短发,并且上身袒露——祖鲁人以自然裸露为美,尤其认为少女之美是公共的,应该自由展示她们的身体;下身穿极短的裙子,只是稍稍遮盖一下,这种短裙一般用一小片布、兽皮、羽毛或几串自己手工编织的彩色珠链围成,非常的原生态,贴近自然,又别具风情。已经订婚的女孩需把短发留长,头戴漏斗形装饰物,不能再随意暴露上身,她们会用一块布遮盖住胸部,向人宣告她已名花有主,同时也表示对未来夫家的尊重。已婚的妇女则需密实地包裹全身,只露出脸,不得向他人暴露自己的身体,她们常穿麻质连衣裙,并将头发竖立固定,再饰以彩色珠串。

---

① 《走进非洲》,袁南生,中国社会科学出版社,2011年。作者是前任中国驻津巴布韦共和国大使。在这本书中,作者认为非洲人属"悠感文化",即生活节奏慢,人们悠闲安逸,随遇而安。并提到了一些国家和地区的特色文化:中国的"乐感文化"(天生我材必有用,莫使金樽空对月);印度的"苦感文化"(受苦越多,离神越近);日本的"耻感文化"(以丢脸、失职、落后等为耻);西方的"罪感文化"(人生来有罪);伊斯兰国家的"圣感文化"(安拉神圣唯一、教徒朝圣)。

② 环球时报,"揭秘非洲的神秘祖鲁人"。

祖鲁还有一个盛大的传统节日，芦苇节（Royal Reed Dance），这一天人们不仅载歌载舞，还有一项重要的活动内容：祖鲁王选王妃。"节日期间，成千上万稚气未脱的婀娜少女手持芦苇在祖鲁王宫前载歌载舞，尽情狂欢，盼望国王能选中自己为妃。据说，芦苇节本意就是张扬少女的女性气质，展示她们纯洁的身体。根据祖鲁人的习俗，未婚女子婚前一定要保持处女之身，祖鲁人因此还有对未婚女孩进行贞节检查的习俗。当天，方圆数十公里的十五六岁的青春少女聚到指定地点，接受同族老年妇女的检验。这是极为庄严的仪式，凡是经过验证的处女，前额都会被涂上标记。因此，所有参加这一盛大节日的女孩必须是未婚处女。据说，如果不是处女，在将芦苇献给祖鲁王时芦苇就会折断。"[①]

　　以上我们了解了很多古老的祖鲁民俗，有些别具风情，有些可能让人咂舌。其实，一方水土一方人，每个民族都有自己的风俗习惯和生活方式，正是各个民族并存的多样性和多元化才使这个世界更加多姿多彩，正如南非"彩虹国度"的美好寓意那样。"和而不同""求同存异"。了解，然后尊重，即是正道了。

　　其实，随着公路的畅通和信息渠道的日益发达，现代文明正在入侵这个古老部族。但是一些最基本的传统风俗习惯依然被人们恪守，这正是支撑古老部族文化的根基。

手工艺品最诱人

　　到祖鲁村去旅游，他们的手工艺品别具特色，是最吸引游客的，挑选一些带回家去或馈赠亲友都是不错的纪念品，也算不虚此行。比如五颜六色的珠串，这些漂亮的珠串让女人们爱不释手，可以挂在脖子上作项链，可以围在头顶作头饰，可以围在腰间作腰带，还可以围在下身做短裙，这就是最炫的"mini-skirt"了，可以一条单戴也可以几条叠戴，绝对符合当下时尚界最为流行的"mix-and-match"（混搭风）！比如用草编

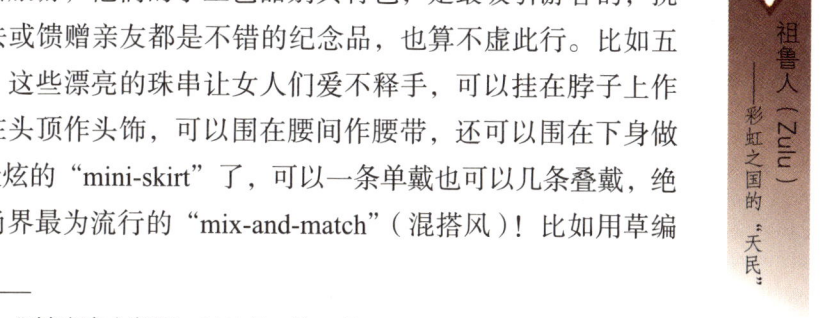

---

① 世知期刊网，"破解祖鲁人密码"，2010年6月11日。

织的篮子和垫子，各式的草编篮子上面有漂亮的图案和花纹，观赏、实用两相宜。这些篮子各种大小都有，小的可以收纳钥匙、硬币、夹子等零碎小物件，大的可以放在家里的茶几上盛水果、干果、糖果之类，而当地女人外出时则喜欢把物品装在这种篮子里，然后顶在头上走来走去，这种祖鲁一景恐怕我们模仿起来就有难度了！

再比如极具收藏价值的小型雕刻品，尤其是木雕，我们都知道，非洲的木雕艺术世界驰名。他们的雕刻艺人很少有受过专业训练的，手艺大多是世代相传。一块木头拿到手上，创作者讲究利用素材本身的材质、纹理、形状、颜色进行精雕细琢，工匠们手上并没有图纸，图纸就在自己心里。非洲雕刻品最大的特点是质朴、粗犷，造型大多是几何形状构成，线条简洁朴素。创作后原型往往会夸张变形，远离正常比例。其中抽象成分大于写实成分，或者说非洲的雕刻不甚追求形似，而是更注重神似。非洲雕刻品的题材通常是：人物——祖先、酋长、夫妇、母子等；动物——尤其是"五大兽"（Big Five）——非洲常见的狮子、大象、犀牛、野牛、猎豹；以及面具——非洲人在节日庆典、祭祀仪式上会带着面具翩翩起舞。对于游客来说，买个木雕面具回去，摆在书房中富有文化气息，放在客厅里彰显异国情调，如果在节日聚会或舞会party中戴上它，又乐趣十足、别具风情，绝对物超所值，吸引众人的眼球！

嫁人只能嫁祖鲁

在祖鲁村，娶妻要准备足够的聘礼，牛是必须要有的。顺便说一下，牛在祖鲁人家中非常重要和珍贵，除了是必不可少的聘礼之外，还可以耕田、供应牛奶和牛肉。另外，每逢节日庆典，祭祖祈神也少不了它。[①]他们会将牛头高高放在屋顶上，以示永不忘本。因此牛绝对是地位与财富的象征，要看一户人家家境怎样，地位如何，非常简单，动手数一下他家院子里有多少头牛就好了。每户人家院子里都有一个圆形的牛圈，就连祖鲁王的王宫大院中都有一个，当然，他的牛圈更大、更圆[②]。根据

---

① 环球时报，"揭秘非洲的神秘祖鲁人"。
② 环球时报，特派记者李新烽，"祖鲁王笑谈5个王后"，2003年3月28日第14版。

传统习俗，娶一个老婆需要 11～14 头牛，如果家境一般的人家一时凑不齐这么多头牛，可以向邻居亲友暂借，以后再慢慢还。

2010 年，《深圳日报》的记者采访当地一个 20 岁的祖鲁女孩莎芭（Xaba），她在德班的南非大学读大一，在德班海洋公园里的一家中餐馆"御膳坊"打工做服务员。穿着中式旗袍的莎芭说，在她们村子里，"家中有很多头牛的富人能娶 7 个老婆"[1]。2002 年，祖鲁王的公主下嫁曼德拉曾侄孙的婚礼中，新郎家为祖鲁王送去 120 头牛和 2 匹马，祖鲁王回送一群牛作为嫁妆，以显示国王的富有与慷慨。[2] 随着时代的发展，现在也有以牛的数量统计，折算成相应数值的钱，也就是说名义上是送来几头牛，实际上送来的是几头牛的钱，这种权益变更的方法两全其美：既尊重了传统，又顺应了时代的发展，同时省去很多中间的麻烦，实在是一件让双方皆大欢喜的事。

莎芭透露，"从小接受的教育很明确：祖鲁人只能嫁祖鲁人"，她很清楚，"无论是白人、有色人种还是其他部族的黑人，能交朋友但绝对不可能成为夫妻。如果我不嫁给祖鲁人，家人和族人都无法接受"[3]。

祖鲁人至今还保持着一夫多妻制的传统，这在南非是合法的。在当地，一向是男尊女卑，男主外、女主内，男坐左、女坐右。他们还很重男轻女，认为只有儿子才能将家族姓氏传承下去，如果第一个妻子生的不是男孩，丈夫通常都不满意，很快就要再娶一个。[4] 南非现任总统祖马就是祖鲁人，他先后拥有 6 个妻子和二十几个孩子。他最近的一位妻子在 2012 年迎娶，当时他已年近七旬。当然，和祖鲁王的十几位王妃相比，祖马还是小巫见大巫了。非国大[5]（全称南非非洲人国民大会，African National Congress）发言人曾表示，"'祖马先生可以根据场合不同，邀请他的任

---

[1] 深圳日报，"南非祖鲁族"，2010 年 6 月 30 日。
[2] 世知期刊网，"破解祖鲁人密码"，2010 年 6 月 11 日。
[3] 深圳日报，"南非祖鲁族"，2010 年 6 月 30 日。
[4] 世知期刊网，"破解祖鲁人密码"，2010 年 6 月 11 日。
[5] 非国大：1912 年成立。现为南非执政党，是南非最大的黑人民族主义政党，也是南非唯一跨种族的政党。

一位妻子或女儿参加官方活动。'另一位发言人说,非国大领导的妇女组织也支持一夫多妻制,前提是婚姻自由,丈夫善待所有妻子孩子。祖马在一次电视采访中公开承认自己奉行一夫多妻制,'许多政治人物私下有情妇和私生子女,却对外界隐瞒,装作自己坚持一夫多妻制,我更喜欢公开。我爱我的妻子们。我为我的孩子们骄傲'"[1]。

其实一夫多妻制在整个非洲都很普遍,并且有着悠久的历史,现在很多非洲国家也在法律上明确认可这种古老的传统。传统上非洲人认为拥有多个妻子是财富和地位的象征,一个人妻子越多,证明地位越高,家境越兴旺。如果仔细想来,一夫多妻制在非洲普遍存在了几千年,可能至少有以下几个原因:第一,非洲大多数人口在农村,多娶一个妻子意味着多得一个廉价劳动力,这是很现实的考虑;第二,非洲和亚洲不同,亚洲人口密度高,人口越多意味着人均资源越少,而非洲则是一片地广人稀的大陆,不存在这种潜在的威胁;第三,在非洲男尊女卑,男人是一家之主,一个男人娶好几个妻子是再正常不过的事;第四,非洲人的家庭观念很强,多妻意味着多子女,拥有一个欢乐热闹的大家庭是人们的理想;第五,非洲普遍医疗卫生条件不佳,孩子的存活率没那么高,那么,多娶妻多生子是一个保险的稳妥办法。

但是,时代在向前发展,社会在不断进步,加之受到西方文化的冲击,现在很多年轻人,尤其是城市里的年轻人,又尤其是城市里受过教育的年轻人,开始越来越多地反对这种古老的传统了。因为在城市里生存不需要干农活的劳动力,很多女性没上过学,没有工作,这样多娶一个妻子意味着多养一口人,城市的生活成本又很高,对于一般人家来说,娶好几个妻子实在不是一件经济上划算的事。另外,越来越多的非洲人皈依了基督教,而上帝的信徒需要遵循一夫一妻制。前面提到的祖鲁女孩莎芭就说,"对于像她这样受过高等教育的大学生来说,嫁人的第一个条件就是'当老大',我只能接受当第一任妻子,而且必须是唯一的妻子'"[2]。

---

[1] 《走进非洲》,袁南生,中国社会科学出版社,2011年,65页。
[2] 深圳日报,"南非祖鲁族",2010年6月30日。

人人都是艺术家

如果说印度是亚洲的"歌舞之乡",那么非洲就是世界的"歌舞之乡",祖鲁也不例外。在这里几乎人人都能歌善舞,简直都是天生的音乐家和舞蹈家。无论男女老少,人人都可以或嘹亮或优美地高歌一曲。无论何时何地,只要听到音乐,人人都可以不自觉地随着节奏翩翩起舞。

德国音乐家封·霍思博斯特尔说过,"非洲黑人非常善于音乐,他们比白人更赋有音乐天才"[1]。从生理学角度讲,非洲黑人的音质普遍都很好,音域也很宽,高音嘹亮、中音浑厚、低音轻柔。

蜚声国际的祖鲁组合"雷村黑斧合唱团"(Ladysmith Black Mambazo),是南非国宝级乐队兼最著名的土著合唱团体。20世纪90年代走出国门演出后,他们更是轰动欧美乐坛,推出的多张音乐专辑都雄踞欧美音乐排行榜榜首,是全球唱片销量最大的非洲音乐组合。众多欧美音乐大牌争相与之合作,如著名歌手保罗·赛门[2](Paul Simon),并屡次斩获格莱美音乐大奖,尤其2005年的格莱美"最佳传统世界音乐专辑奖"。合唱团由10个黑人歌手组成,表演最原生态的非洲音乐。他们外形粗犷,却以最质朴的旋律与最清澈的和声著称;他们不使用任何乐器,单纯凭借美妙而天籁般的和声表达情感,辅之以身体语言和祖鲁语。他们也是世界著名的"Acapella"团体(Acapella来源于意大利,指无伴奏的和声清唱,起源于教堂里唱诗班的和声)。

关于舞蹈,有句非洲谚语说得好:"男人不会跳舞,不能成为英雄;女人不会跳舞,不能算个好女人。"[3] 在非洲,舞蹈可分为传统的礼仪性舞

---

[1] 转引自《非洲简史》,王飞鸿,吉林大学出版社,2010年。

[2] 保罗·赛门,美国流行音乐歌手,著名双人音乐组合 Simon & Garfunkel 中的一员。他们最受欢迎的歌曲有"Sound of Silence"(沉默之声)和"Scarborough Fair"(斯卡布罗集市),后来成为美国电影"The Graduate"(毕业生)中的主题曲和插曲。1990年,二人一同入选美国摇滚乐名人堂。2003年,共同获得格莱美终身成就奖。

[3] 转引自《非洲简史》,王飞鸿,吉林大学出版社,2010年。

豪放的祖鲁战舞

蹈和民间的娱乐性舞蹈。礼仪性舞蹈一般用于各种节日庆典、祭祖祈神仪式；娱乐性舞蹈则多与人们的生活、劳动有关。他们的舞蹈节奏强烈、步伐明快，强调身体各个部位的摆动（尤其是头、胸、腰、胯），辅之以拍手、跺脚。这种舞蹈观赏起来粗犷奔放、豪迈有力、鲜明夸张，非常有感染力，经常让旁边的观众看了也情不自禁地随之扭动身体，陶醉其中。

祖鲁人同样是"舞林"高手。美国著名摇滚明星贾斯丁就说过，"白人歌手总是苦恼节奏感，而黑人本身就是节奏，尤其是祖鲁族人"[1]。现在已经六旬的祖鲁王就很喜欢跳舞，他说自己每次参加活动时都是"领舞人"，"这样不但能鼓励大家的士气，还能通过跳祖鲁舞锻炼肌肉"[2]。

祖鲁的传统舞蹈有强调腿部动作的"踢踏舞"，舞者们的动作整齐划一，动感十足，极具观赏性。另外特别值得一提的是"祖鲁战舞"，他们认为打仗时跳这种舞可以提高士气。现在每逢节日庆典时都会跳起来，

---

[1] Best Life·香格里拉杂志，"祖鲁之乡的真实生活"，2009年8月24日。
[2] 环球时报，特派记者李新烽，"祖鲁王笑谈5个王后"，2003年3月28日第14版。

有客人来的时候更会兴致勃勃地表演。部族里每个成年男子都会跳这种土风舞，别看他们身材健壮，跳起舞来身手却非常灵活。一个男子舞跳得越好，就证明他的战斗力越强，因为这种舞蹈模仿各种作战时的冲杀动作。祖鲁战舞一般在一个巨大的茅屋里或村子里的小广场上进行，这些高大健硕的勇士们上身赤裸，脖子上带着长长的珠串，头上围着兽皮头饰，下身用一小片兽皮或白色羽毛裙围起来，胳膊和脚踝上都装饰以片片白色羽毛，手持长矛和野牛皮盾牌，以灵活巧妙的跳跃、刺戳和闪避的动作来展现其骁勇善战。在激烈震撼、快节奏的鼓点声和勇士们的呐喊、吼叫声中，勇士们奋力地舞动着，做出种种高难度动作。他们不时用力把腿高高抬起再重重跺地，谁跺得最有力、最能抓准鼓点，就是舞跳得最好看、最勇敢的，周围的观众一样全情投入，喝彩声、加油助威声接连不断，气氛非常热烈。

一个亲身观赏过祖鲁战舞的中国记者是这样生动描述的："茅屋是战舞必要的布景之一。在轰隆隆的鼓声中，茅屋中间的几十个士兵不停变换队型，手握长矛和盾牌以表现当年祖鲁战士的勇猛。一个脖颈中挂着一串硕大珠子的年轻人身居高处，上身赤裸，下身只围一条金色围布，神情肃穆地击鼓——他也是整场表演的指挥。屋内缠绕着绚丽色彩和复杂图案的房柱间，战士们全身赤裸，只在头、胯和小腿处裹上白色羽毛与金色围布相间的'衣着'，配合着节拍反复高踢腿，敏捷度和柔韧性都令人咋舌。"[1] 祖鲁女孩莎芭说："祖鲁族的男人，每个人都必须要学会跳战舞。因为完美的祖鲁族勇士个个都很勇敢，所以祖鲁族才会是南非最大的民族，也是最英勇善战的民族。"[2]

总统也是祖鲁人

祖鲁人在南非政坛上也有着举足轻重的影响力。南非的第一任黑人

---

[1] Best Life·香格里拉杂志，"祖鲁之乡的真实生活"，2009年8月24日。
[2] 深圳日报，"南非祖鲁族"，2010年6月30日。

总统纳尔逊·曼德拉[①]（Nelson Mandela）的故乡在开普省，而现任总统雅各布·祖马则出生在夸祖鲁—纳塔尔省，是土生土长的祖鲁人。另外，副总统普希莉·兰博库卡，也是祖鲁人。要知道，长期以来在南非政坛唱主角的一直是科萨人，南非执政党非国大的领导层以科萨人为主，种族隔离制度取消后的两任黑人总统曼德拉和塔博·姆贝基也都是科萨人。那么，第四任总统祖马的当选，终于使南非为数最多的祖鲁人扬眉吐气了。并且根据最新消息，在2014年5月，祖马在南非第五届国民议会上取得总统连任，任期五年。

2013年3月22日起，中国国家主席习近平携夫人彭丽媛对俄罗斯、坦桑尼亚、南非、刚果共和国进行国事访问，并出席在南非德班举行的金砖国家领导人第五次会晤。3月26日，南非总统祖马携第六任妻子恩盖马为到访的习近平举行欢迎仪式。同日，他又携第五任妻子马蒂芭参加金砖五国峰会开幕式。

说到祖马总统，他的政治生涯几经沉浮，个人生活又丰富多彩，真是一个具有传奇色彩人物。祖马1942年出生，出身卑微，只受过小学教育。1959年加入非洲国民大会，积极参加反种族隔离运动。1963年被南非白人当局以反政府罪判刑10年，刑满出狱后流亡国外。1990年返回南非，1994年，当选非国大主席。1999年出任南非副总统，2004年连任。2007年，当选非国大领袖。2009年当选南非总统，成为南非结束种族主义统治以来的第四位总统。

从上面一连串的年代数字中，我们看到了祖马在仕途上的一路攀升，然而他并不像表面这一帆风顺，实际上他经历过起起伏伏，在南非政坛是一位颇有争议的人物。比如，曾涉嫌腐败和被指控强奸，但他坚决

[①] 纳尔逊·曼德拉，南非首位黑人总统，终身名誉总统，被认为是"最伟大的南非人"，尊为"南非国父"。在其40年的政治生涯中获得了100多个奖项，1993年获得诺贝尔和平奖。为推翻南非白人种族主义统治，进行了长达50年艰苦卓绝的斗争，曾在牢中服刑27年，1994～1999年担任南非总统，开创南非民主统一的新局面。他的影响力和号召力遍及全世界，中国香港摇滚乐队Beyond主唱、乐手黄家驹曾专门向他致敬——创作歌曲《光辉岁月》，歌颂曼德拉伟大而辉煌的一生，表达对种族歧视的抗议。

否认，后来这些指控经过调查也都被撤销了。

总统的私生活也是丰富多彩的。他虽然是基督徒，但支持一夫多妻制，是南非首位公开奉行一夫多妻制的当选总统。他先后有过六位妻子，其中一名自杀，一名离异。2010年，祖马偷情和老友的女儿生了个孩子，被发现后只好公开向三个现任妻子道歉。2012年4月，他迎娶第六名妻子，现有二十多个孩子。

后 记

祖鲁就是这样一个拥有自己独特传统的古老部族。然而，随着时间的流逝和西方文化的入侵，它的传统文化正在悄无声息地被现代文明慢慢侵蚀。穿牛仔裤、早餐吃面包、说英语、上教堂、上西式学校，这些已经是祖鲁人习以为常的生活方式。尤其在全球化和城市化的影响下，祖鲁的年轻一代对自己的部族传统越发淡漠。他们更向往外面精彩的世界，逐渐离开父辈世代生活的村庄，纷纷去南非的各大城市开普敦、德班、约翰内斯堡[①]（Johannesburg）等求学、工作和生活。Time and tide wait for no man。这是历史的潮流，没有人可以阻挡。

传承传统文化和追赶时代潮流孰轻孰重？传统和发展之间那个微妙的支点在哪儿？这个难题恐怕也是包括中国在内的所有发展中国家面临的共同困惑。

祖鲁谚语

The most beautiful fig may contain a worm.
最漂亮的无花果里可能有虫子。

[①] 约翰内斯堡，南非最大的城市。原是一个采矿地，随着金矿的发现和开采迅速发展成为城市。地处世界最大金矿区，是南非的经济中心，世界著名的黄金之都。约翰内斯堡足球城体育场是非洲最大的足球场，2010年世界杯的主场。然而它也是世界犯罪率最高的恐怖之都，失业率极高，治安欠佳，抢劫不断。

附 录

非洲部分部族信息

部族中/英文名称	主要所在国家	语言/人口
阿非利卡族 AFRIKANER	南非	阿非利堪斯语（一种荷兰方言） 1015万
阿法尔族 AFAR	吉布提和厄立特里亚	亚非语系/库希特语族 100万
阿坎族 AKAN	加纳和科特迪瓦	尼日尔—刚果语系/克瓦语支 1000万
阿姆哈拉族 AMHARA	埃塞俄比亚	亚非语系/闪米特语族 超过2000万
阿散蒂族 ASANTE	加纳	尼日尔—刚果语系/克瓦语支 300万
阿赞德族 AZANDE	苏丹和中非共和国	尼日尔—刚果语系/阿达马瓦—乌班吉语族 100万
班巴拉族 BAMBARA	马里	尼日尔—刚果语系/曼德语族 500万
巴索托族 BASOTHO	莱索托和南非	尼日尔—刚果语系/南班图语支 800万
鲍勒族 Baule	科特迪瓦	尼日尔—刚果语系/克瓦语支 200万
本巴族 BEMBA	赞比亚	尼日尔—刚果语系/中央班图语支 300万
查加族 CHAGA	坦桑尼亚	尼日尔—刚果语系/东北班图语支 200万
切瓦族 CHEWA	马拉维和赞比亚	尼日尔—刚果语系/中央班图语支 300万
乔克维族 CHOKWE	安哥拉和刚果民主共和国	尼日尔—刚果语系/中央班图语支 100万
科摩罗族 COMORIANS	科摩罗群岛	尼日尔—刚果语系/东北班图语支 50万

238

续表

部族中/英文名称	主要所在国家	语言/人口
克里奥尔族 CREOLES	佛得角，几内亚比绍，毛里求斯，塞舌尔	不同语言/不详
多贡族 DOGON	马里	尼日尔—刚果语系/沃尔特语支 50万
迪尤拉族 DYULA	马里，塞内加尔，和几内亚	尼日尔—刚果语系/曼德语族 300万
伊多族 EDO	尼日利亚	尼日尔—刚果语系/克瓦语支 超过100万
埃维族 EWE	多哥，贝宁和加纳	尼日尔—刚果语系/克瓦语支 300万
芳族 FANG	加蓬，赤道几内亚和喀麦隆	尼日尔—刚果语系/西北班图语支 200万
芳蒂族 FANTI	加纳	尼日尔—刚果语系/克瓦语支 超过100万
丰族 FON	贝宁和多哥	尼日尔—刚果语系/克瓦语支 300万
富拉尼族 FULANI	尼日利亚，喀麦隆和布基纳法索	尼日尔—刚果语系/西大西洋语支 超过2500万
干达族 GANDA	乌干达	尼日尔—刚果语系/湖区班图语支 500万
基库尤族 GIKUYU	肯尼亚	尼日尔—刚果语系/东北班图语支 600万
古拉格族 GURAGE	埃塞俄比亚	亚非语系/闪米特语族 300万
哈族 HA	坦桑尼亚	尼日尔—刚果语系/湖区班图语支 100万
豪萨族 HAUSA	尼日利亚，尼日尔，乍得和贝宁	亚非语系/乍得语族 4000万
哈亚族 HAYA	坦桑尼亚	尼日尔—刚果语系/湖区班图语支 200万
赫赫族 HEHE	坦桑尼亚	尼日尔—刚果语系/中央班图语支 100万
赫雷罗族 HERERO	纳米比亚	尼日尔—刚果语系/西南班图语支 10万
伊比比奥族 IBIBIO	尼日利亚	尼日尔—刚果语系/克瓦语支 500万
依博族 IGBO	尼日利亚	尼日尔—刚果语系/克瓦语支 2500万

续表

部族中/英文名称	主要所在国家	语言/人口
伊乔族 IJO	尼日利亚	尼日尔—刚果语系/克瓦语支 60万
卡伦金族 KALENJIN	肯尼亚	尼罗—撒哈拉语系/东苏丹语族 300万
康巴族 KAMBA	肯尼亚	尼日尔—刚果语系/东北班图语支 400万
卡努里族 KANURI	尼日利亚，乍得和喀麦隆	尼罗—撒哈拉语系/撒哈拉语族 600万
科伊桑族 KHOISAN	纳米比亚，南非和博茨瓦纳	科伊桑语系/ 人数不详
金邦杜族 KIMBUNDU	安哥拉	尼日尔—刚果语系/中央班图语支 超过300万
刚果族 KONGO	刚果民主共和国和刚果共和国	尼日尔—刚果语系/中央班图语支 600万
克佩勒族 KPELLE	利比里亚，几内亚和塞拉利昂	尼日尔—刚果语系/曼德语族 200万
洛齐族 LOZI	赞比亚	尼日尔—刚果语系/中央班图语支 70万
卢巴族 LUBA	刚果民主共和国	尼日尔—刚果语系/中央班图语支 500万
卢希亚族 LUHYA	肯尼亚	尼日尔—刚果语系/湖区班图语支 300万
隆达族 LUNDA	刚果民主共和国，安哥拉和赞比亚	尼日尔—刚果语系/中央班图语支 400万
罗族 LUO	肯尼亚	尼罗—撒哈拉语系/东苏丹语族 480万
马赛族 MAASAI	肯尼亚和坦桑尼亚	尼日尔—刚果语系/东苏丹语族 50万
马库阿族 MAKUA	莫桑比克，坦桑尼亚和马拉维	尼日尔—刚果语系/中央班图语支 700万
马尔加什族 MALAGASY	马达加斯加	马来—玻里尼西亚语系/马尔加什语 1800万
曼丁哥族 MANDINGO	马里，几内亚和塞内加尔	尼日尔—刚果语系/曼德语族 2000万
芒贝图族 MANGBETU	刚果民主共和国	尼罗—撒哈拉语系/中苏丹语族 100万
姆邦杜族 MBUNDU	安哥拉	尼日尔—刚果语系/中央班图语支 400万

续表

部族中/英文名称	主要所在国家	语言/人口
曼德族 MENDE	塞拉利昂	尼日尔—刚果语系/曼德语族 300万
梅里纳族 MERINA	马达加斯加	马来-玻里尼西亚语系/马尔加什语 400万
莫西族 MOSSI	布基纳法索	尼日尔—刚果语系/沃尔特语支 700万
恩德贝勒族 NDEBELE	津巴布韦和南非	尼日尔—刚果语系/南班图语支 200万
尼亚姆韦齐族 NYAMWEZI	坦桑尼亚	尼日尔—刚果语系/中央班图语支 300万
尼昂加族 NYANJA	马拉维和莫桑比克	尼日尔—刚果语系/中央班图语支 400万
尼奥罗族 NYORO	乌干达	尼日尔—刚果语系/湖区班图语支 200万
奥罗莫族 OROMO	埃塞俄比亚，肯尼亚和索马里	亚非语系/南库希特语族 1500万
俾格米族 PYGMIES	刚果民主共和国，刚果共和国，加蓬和喀麦隆	不同语言 20万
隆迪族 RUNDI	布隆迪	尼日尔—刚果语系/湖区班图语支 600万
卢旺达族 RWANDA	乌干达	尼日尔—刚果语系/湖区班图语支 600万
萨拉族 SARA	乍得	尼罗—撒哈拉语系/中苏丹语族 200万
塞努富族 SENUFO	马里和科特迪瓦	尼日尔—刚果语系/沃尔特语支 400万
绍纳族 SHONA	津巴布韦	尼日尔—刚果语系/中央班图语支 800万
西达莫族 SIDAMO	埃塞俄比亚	亚非语系/中库希特语族 400万
索马里族 SOMALI	索马里，埃塞俄比亚和肯尼亚	亚非语系/东库希特语族 1500万
松盖族 SONGHAI	马里，尼日尔和布基纳法索	尼罗—撒哈拉语系/桑海语族 300万
索宁克族 SONINKE	马里和塞内加尔	尼日尔—刚果语系/曼德语族 200万
索托族 SOTHO	莱索托和南非	尼日尔—刚果语系/南班图语支 800万

续表

部族中/英文名称	主要所在国家	语言/人口
苏库马族 SUKUMA	坦桑尼亚	尼日尔—刚果语系/中央班图语支 300万
苏苏族 SUSU	几内亚和几内亚比绍	尼日尔—刚果语系/曼德语族 200万
斯瓦希里族 SWAHILI	肯尼亚和坦桑尼亚	尼日尔—刚果语系/东北班图语支 30万
斯威士族 SWAZI	斯威士兰和南非	尼日尔—刚果语系/南班图语支 300万
滕尼族 TEMNE	塞拉利昂和几内亚	尼日尔—刚果语系/西大西洋语支 200万
聪加族 THONGA	南非和莫桑比克	尼日尔—刚果语系/南班图语支 500万
提格雷族 TIGRE	厄立特里亚和埃塞俄比亚	亚非语系/闪米特语族 400万
蒂夫族 TIV	尼日利亚	尼日尔—刚果语系/贝努埃—刚果语支 400万
东加族 TONGA	赞比亚	尼日尔—刚果语系/中央班图语支 100万
茨瓦纳族 TSWANA	博茨瓦纳，纳米比亚和南非	尼日尔—刚果语系/南班图语支 700万
吐库勒 TUKULOR	塞内加尔和毛里塔尼亚	尼日尔—刚果语系/西大西洋语支 200万
通布卡族 TUMBUKA	赞比亚和马拉维	尼日尔—刚果语系/中央班图语支 300万
文达族 VENDA	南非	尼日尔—刚果语系/南班图语支 100万
沃洛夫族 WOLOF	塞内加尔和冈比亚	尼日尔—刚果语系/西大西洋语支 400万
豪萨族 XHOSA	南非	尼日尔—刚果语系/南班图语支 800万
尧族 YAO	坦桑尼亚，莫桑比克和马拉维	尼日尔—刚果语系/中央班图语支 200万
约鲁巴族 YORUBA	尼日利亚和贝宁	尼日尔—刚果语系/克瓦语支 2500万
祖鲁族 ZULU	南非	尼日尔—刚果语系/南班图语支 1000万

参考书目

[1] Bleek, W. & L.C. Lloyd. *The Girl Who Made Stars : And Other Bushman Stories* [M]. Switzerland : DaimonVerlag, De Luxe edition, 2001.

[2] Comaroff, J. *Body of Power, Spirit of Resistance : The Culture and History of a South African People* [M]. Chicago : University of Chicago Press, 1985.

[3] Edward, W. L. *The Bushman* [M]. Whitefish, MT : Kessinger Publishing, 2010.

[4] Fourie, L. & C.H. Hahn. *The Native Tribes of South West Africa* [M]. N.Y. : Routledge, 2014.

[5] Gluckman, M. *Order and Rebellion in Tribal Africa* [M]. N.Y. : Routledge, 2004.

[6] Homewood, K., P. C. Trench & P. Kristjanson. *Staying Maasai? : Livelihoods, Conservation and Development in East African Rangelands* [M]. London : Springer, 2009.

[7] July, R. *A History of the African People* [M]. N.Y. : Waveland Pr Inc, 1983.

[8] Kabukuru, W. The Maasai vs the Crown [N]. *New African* 2004 : 433.

[9] Karangi, M. Revisiting the Roots of Gikuyu Culture Through the Sacred Mugumo Tree [J]. *Journal of African Cultural Studies* 20/1, 2008 : 117-132.

[10] Lewis, W. & J. David. *Deciphering Ancient Minds : The Mystery of San Bushman Rock Art* [M]. London : Sam Thames & Hudson Ltd, 2011.

[11] Middleton, J. *Africa : An Encyclopedia for Students* [M]. N.Y. : CharlesScribners & Sons, 2012.

[12] Njambi, W.N. & W.E.O'Brien. Revisiting "woman-woman marriage" : Notes on Gikuyu Women [J]. *National Women's Studies Association Journal* 12/1, 2000 : 1-24.

[13] Parker, J. L. *The San of Africa* [M].Washington：Lerner Publications, 2002.

[14] Parkipuny, M.S. *Pastoralism, Conservation and Development in the Greater Serengeti Region* [M].London：International Institute for Environment and Development, 1991.

[15] Schapera, I. *Tribal Innovators：Tswana Chiefs and Social Chang e* [M].Oxford：Berg Publishers, 1952.

[16] Thomas-Slayter, B.P. Class, Ethnicity, and the Kenyan State：Community Mobilization in the Context of Global Politics [J].*International Journal of Politics, Culture and Society* 4/3, 1991：301-321.

[17] Williams, G. *African Designs from Traditional Sources* [M].N.Y.：Dover Publications Inc, 1971.

[18] A.乌瓦罗夫.约鲁巴人的婴儿命名仪式 [J].世界民族, 1989（4）.

[19] 艾周昌, 舒运国.非洲黑人文明 [M].福州：福建教育出版社, 2008.

[20] 韩红伟.神话学研究视野下的非洲神话研究——以尼日利亚约鲁巴人神话为例 [J].漯河职业技术学院学报, 2013, 12（4）.

[21] 孔祥义.浅谈尼日利亚的艺术雕刻和古代文明 [J].装饰, 1980（5）.

[22] 夸西·维雷杜.哲学可以是跨文化的吗———一位非洲哲学家的观点 [J].第欧根尼, 2000（2）.

[23] 李和平.非洲神话与黑人精神世界——试析非洲神话的类型和功能 [J].西亚非洲, 1997（2）.

[24] 刘鸿武.黑非洲文化研究 [M].武汉：华中师范大学出版社, 1997.

[25] 宁骚.非洲黑人文化 [M].杭州：浙江人民出版社, 1993.

[26] 王飞鸿.非洲简史 [M].长春：吉林大学出版社, 2010.

[27] 夏新华.论加纳法文化的历史变迁 [J].辽宁大学学报（哲学社会科学版）, 2007, 35（1）.

[28] 袁南生.走进非洲 [M].北京：中国社会科学出版社, 2011.